JN077266

人的資本経営と情報開示

EY

Building a better
working world

先進事例と実践

EY 新日本有限責任監査法人
EY ストラテジー・アンド・コンサルティング株式会社

Human Capital
Management & Disclosure

清文社

はじめに

　近年、投資や経営において人的資本が注目を浴びています。その背景には、ESG 投資の拡大があります。例えば、GSIA（世界持続可能投資連合）の調査によると、世界の ESG 投資の投資残高は2016年の22兆8,390億ドルから2020年には35兆3,010億ドルに増加しています。

　同時に、企業の価値創造のあり方も変化しています。1990年代後半の IT 革命以降、欧米先進国では無形資産が経済成長の牽引役となりました（経済産業省『通商白書2022』）。2015年には、S&P500や S&P Europe 350に採用される企業価値の 7 割以上が無形資産によるものと考えられています。ところが日本では、無形資産は企業価値のわずか 3 割程度にとどまっています（同年の日経平均株価）。ここでいう無形資産には、研究開発やブランド以外に人的資本も含まれています。

　2018年12月には、人的資本の情報開示のための国際規格として、国際標準化機構（ISO）が ISO30414を発表しました。この頃からすでに人的資本に関心を寄せて動き始めた日本企業もみられました。2020年 8 月には米国証券取引委員会（SEC）が、上場企業に対して人的資本の情報開示を義務化しました。その後、日本においても2020年 9 月に経済産業省が、「持続的な企業価値の向上と人的資本に関する研究会報告書」（通称「人材版伊藤レポート」）を発表しました。人材が費用（人件費）としてではなく、価値創造の源泉であると明確に位置付けられたことになります。

　本書の執筆を手がけた EY には、人材や組織マネジメントをベースにするピープル・アドバイザリー・サービスと、ESG やサステナビリティの観点で、人的資本を含む無形資産と企業価値の統合や開示を支援する気候変動・サステナビリティサービスがあります。これらはともに、グローバルに組織されたチームで、世界中の先進的な事例や知見に基づき、日本企業の企業価値向上に貢献しています。近年では、2021年に経済産業省から委託された「人的資本開示に関する調査」を進め、投資家の人的資本の読み解き方や、日本企業の人的資本投資の考え方、海外企業の人的投資に関する開示事例をまとめました。また、2022年には、オックスフォード大学と共同で実施した、人的資本経営

に関わるグローバル調査結果を発表しました。この調査では、企業変革に影響を与える6つの主要ドライバーを特定しています。

EYは"Building a better working world"をパーパス（存在意義）に持つ、ピープルファーストをグローバルな共通価値として活動するコンサルティングファームです。その私たちが、クライアント企業の皆さまや政府との調査や政策議論で得た知見・経験に基づき、従来の人的資本管理を超えた経営や財務と非財務を統合した視点で人的資本について解説したのが、本書です。

本書は、人的資本マネジメントについて、前半では経営の視点での後半では企業価値の訴求と開示といった観点でまとめています。したがって、人的資本マネジメントを他社の好事例から学びたい経営者はもちろんのこと、人的資本をめぐる国際的な潮流を知りたい人事担当者、さらには人的資本と企業価値を関連づけた開示を検討したいIR担当者まで、幅広い読者に参考にしていただける内容となっています。

今日の日本経済は、「失われた30年」といわれています。正規雇用の人材流動性が低い一方で、労働者の多くを占める非正規雇用者の所得は上がらず、OECD先進国の中でも平均給与のランクは下位に甘んじています。人材もコストの一環として削減してきたツケがまわってきたといえます。2021年以降、日本政府は「新しい資本主義」のスローガンの下、人材への積極的な投資を促し始めました。社会的にもジョブ型やリスキリングといった言葉が広まり、企業の価値創造活動における人材の位置づけは急速に高まっています。多くの企業でイノベーションが求められる中、その源泉となる人的資本をいかに生かすかが問われています。

本書が、読者の皆さまの今後の経営変革はもちろん、日本や世界の未来に寄与できることを願っています。

令和5年7月

EY新日本有限責任監査法人
EY Japan 気候変動・サステナビリティ・サービス（CCaSS）　リーダー
牛島　慶一

目次

はじめに

第1章
人的資本に関する開示の動向

第2章
企業戦略と人材戦略の連動性をひもとく

第3章
人的資本経営を進める先進企業の取り組み事例

第4章
資本市場からみた人的資本の捉え方

第5章
無形資産の可視化と企業価値の算出

第6章
開示のための内部統制構築と第三者保証

＊本書は、令和5年6月現在の法令等によっています。

第 1 章

人的資本に関する
開示の動向

The 1st Chapter

第1節

世界のサステナビリティ情報の開示動向

　人的資本に関する開示の法制化は、世界的な潮流になりつつあります。

　欧州においては、大企業の上場企業を中心に「非財務情報開示指令（NFRD: Non-Financial Reporting Directive）」により人的資本の開示が要求されていますが、2021年4月に欧州委員会はその改定案である「企業サステナビリティ報告指令案（CSRD: Corporate Sustainability Reporting Directive）」を発表しました。CSRD は2022年11月28日に欧州理事会で最終承認され、上場企業のみならず、非上場の大企業に対してもより詳細な開示内容が要求されることになっています。

　米国においては、2020年8月26日に米国証券取引委員会（SEC: Securities and Exchange Commission）により、既存の上場企業に対する人的資本開示に関するレギュレーション（Regulation S-K）を改訂することが公表され、人的資本の情報開示を義務づける「人材投資の開示に関する法律（Workforce Investment Disclosure Act）」の導入が2021年に下院を通過しました。

　この節では、代表的なサステナビリティ開示の基準や枠組みについて紹介するとともに、これらの基準や枠組みの設定主体の統合の動向、欧州および米国におけるサステナビリティ情報開示の制度の概要について解説していきます。

1．サステナビリティ開示の基準と枠組みの動向

　新型コロナウイルス感染症の広がりやロシア・ウクライナ情勢など、企業を取り巻く不安定な社会環境において、将来の見通しが不確実な状況下での企業価値の評価は、財務情報だけでは不十分なため、将来に向けた持続可能な成長可能性に関するサステナビリティ情報が投資判断の材料として重要性が高まっており、その開示ニーズも年々高まってきています。

　近年、非財務情報の要素を投資判断に組み入れた ESG（環境、社会、ガバナンス）投資が世界的に広がりを見せており、投資家が投資判断としてサステナビリティ情報の要素を組み入れることが国際標準となりつつあります。その開示を規定する基準や枠組み（フレームワーク）が、企業の経営戦略や開示実務、投資家の投資判断や企業価値評価において重要な役割を果たしています。

　企業によるサステナビリティ情報の開示は、当初は自主的な任意開示からスタートして発展を遂げ、開示ニーズの高まりに応じて、複数の組織や団体により、開示フレームワークやガイダンスが開発・公表され、企業側もこれらを準拠・参照した開示の実務が進展してきました。

　開示フレームワークの代表的なものとして、GRI、IIRC、SASB があります。GRI（Global Reporting Initiative）は、オランダの NGO 団体です。GRI スタンダードは、経済、環境、社会それぞれにおいて開示項目や KPI（主要業績指標）を設定しており、企業が経済、環境、社会に与える影響について、投資家を含むマルチステークホルダーに対して報告するための開示基準としての役割を果たすことで、サステナビリティ開示の浸透に大きく貢献しています。

　GRI スタンダードは、共通スタンダード、セクター別スタンダード、およびトピック別スタンダード（経済・環境・社会）で構成されてい

図表1.1-1　GRIスタンダードの体系

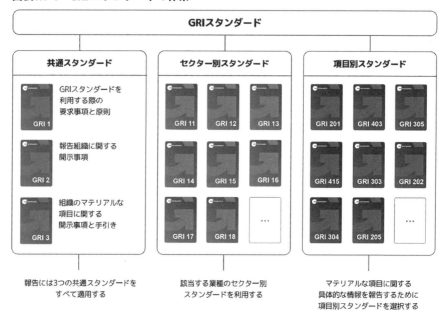

出所:「GRI STANDARDS GRI 1 基礎2021 1.3 スタンダードの体系」より抜粋

ます（**図表1.1-1**参照）。人的資本に関連するスタンダードは、共通ス
タンダードの一般的開示事項として、従業員や報酬に関する事項が、
トピック別スタンダード（社会）として、雇用や労使関係、労働安全
衛生、研修と教育、ダイバーシティと機会均等の幅広い項目が、開示
要求事項として構成されています。

　IIRC（The International Integrated Reporting Council：国際統合報告
評議会）は英国の民間非営利組織であり、同組織が発行したIIRCフ
レームワークは、企業の財務情報とサステナビリティ情報を含む非財
務情報を統合して報告するための枠組みを定めています。企業は多様
な資本を投入して事業活動を通じて製品やサービス等のアウトプット
が創出され、アウトカムとして企業の価値が資本として蓄積されます。
資本は、「財務資本、製造資本、知的資本、人的資本、社会・関係資
本、自然資本」の6つに分類されており、統合報告においてはこれら

図表1.1-2　IIRC フレームワークにおける価値創造モデル

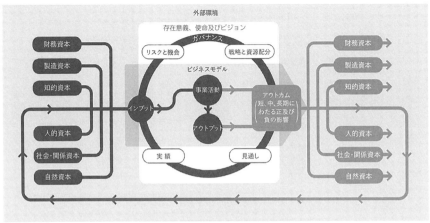

出所：国際統合報告〈IR〉フレームワーク（2021年１月）

とビジネスモデルとの関係性を説明しながら、価値創造プロセスを伝達することが期待されています。フレームワークにおいては、いわゆる「オクトパスモデル」と呼ばれる価値創造モデル（**図表1.1-2**参照）が示されており、人的資本を含む６つの資産が事業活動を通じてどのようなアウトプットを創出し、資本に影響を与えるアウトカムにつながるか、長期にわたる価値の創造、保全または毀損といった、正の影響だけでなく、負の影響も含めて説明することが求められます。

　SASB（Sustainability Accounting Standards Board：米国サステナビリティ会計基準審議会）は米国の民間非営利組織です。SASB スタンダードは、重要な持続可能性課題について、11の産業と77の業種別に開示項目があり、KPI が設定されているところが特徴です。

　SASB スタンダードは、**図表1.1-3**で示すとおり、「環境」「社会資本」「人的資本」「ビジネスモデルとイノベーション」および「リーダーシップとガバナンス」の５つの領域と、それに関連する課題カテゴリーが設定されており、これらは開示項目の規定とひもづいています。開示が要求される人的資本関係のトピックとしては、労働慣行、

図表1.1-3　SASB における開示の 5 つの領域と関連する課題カテゴリー

領域	環境	社会資本	人的資本	ビジネスモデルとイノベーション	リーダーシップとガバナンス
一般問題カテゴリー	・GHG排出 ・大気汚染 ・エネルギー管理 ・水及び下水管理 ・廃棄物及び危険物管理 ・生態系への影響	・人権と地域社会のつながり ・顧客のプライバシー ・データセキュリティ ・アクセスとアフォーダビリティ ・製品の品質と安全性 ・顧客の福祉 ・販売慣行と製品のラベリング	・労働慣行 ・従業員の健康と安全 ・従業員エンゲージメント、多様性とインクルージョン	・製品設計とライフサイクル ・ビジネスモデルレジリエンス ・サプライチェーン管理 ・材料の調達と効率 ・気候変動の物理的影響	・経営倫理 ・競争行動 ・法規制環境の管理 ・クリティカルインシデントリスク管理 ・システミックリスク管理

出所：日本取引所グループ「ESG 情報開示枠組みの紹介」(https://www.jpx.co.jp/corporate/sustainability/esgknowledgehub/disclosure-framework/03.html)

従業員の安全衛生、従業員エンゲージメントや、ダイバーシティとインクルージョン等に関する項目があり、セクターや業種別に開示を要求する指標が定められています。

　GRI スタンダードや SASB スタンダードが、開示要求項目として報告すべき KPI や記述内容が詳細に定められている細則主義をとっているのに対し、IIRC フレームワークは、詳細な開示要求項目は示しておらず、具体的な開示内容を企業自ら決定して記述する原則主義をとっています。したがって、GRI スタンダードと SASB スタンダードは企業間の比較可能性の観点で、IIRC フレームワークは企業の独自性を記述する観点で、優れている基準や枠組みといえます。

　一方で、サステナビリティ情報を中心とした非財務情報の開示ニーズが高まるにつれ、複数乱立する開示基準を統一する動きが出てきました。具体的な動きとして、まず、IIRC と SASB は合併し、2021年6 月に VRF（Value Reporting Foundation：価値報告財団）が設立されました。さらに、国際的な会計基準の設定を担う IFRS 財団によって、2021年11月にサステナビリティ基準を設定するための組織である ISSB（International Sustainability Standards Board：国際サステナビリティ基準審議会）が設立されました。最終的に CDSB（Climate Disclo-

図表1.1-4 非財務情報開示フレームワーク

略称	正式名称	概要	フレームワーク・基準の特徴
GRI	Global Reporting Initiative	蘭国のNGO団体。経済、環境、社会それぞれについて開示項目及びKPIを設定。	企業が経済、環境、社会に与える影響を、投資家を含むマルチステークホルダーに報告するための開示基準を設定。
CDSB	気候変動開示基準委員会	企業や環境関連の8機関で構成される国際コンソーシアム。CDSB フレームワークは、7つの指導方針と12の報告要件で構成。2022年1月にIFRS財団に統合済み。	気候変動を含む環境が企業に与える影響について、投資家等に報告するための枠組み。
IIRC	国際統合報告評議会	英国の民間非営利組織。IIRCフレームワークは、総合報告書の全体内容を管理するための7つの指導方針と8つのコンテンツ要素を定めている。	企業の財務情報とサステナビリティを含む非財務情報について、投資家等に対し統合的に報告するための枠組み。
SASB	米国サステナビリティ会計基準審議会	米国の民間非営利組織。11のセクター、77の業種別に開示項目およびKPIを設定。	サステナビリティ（ESG等）に係る課題が企業財務にもたらす影響を、投資家等に報告するための開示基準を設定。
VRF	価値報告財団	2021年6月にIIRCとSASBが合併して設立。「統合思考原則」、「統合報告フレームワーク」、「SASBスタンダード」の3つの重要なリソースを活用して、企業及び投資家の意思決定をサポート。 2022年8月にIFRS財団に統合済み。	「統合思考原則」「統合報告フレームワーク」➡IIRCのフレームワークを踏襲「SASBスタンダード」➡SASBの開示基準を踏襲。

出所：金融庁「第2回金融審議会ディスクロージャー WG 資料」https://www.fsa.go.jp/singi/singi_kinyu/disclose_wg/siryou/20221102.html（2023年1月1日アクセス）および各組織ウェブページより EY Japan が作成

図表1.1-5 ISSB 設立と各基準団体との統合

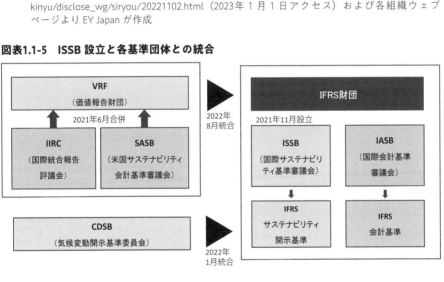

sure Standards Board、気候変動開示基準委員会）は2022年1月に、VRFは2022年8月に ISSB に統合されました。こうして既存の開示基準やフレームワークを活用しながら、包括的なグローバルベースラインとなる IFRS サステナビリティ開示基準が ISSB により開発されていくこととなったのです（**図表1.1-4、5**）。

図表1.1-6　IFRS サステナビリティ開示基準の構成

	全般的基準		コアコンテンツ			
（2023年6月末　最終化） 全般的要求事項	IFRS S1		ガバナンス	戦略	リスク管理	指標と目標

	テーマ別基準	産業別開示要求	コアコンテンツ			
（2023年6月末　最終化） 気候関連開示	IFRS S2	IFRS S2付録B	ガバナンス	戦略	リスク管理	指標と目標

（2023年〜　協議アジェンダ） 人的資本関連開示（候補）	IFRS Sx	IFRS Sx付録B	ガバナンス	戦略	リスク管理	指標と目標

出所：EY グループ作成

　IFRS サステナビリティ開示基準は、全般的な基準、テーマ別基準、および産業別開示要求で構成されます。全般的基準は、IFRS S1「サステナビリティ関連財務情報開示の全般的要求事項」として、目的、範囲、コアコンテンツ（ガバナンス、戦略、リスク管理、指標と目標）、全般的な特徴（報告企業、つながりのある情報、適正な表示等）などから構成されます。テーマ別基準については、気候関連開示の開発が先行して進んでおり、IFRS S2「気候関連開示」が、2022年3月に公開草案が公表され、コメント期限（2022年7月）までに集められたフィードバックを踏まえて2023年6月末に、確定した基準が公表されます。テーマ別基準は産業横断的なものである一方で、産業別開示要求（付録B）は、テーマに対応する産業個別の開示要求事項として取りまとめられています。この内容はSASB スタンダードに由来するものであり、ほとんど変更されずに取り込まれていますが、強制力のあるガイダンスではない位置づけに変更されている点が特徴的な点です。テーマ別基準の今後のプロジェクトとしては、人的資本や人権を含む、気候関連以外のテーマについてのアジェンダ協議が進んでいくことになっています（**図表1.1-6**）。

■ 2. 欧州および米国における人的資本開示基準の動向

（1）欧州における CSRD（企業サステナビリティ指令）の導入

　欧米において、人的資本開示が活発化している背景として、サステナビリティ情報を中心とした非財務情報に関する開示義務化や制度の見直しが進んでいることが挙げられます。

　まず、EU（欧州連合）は2014年に NFRD（Non-Financial Reporting Directive：非財務情報開示指令）を公表し、従業員500人超の大規模企業を対象として、人的資本を含む、環境や社会等に関する非財務情報の開示を求めていました。

　欧州委員会は、従来の NFRD の改正案として、2021年4月に CSRD（Corporate Sustainability Reporting Directive：企業サステナビリティ報告指令）を採択し、2022年11月28日に、EU 理事会がこれを最終承認しました。適用対象企業は EU 域内の一定の基準を満たす大企業に拡大されており、その数は約5万社に及ぶといわれています。将来的には、EU 域内の上場企業だけでなく、EU 域内に子会社または支店があれば、原則として EU 域外の企業グループを連結して CSRD に基づく報告が要求されることとなります。したがって、日本企業にも大きな影響があると見込まれます。

　CSRD に基づく具体的なサステナビリティ情報の報告については、EFRAG（European Financial Reporting Advisory Group：欧州財務報告諮問グループ）が設定主体となり策定した ESRS（European Sustainability Reporting Standards：欧州サステナビリティ報告基準）に基づくことが義務化されました（**図表1.1-7**）。

　ESRS は、全般的な基準とセクター横断的な基準、セクター別基準等で構成されており、人的資本に関連する基準は、横断的な基準にお

図表1.1-7　CSRDの主な概要

対象企業	①大規模企業(以下の基準のうち少なくとも2つ以上を満たす企業) ・貸借対照表合計20百万ユーロ ・純売上高40百万ユーロ ・事業年度の年間平均従業員数250人以上 ②EU規制市場に上場している全企業 ③親会社がEU域外企業で、直近2年間のEU域内の売上高が150百万ユーロであり、かつ、下記いずれかを満たす子会社又は支店 ・上記①を満たす子会社 ・上記②を満たす子会社 ・売上高40百万ユーロを超える支店
適用時期	2024年1月1日NFRD対象企業へ適用(2024年データを2025年に報告) 2025年1月1日NFRD対象外の大企業へ適用(2025年データを2026年に報告) 2026年1月1日上場中小企業(SMEs)等へ適用(2026年データを2027年に報告) 2028年1月1日第三国企業へ適用 (2028年データを2029年に報告)
連結基準	大規模グループの親会社は、そのグループ全体について連結サステナビリティレポートを発行する
記載場所	財務報告におけるマネジメントレポートの所定のセクションにおける開示
報告内容	サステナビリティ課題が企業にもたらすリスクや、企業自身が人々や環境に及ぼす影響を理解するために必要な情報を報告
報告基準	欧州委員会によって採択された欧州サステナビリティ報告基準(ESRS)への準拠
第三者保証	独立した保証サービス提供者(IASP) による、限定的保証を要求(今後、合理的保証(財務情報に提供される保証のレベル)に移行)

図表1.1-8　ESRS基準の構成

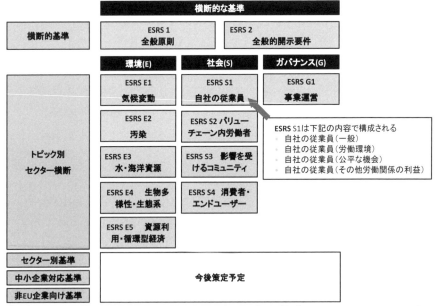

出 所：EY Japan「EU Sustainability Developments」2022 年 11 月 (https://www.ey.com/ja_jp/ifrs/ifrs-insights/2023/ifrs-2023-01-05-efrag-esrs)

図表1.1-9　CSRD の適用スケジュール

出所：金融審議会「ディスクロージャーワーキング・グループ」（第4回）配付資料「我が国におけるサステナビリティ開示のロードマップ（案）」（2022年12月）に基づき、EY Japan が作成

ける自社の従業員（ESRS S1 Own workforce）に規定されています（**図表1.1-8**）。

　ESRS の規定は、CSRD の指令に基づき、大規模な企業やすでに NFRD の適用を受けている企業については2024年1月1日以降に開始する事業年度から適用され、それ以外の大企業には2025年1月1日以降に開始する事業年度から適用されます（**図表1.1-8**）。

（2）米国における人的資本開示制度の動向

　一方、米国においては、2020年8月26日に米国証券取引委員会（SEC）より、既存の上場企業に対する人的資本の情報開示に関するレギュレーション S-K を改訂することが公表され、人的資本の情報開示を義務付ける「人材投資の開示に関する法律（2021年）」の導入が審議されています。開示内容は、従業員に関する情報について、長期的な成長に必要な人材への投資を実施しているかという観点から、具体的には下記の8項目について開示を義務付ける内容となっています。

・契約形態ごとの人員数
・定着・離職、昇格、社内公募

- ・構成・多様性
- ・スキル・能力
- ・健康・安全・ウェルビーイング
- ・報酬・インセンティブ
- ・経営上必要となったポジションとその採用の状況
- ・エンゲージメント・生産性

　各項目の開示基準は SEC が策定するとされており、この法律の制定後 2 年以内に各項目の開示基準が策定できなかった場合には、ISO 30414（人的資本に関する情報開示のガイドライン）を開示基準として使う旨が明記されています。

第2節

日本における人的資本情報の開示動向

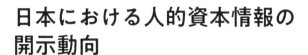

The 2nd section

　我が国においても、有価証券報告書にサステナビリティ情報開示が求められることとなりました。とくに人的資本に関する戦略や取り組みの方針について、測定可能な指標とあわせて説明することが求められることになり、本格的に人的資本の情報開示制度がスタートいたしました。

　この節では、我が国におけるサステナビリティ情報開示の制度の概要を解説するとともに、とくに我が国において人的資本がどのようにして注目されるに至ったのかについて、日本市場特有の背景を踏まえて整理していきます。

1. 我が国において人的資本が 注目されるに至った背景

　人的資本については、欧州や米国で、サステナビリティ基準や情報開示義務の制度化の流れが日本に先行して起きていました。人的資本価値に関する情報は、投資家が企業の成長や競争力を評価するための重要な要素であり、その開示ニーズが高まっています。グローバルな資本市場におけるそのような流れが日本にも影響を及ぼしているといえます。

さらに、日本においては、日本企業の成長に対する危機感という観点から、日本企業の国際的な競争力を高めるための喫緊の課題として、人的資本が注目を集めることとなりました。「新しい資本主義のグランドデザイン及び実行計画」（内閣官房、2022年6月7日）においては、「費用としての人件費から、資産としての人的投資」への変革がうたわれています。新しい資本主義が目指す成長と分配の好循環を生み出すためには、人的資本をはじめとする非財務情報を見える化し、株主との意思疎通を強化していくことが必要だとされているのです。すなわち、人への投資による分配戦略が、新規の事業やイノベーションを創出して企業価値を高めるための成長戦略につながり、それらが成長と分配の好循環を生み出すことが、日本企業の持続的な成長の後押しにつながるものと期待されます。その実現のためには、人的資本に関する情報の透明性を高めつつ、無形資産としての人の価値が資本市場において適切に評価されるような仕組みや体制づくりが必要であると考えられます。

　したがって情報開示が最終目標ではなく、人への投資と人材戦略の

図表1.2-1　日本における人的資本に関する主な動向の推移

年月	報告書/法改正	発行元	ポイント
2020年9月30日	持続的な企業価値の向上と人的資本に関する研究会報告書 ～ 人材版伊藤レポート～	経済産業省	人材戦略の変革の方向性や経営陣、取締役会、投資家の果たすべき役割を明確化
2021年6月11日	改訂コーポレートガバナンス・コード	東京証券取引所	人的資本への投資を含めた、経営資源の配分について、実効的な監督や開示を求める
2022年4月13日	人的資本経営の実現に向けた検討会 報告書 ～ 人材版伊藤レポート2．0～	経済産業省	「3つの視点・5つの共通要素」の枠組みの取り組みを、どのように具体化し、実践に移していくか、アイディアを提示
2022年6月13日	ディスクロージャーワーキング・グループ報告－中長期的な企業価値向上につながる資本市場の構築に向けて－	金融審議会	人的資本、多様性に関する開示をめぐる状況と対応について提言、この報告書の内容が有価証券報告書への開示の在り方に反映
2022年8月25日	「人的資本経営コンソーシアム」設立	発起人代表 伊藤邦雄	先進事例の共有、企業間協力に向けた議論、効果的な情報開示の検討を実施
2022年8月30日	人的資本可視化指針	内閣官房	経営戦略と人的資本への投資や人材戦略の関係性（統合的なストーリー）の構築と、その開示ステップ及び開示の視点（定量・定性/比較可能性・独自性）
2022年12月27日	ディスクロージャーワーキング・グループ報告	金融審議会	我が国におけるサステナビリティ開示のロードマップと検討課題（開示基準や保証等）
2023年1月31日	「企業内容等の開示に関する内閣府令」等の改正	金融庁	有価証券報告書において「人材育成方針」「社内環境整備方針」を「指標及び目標」とあわせて開示

取り組みを促進することにより、日本企業の競争優位性を高めるとともに持続的な成長に導くための手段であると理解すべきです。

2．2021年改訂コーポレートガバナンス・コードの人的資本情報の開示基準

人への投資に対する企業の取り組みを促進するために、東京証券取引所が公表した2021年6月改訂のコーポレートガバナンス・コードには、人的資本の価値を向上させる取り組みと開示に関するコードが盛り込まれることとなりました。

この改訂コードでは、人的資本の投資についての経営資源の配分や、事業ポートフォリオに関する戦略の実行が、企業の持続的な成長に資するよう、取締役会の役割・責務として実効的な監督を行うことが求められています。

また、人的資本への投資について自社の経営戦略・経営課題との整

図表1.2-2　人的資本・多様性に関する情報開示内容

開示	2021年6月改訂コーポレートガバナンス・コード	2022年6月公表ディスクロージャーワーキング・グループ報告	2023年1月31日公布「企業内容等の開示に関する内閣府令」等の改正
人的資本、多様性の確保	・中長期的な企業価値の向上に向けた人材戦略の重要性に鑑み、多様性の確保に向けた「人材育成方針」と「社内環境整備方針」をその実施状況とあわせて開示すべきである。 ・女性・外国人・中途採用者の管理職への登用等、中核人材の登用等における多様性の確保についての考え方と自主的かつ測定可能な目標を示すとともに、その状況を開示すべきである。	・中長期的な企業価値向上における人材戦略の重要性を踏まえた「人材育成方針」（多様性の確保を含む）や「社内環境整備方針」について、有価証券報告書のサステナビリティ情報の「記載欄」の「戦略」の枠の開示項目とする。 ・それぞれの企業の事情に応じ、上記の「方針」と整合的で測定可能な指標（インプット、アウトカム等）の設定、その目標及び進捗状況について、同「記載欄」の「指標と目標」の枠の開示項目とする。	サステナビリティ情報の「記載欄」において ・リスク及び機会に対処する「戦略」の欄の記載において、人材の多様性の確保を含む「人材の育成に関する方針」や「社内環境整備に関する方針」（例えば、人材の採用及び維持ならびに従業員の安全及び健康に関する方針等）について記載する。 ・「指標及び目標」にて、当該方針に関する指標の内容及び当該指標を用いた目標及び実績について、記載する。
多様性に関する指標	－	・女性管理職比率、男性の育児休業取得率、男女間賃金格差について、中長期的な企業価値判断に必要な項目として、有価証券報告書の「従業員の状況」の中の開示項目とする。	・女性活躍推進法等の枠組みにおいて公表した「管理職に占める女性労働者の割合」、「男性労働者の育児休業取得率」（又は育児休業等の取得割合、育児休業等と育児目的休暇の取得割合）、「労働者間の男女の賃金の差異」を記載する。

合性を意識しつつわかりやすく具体的に情報を開示・提供することとともに、中長期的な企業価値の向上に向けた人材戦略の重要性に鑑み、多様性の確保に向けた人材育成方針と社内環境整備方針をその実施状況とあわせて開示すべき旨が、明記されています。

　これらのコードを踏まえ、2022年6月に公表された「ディスクロージャーワーキング・グループ報告」（金融審議会）では、有価証券報告書における人的資本と多様性に関する開示の対応に向けた提言が記載されており、2023年1月31日に公布された「企業内容等の開示に関する内閣府令」等の改正にこれが反映されています（**図表1.2-2**）。

▌3．人材版伊藤レポートと　　人的資本可視化指針の公表

　いわゆる人材版伊藤レポートには、経済産業省より2020年9月に公

図表1.2-3　3つの視点と5つの共通要素

3つの視点（3P）	5つの共通要素（5F）
視点1. 経営戦略と人材戦略の連動 • CHRO（人材戦略の策定と実行を担う責任者）が設置され、社員、投資家との対話は行われているか。 • 経営戦略と連動した人材戦略のKPIを持っているか。	**要素1. 動的な人材ポートフォリオ** 目指すべきビジネスモデルや経営戦略の実現に向けて、最適な人材ポートフォリオを柔軟に構築できているか。
視点2. As is-To beギャップの定量把握 • 目指すべきビジネスモデルや経営戦略と現時点での人材や人材戦略とのギャップ（As is-To beギャップ）を把握（見える化）できているか。	**要素2. 知・経験のD&I** 女性や外国人といった属性に加え、他業界での経験、専門性や経験、感性、価値観といった知と経験のダイバーシティを積極的に取り込んでいるか。
視点3. 企業文化への定着 • 経営戦略の実現に向けた社員への具体的な行動や姿勢が人材戦略としてひも付けされているか。 • その戦略が企業文化として定着するような制度が構築できているか。	**要素3. リスキル・学び直し** 目指すべき将来のビジネスモデルや経営戦略と現在の人員のスキルや専門性との間のスキルギャップを埋めるためのリスキル、学び直しを支援しているか。
	要素4. 従業員エンゲージメント 多様な個人が仕事に主体的に、意欲的に取り組めているか。（Well-being、モチベーションの向上）
	要素5. 柔軟な働き方（時間・場所等） 場所にとらわれない働き方を提供しているか。

出所：「人的資本経営の実現に向けた検討会報告書～人材版伊藤レポート2.0～」（2022年5月）を基に EY Japan が作成

表された「持続的な企業価値の向上と人的資本に関する研究会報告書」および2022年4月に公表された「人的資本経営の実現に向けた検討会報告書」の2つの報告書があります。特に後者は人材版伊藤レポート2.0といわれており、人材戦略に関する実践的かつ具体的な取り組みについて「3つの視点と5つの共通要素」の枠組みで整理しており、人材戦略のバイブルとして位置づけられています。企業環境がめまぐるしく変化する中で、企業が目指すべき経営戦略と現状の人材ポートフォリオのギャップをどのような時間軸で埋めていくか、その検討や課題解決のための参考資料として、また取り組み事例の引き出しとして、この2つの報告書は大いに参考になると考えられます。

　また、2022年8月には内閣官房（非財務情報可視化研究会）が「人的資本可視化指針」を公表しました。人材戦略を有効に実践するためには、人的資本の可視化に取り組む必要があります。すなわち、人材戦略に関する経営者の議論やコミットメント、従業員や投資家との対話やそこからのフィードバックを有効に進めるため、経営戦略に合致する人材の特定や、その獲得・育成のための施策等について、適切な指標や目標を検討することは、可視化のための重要なプロセスです。

図表1.2-4　人的資本可視化指針と人材版伊藤レポートの利用による相乗効果

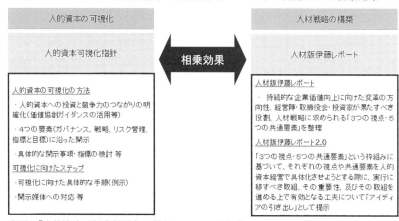

出所：「人的資本可視化指針」を基にEY Japanが作成

人的資本の可視化のための具体的な指標を検討したり、可視化に向けた情報ステップ、開示媒体への対応検討等については、この「人的資本可視化指針」を活用し、人材戦略の構築に関する人材版伊藤レポートとあわせて活用することにより、相乗効果のある可視化の充実を図ることが期待されます（**図表1.2-4**）。

　この指針は、最初から完成度の高い可視化を行うことは難しいため、自社の人的資本、人材戦略についてできることから開示を行ったうえで、開示へのフィードバックを受けながら人材戦略を見直し、人的資本への投資を実践するという、ステップ・バイ・ステップの開示の取り組みを推奨しています。フィードバック等により見直した人材戦略に基づく人的資本への投資の実践と可視化のサイクルを実行して、企業価値向上につなげるイメージが一つのモデルとして紹介されています。目標・実績（As is-To be ギャップ）の継続的な定量把握・分析が可視化の取り組みにとって重要な位置づけになります。

　また、人的資本による価値創造プロセスの検討においては、IIRC（国際統合報告評議会）のフレームワークや価値競争ガイダンス（経済産業省）の活用により、経営の各要素と業績や競争力のつながりを明確化することで、自社の経営戦略と人的資本への投資や人材戦略の関係性（統合的なストーリー）を構築していくことが重要になってきます。

　開示においては、この構築したストーリーをベースに、「ガバナンス」「戦略」「リスク管理」「指標と目標」の4つの要素に沿って開示することが効果的とされていますが、特に「戦略」や「指標と目標」の具体的な開示項目を検討するにあたっては、ビジネスモデルや経営戦略との関連性から開示が求められる独自性のある項目と、他社との比較可能性から開示が求められる項目に整理され、そのような観点に配慮しながら取り組みや指標の内容の説明、進捗や達成度合等の説明を行うことが有用と考えられます。

　また、開示のニーズは「価値向上」の観点から求められるものと、「リスク」マネジメントの観点から求められるものがあり、双方の観

図表1.2-5　価値向上とリスクマネジメントの観点からみた開示事項の階層

開示事項の例																		
育成			エンゲージメント	流動性			ダイバーシティ			健康・安全			労働慣行					コンプライアンス/倫理
リーダーシップ	育成	スキル/経験		採用	維持	サクセッション	ダイバーシティ	非差別	育児休業	精神的健康	身体的健康	安全	労働慣行	児童労働/強制労働	賃金の公正性	福利厚生	組合との関係	

「価値向上」の観点

「リスク」マネジメントの観点

出所：内閣官房（非財務情報可視化研究会）「人的資本可視化指針」

点を含む開示項目もあると考えられています。開示推奨項目（19項目）について、これらの観点から整理することもできますが（**図表1.2-5**）、あくまでも一つの目安として捉え、開示ニーズや「価値向上とリスクマネジメント等のバランス」を検討したうえで開示項目を決定する必要があります。

■ 4．有価証券報告書における サステナビリティ開示の概要

　2023年1月31日に公布された「企業内容等の開示に関する内閣府令」等の改正によって、有価証券報告書に「サステナビリティに関する考え方及び取組」の記載欄が新設されました。「ガバナンス」および「リスク管理」については、必須記載事項とし、「戦略」および「指標及び目標」については、重要性に応じた記載が求められます。ただし、人材の多様性の確保を含む人材育成の方針や社内環境整備の方針、および当該方針に関する指標の内容等については必須記載事項として、サステナビリティ情報の「記載欄」の「戦略」と「指標及び目標」への記載が求められることとなりました（**図表1.2-6**）。

　また、女性活躍推進法や育児・介護休業法に基づき、「女性管理職比率」「男性の育児休業取得率」および「男女間賃金格差」を公表し

図表1.2-6 「サステナビリティに関する考え方及び取組」の開示体系

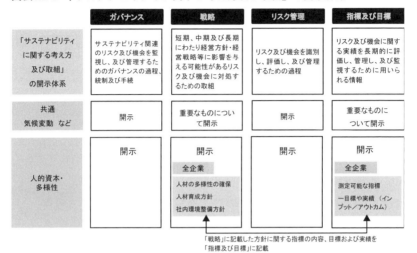

	ガバナンス	戦略	リスク管理	指標及び目標
「サステナビリティに関する考え方及び取組」の開示体系	サステナビリティ関連のリスク及び機会を監視し、及び管理するためのガバナンスの過程、統制及び手続	短期、中期及び長期にわたり経営方針・経営戦略等に影響を与える可能性があるリスク及び機会に対処するための取組	リスク及び機会を識別し、評価し、及び管理するための過程	リスク及び機会に関する実績を長期的に評価し、管理し、及び監視するために用いられる情報
共通 気候変動 など	開示	重要なものについて開示	開示	重要なものについて開示
人的資本・多様性	開示	開示 **全企業** 人材の多様性の確保 人材育成方針 社内環境整備方針	開示	開示 **全企業** 測定可能な指標 一目標や実績（インプット／アウトカム）

「戦略」に記載した方針に関する指標の内容、目標および実績を「指標及び目標」に記載

図表1.2-7 「従業員の状況」における多様性に関する指標の開示

	現在の記載事項	追加（多様性に関する指標）	
「従業員の状況」	従業員数、平均年齢、平均勤続年数、平均年間給与 ＋	女性活躍推進法、または育児介護休業法に基づき公表している企業について、開示が要求されている指標	女性管理職比率 男女間賃金格差 男性育児休業取得率

　ている会社およびその連結子会社に対しては、これらの指標を「従業員の状況」において記載することが求められることとなりました（**図表1.2-7**）。

　これらの改正は、国際的にサステナビリティに関する開示基準の検討が進んでいるため、今後、我が国においても開示基準が策定されることを見据え、2023年3月期の有価証券報告書からサステナビリティ情報に関する開示などを求めるために行われました。今後の有価証券報告書における法定開示に我が国のサステナビリティ基準であるSSBJ（サステナビリティ基準委員会）基準が組み込まれることが検討されており、あわせて、第三者保証の在り方についても今後議論が進んでいきます。なお、第三者保証の詳細については第6章第2節に記載しています。

第 2 章
企業戦略と人材戦略の連動性をひもとく

The 2nd Chapter

第1節

なぜ人的資本が
現代の経営管理で
注目されているのか

　人的資本情報の開示トレンドに限らず、現代の経営では経営資源としての人材に非常に注目が集まっています。リスキリング、エンゲージメント、DE&I（ダイバーシティ、エクイティ＆インクルーシブネス）などの言葉は、人事部門以外の読者でも日常的に見聞きする機会が多くなったはずです。

　マッキンゼー日本支社長を経て、ビジネス・ブレークスルー大学を起業した大前研一氏は「これまで経営資源の構成要素は人、モノ、金、情報と言われてきたが、現代においてはヒト、ヒト、ヒト、ヒトだ」と断言しています。

　これまでの企業経営の歴史を振り返ってみましょう。

　"組織は戦略に従う"――「経営戦略と組織」A・D・チャンドラー、1964年

　"戦略は組織に従う"――「経営戦略論」H・I・アンゾフ、1978年

　2人の著名な経営学者によるテーゼをめぐって、企業経営は「戦略が先か、組織が先か」という長年の論争がありました。

　しかし、20世紀末の1997年にマッキンゼーが著書『ウォー・フォー・タレント』で「企業が人を選ぶのではなく、人が企業を選ぶ時代だ」とパラダイムシフトを宣言して以来、「戦略が先か、組織が先か」の議論を経て、現代はもはや人材が戦略を主導する流れとなったといえます。

1. ヒューマンリソース（人的資源）から ヒューマンキャピタル（人的資本）への転換

“最初に人を選び、その後に目標を選ぶことが時代を超えた成功法則の一つだ”（ジム・コリンズ『ビジョナリー・カンパニー　2　飛躍の法則』2001年）

“人材が戦略を主導する。戦略が人材を指揮するのではない”（コーンフェリー＆マッキンゼー『Talent Wins──人材ファーストの企業戦略』2020年）

端的にいえば事業環境変化によって、これまでのヒューマンリソース（均一的な労働力としての人材）からヒューマンキャピタル（知的労働の源泉としての個人、すなわち人財）へと捉え方が変化したといえます。**図表2.1-1**のように、かつての戦略→組織→人材という流れで経営がなされていた時代から、人財（人的資本）が最初の起点でその先に組織や戦略を作るという時代に移行したともいえます。

この流れを時代ごとの組織設計で整理すると、**図表2.1-2**のように

図表2.1-1 「人材」から「人財」（人的資本）への転換

戦略−組織−人材/人財
事業環境変化によって、これまでのヒューマンリソース(均一的な労働力としての人材)からヒューマンキャピタル(知的労働の源泉としての個人)へと捉え方が変化した。

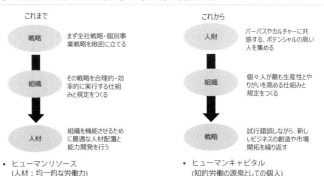

出所：EY Japan ピープル・アドバイザリー・サービス著、鵜澤慎一郎監修、『HRDX の教科書──デジタル時代の人事戦略』p.20を改編、（日本能率協会マネジメントセンター、2021年）

図表2.1-2　企業組織のあり方の時代的変遷

世界でも日本でも1970〜80年代が戦略の時代であるとすれば、1990年代は組織の時代、2000年代以降は人材の時代といえる。

時代区分	時代背景	代表的な組織形態	組織の意図
1970年代 （戦略の時代）	高度経済成長の時代：大量生産・大量消費市場の到来	機能別組織	製造、営業など個別機能の分業による個別能力の極大化
1980年代 （戦略の時代）	事業の多角化時代：プロダクトアウトからマーケットイン志向へ	事業部制組織	マーケットイン志向で市場特性ごとに事業単位で完結性、一貫性を担保。組織単位で収益最大化
1990年代 （組織の時代）	市場の成熟化時代：右肩上がりの経済成長が終わり競争が熾烈化	フラット型組織、カンパニー制、分社化、プロジェクト型組織等	スピーディな意思決定体制や変化への柔軟な対応力を強化
2000年代以降 （人材の時代）	インターネット、エマージングテクノロジーや大量データ管理・分析時代の到来：GAFAのような新興デジタル企業の急成長、AI、IoT、データサイエンスなどホットスキルを持つ希少人材の争奪戦（War for Digital Talent） VUCAの時代におけるアダプティブ戦略へ	ティール組織、ネットワーク型組織 DAO（Decentralized Autonomous Organization/分散型自律組織） Team of Teams エコシステム（外部連携）	不確実な変化への対応およびデジタル時代の新規事業創出を目的に社員の自律的な判断や行動を重視。加えて、オープンイノベーション志向で社内だけに閉じず、エコシステムやギグエコノミーとつながることができる形態へ

出所：前掲『HRDX の教科書』

なります。

　世界でも日本でも1970〜80年代が戦略の時代であるとすれば、90年代は組織の時代、2000年代以降は人材の時代といえます。

　特に現代ではDX（デジタルトランスフォーメーション）推進の中でAIなどのデジタル技術者やデータサイエンティストなどの高度専門人材が強く求められています。また女性活躍、外国籍社員の活躍、障がい者雇用、LGBTQへの理解と配慮など多様な価値観や行動特性を持つ従業員の個を尊重し、組織の中で包摂的に処遇し、働きがいやエンゲージメントを高めて生産性を高めてもらうことが必要になります。そのような多様性や個の尊重が進む中では、これまでの組織構造である上意下達の軍隊式や人材を単一的に組織管理するやり方がそぐわなくなってきているのは、明らかです。そのため、最近ではティール組織、ネットワーク型組織、DAOなど自律組織のあり方が企業で模索されています。

2. 人を中心に据える経営は
日本でも世界でも注目されている

　日本では経済産業省主導による人材版伊藤レポートの公表や人的資本コンソーシアムの設立、岸田首相の新しい資本主義実現会議の重点に人材投資が織り込まれたことで、にわかに人的資本経営に注目が集まっていますが、これは日本だけの動きではありません。

　EY のピープル・アドバイザリー・サービスと英国オックスフォード大学のサイード・ビジネススクールの共同調査（2022年）によれば「人を中心に据える経営（Humans@Center）」は企業変革を成功させる主要なドライバー（推進因子）であることが明らかになっています。

　この調査では25名の経営幹部にインタビューを行う定性調査と日本を含む先進23カ国を対象に935名の経営幹部と1,127名の従業員という広範囲に対して定量調査を行いました（**図表2.1-3**）。

　調査対象者の属する企業では、グローバル経営の推進、M&A の実行、リストラクチャリング、DX の推進など数多くの企業変革が実施されたと思われますが、そうした変革に対する回答者の評価は成功と失敗で半々に母集団を形成しました。

　具体的には、自社が行った変革について、KPI パフォーマンスと、50のリーディングプラクティスの実践状況を、経営幹部と従業員に評価してもらいました（**図表2.1-4**）。何が成功にとっての重要要素なのかを絞り込むために、変革成功グループと失敗グループの差異を分析しました。どちらのグループも同じ程度の重要度と認識している要素は変革の成否を決める因子ではないと解釈できます。成功グループは重視しているが失敗グループは軽視しているといったギャップが大きい因子が、有力な変革の成否を決めていると判断されます。

図表2.1-3　企業変革の成否に関する調査の概要

変革を主導する経営幹部への定性調査

- オックスフォード大学サイード・ビジネススクールが調査を主導

- 10を超えるセクターから25名の経営幹部が参加

- 職位：
  - CEO　（不動産）
  - CTO　（ファイナンス・銀行）
  - COO　（モータースポーツ）
  - 会長　（消費財）
  - MD　（ヘルスケア）

変革の取り組みおよびその成否に関する定量調査

935名　の CXOおよび直属部下

- 各100名以上：
  CEO、CFO、COO、CISO、CMO、CSO、CTO、CHRO
- 各50名以上：
  CDOまたはCTrO [1]

1,127名 の従業員

- 500名の中間管理職者
- その他の従業員500名

50:50 変革の成否の割合は半々

- 各回答者は、過去5年以内に実行した自社の組織変革の成否を評価

回答企業の形態

国有企業 10%
非公開企業 34%
公開企業 56%

回答企業の売上規模

48% 10億〜50億ドル
48% 50億〜500億ドル
4% 500億ドル以上

日本含む先進23カ国

| 北・中・南米 33% | 欧州 38% | アジア・パシフィック 28% |

7 業界　**16** セクター

業界別で各150社以上 セクター別で各50社以上

1. 先進製造業およびモビリティ：自動車、輸送、製造、化学、工業製品
2. コンシューマー：消費財、小売
3. エネルギー・資源：　鉱業・金属、石油・ガス、電力・ユーティリティ
4. 金融サービス：銀行、キャピタルマーケット、保険、ウェルス＆アセットマネジメント
5. ガバメント・パブリック
6. ヘルスサイエンス・アンド・ウェルネス：ヘルスケア、ライフサイエンス
7. テクノロジー、メディア・エンターテインメント、テレコム

注1：最高エクスペリエンス責任者（CXO）、最高トラスト責任者（CTrO）

出所：EY ピープル・アドバイザリー・サービス、オックスフォード大学サイード・ビジネススクール、Human@Center Research 2022

図表2.1-4　変革の成功に寄与する因子の抽出

6つの主要ドライバーひとつひとつが成功率の向上に大きく寄与

自社が行った変革について、KPIパフォーマンスと、50の
リーディングプラクティスの実践状況を経営幹部と従業
員に評価して頂きました。

組織体制
4つのリーディング
プラクティス

テクノロジー
5つのリーディング
プラクティス

リーダーシップ
5つのリーディング
プラクティス

文化
4つのリーディング
プラクティス

感情面のサポート
1つのリーディング
プラクティス

ワークフォース
5つのリーディング
プラクティス

ビジョン
8つのリーディング
プラクティス

サービスプロバイダー
4つのリーディング
プラクティス

プロセス
6つのリーディング
プラクティス

PMO
5つのリーディング
プラクティス

外部ステークホルダー
3つのリーディング
プラクティス

予測モデルを基に、変革の成功に最も寄与する6つの主要ドライバーを特
定しました[1,2]

各領域で標準偏差が1向上すると、それぞれ示した割合だけ平均的な成功率が高まります。

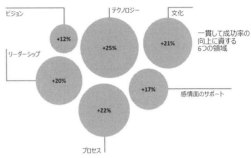

一貫して成功率の
向上に資する
6つの領域

1 最尤推定値によるロジスティック回帰。n=2,050。
2 成功の可能性の向上は、オッズ比に基づく平均値。変革の成功率が統計的に有意に上昇した領域のみを表示。

3．人を中心に据えた変革を実行している組織はそうでない組織より2.6倍成功率が高い

　以上の分析による予測モデルを基に、変革の成功に最も寄与する6
つの主要ドライバーを特定しました。
① 動機づける「ビジョン」
② 寄り添う「感情面のサポート」
③ 醸成する「テクノロジー」
④ 奨励する「プロセス」
⑤ 主導する「リーダーシップ」
⑥ 協働する「文化」
　この6つの共通点は人を中心にした経営のエッセンスともいえるで
しょう。
　この主要なドライバーを重視して変革を実践している企業とそうで
ない企業には実に2.6倍もの成功率の違いがありました。人を中心に
据える経営の重要性が世界でも認識されつつあります。

図表2.1-5　変革の成功を促進する6つの主要ドライバー

変革の成功を促進する6つの主要ドライバーすべてが、人を中心に据えている

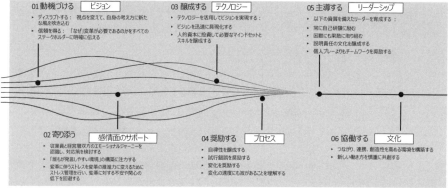

出所：前掲 Human@Center Research 2022

4. 「魚と組織は天日にさらすほど日持ちがよくなる」は人的資本経営にも通じる

　「魚と組織は天日にさらすほど日持ちがよくなる」は公益社団法人日本プロサッカーリーグ（Ｊリーグ）前チェアマンの村井満氏の口癖です[*1]。

　チェアマン就任時の村井氏は組織運営の透明性を高める、都合の悪いところも含めてすべて開示していくことを目指しました。豪華な「チェアマン室」をはじめ役員の個室を撤廃して、「大部屋制」を導入し、組織の風通しをよくすることに加えて、徹底的に外部への情報開

＊1　村井満「組織に異物を入れ天日にさらす／村井満コラム」『日刊スポーツ』2019年5月10日（https://www.nikkansports.com/soccer/news/201905100000143.html）。対談・講演概要「Ｊリーグを再興に導いた、5つの打ち手と哲学：公益社団法人日本プロサッカーリーグ第5代理事長・村井満氏×東京中小企業投資育成株式会社代表取締役社長・望月晴文」東京中小企業投資育成株式会社（https://www.sbic.co.jp/useful/detail179/）。［講演レポート］「Ｊリーグチェマンが語る組織・人材マネジメント～Ｊリーグを経営する～：村井満氏・楠木建氏」日本の人事部「ＨＲカンファレンス」（https://jinjibu.jp/hr-conference/report/r201611/report.php?sid=836）。

28

示を進めました。例えば2014年のＪリーグ前半シーズン全試合と、ブラジルＷ杯におけるブラジル対ドイツ戦でのコーナーキックに要した時間を集計したところ、Ｊリーグが平均30.6秒だったのに対し、Ｗ杯は26.4秒と世界の方が４秒も速かった事実について、プレースピードの観点では当時のＪリーグは世界トップレベルにはまったく達していないのだと、はっきりと公表しました。また、プレーパフォーマンスに関するさまざまなKPIを設定し、常にモニタリングしています。結果的に、ペナルティーエリアの外からもゴールを狙うプレーが43％ほど増加し、ボールを奪ってからゴールするまでの平均時間が7.7％短縮され、逆転勝ちが２割増加しました。魅力あるサッカーにするための指標をトラックできたことで、大きな変化をもたらしたのです。

　今、人的資本の情報開示の動きで起こっていることは、まさにこの村井チェアマンが推進したＪリーグ改革を彷彿させます。

　天日にさらす、つまり都合の悪い数字や結果であっても透明性をもって外部に開示することが大事であり、それがきっかけで改善に向けた動きが強化され、結果的に組織・人材マネジメントの質を上げることが期待できるのです。また経営戦略と連動する人事戦略を策定し、その具体策として人事KPIを設定し、それをモニタリングすることで、組織・人材の観点から企業価値向上への道筋を明確化することができます。

　今後の企業成長のために多様性の推進やリスキリングが重要であると多くの企業が提唱する一方で、ジェンダーペイギャップ（男女間賃金格差）や従業員１人当たりの年間研修時間や研修費用などの人事KPIは多くの企業が未開示のままです。それは技術的に取得が困難という理由以上に、内部検証で非常に悪い数字なので開示したくないという心理やためらいがあるからだと思われます。しかし開示することが課題解決のスタートなのです。社内や社外からの改善プレッシャーはむしろ経営や人材マネジメントの質を上げる後押しになるという考えも、今後は必要となります。

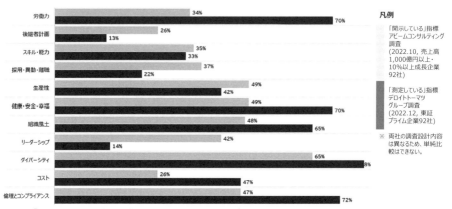

図表2.1-6　人的資本の測定・開示の状況（ISO 30414の各項目ごとに集計）

凡例
「開示している」指標 アビームコンサルティング調査 (2022.10, 売上高 1,000億円以上・ 10%以上成長企業 92社)
「測定している」指標 デロイトトーマツ グループ調査 (2022.12, 東証 プライム企業92社)
※ 両社の調査設計内容 は異なるため、単純比 較はできない。

出所：「日本企業の人的資本経営取り組み実態調査」（アビームコンサルティング、2022年10月）、「人的資本情報開示に関する実態調査」（デロイトトーマツグループ、2022年12月）、をもとに、EY Japan 作成

▌5．日本企業の人的資本指標の測定と 開示の状況

　人的資本経営の高まりに応じて、コンサルティングファームやシンクタンクなどが人的資本情報開示動向の実態調査を積極的に行っています。**図表2.1-6**は人的資本の測定・開示の状況を ISO303414の各項目単位で再整理したものです。

　一定の人的資本指標の測定・開示は進んでいますが、その一方で、後継者計画、スキル、採用・異動・離職、リーダーシップ、コストなど人材マネジメントの可視化に必要な部分については依然として低い傾向が、明らかとなりました。

▌6．日本企業では人事システムやデータ整備の 出遅れが人的資本指標の集計に悪影響

　半数程度の企業がタレントマネジメントシステムを導入済みですが、エクセルでの集計も３～４割程度残っています。リスキリング対応で

図表2.1-7　システム・ツールの活用状況

人的資本指標を測定・開示する上で使用しているシステム・ツール（複数回答）

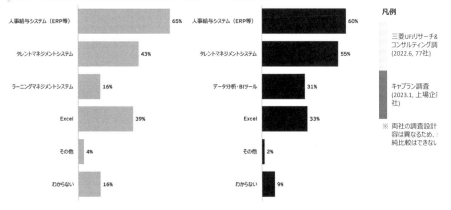

凡例

三菱UFJリサーチ&
コンサルティング調
(2022.6、77社)

キャプラン調査
(2023.1、上場企
社)

※ 両社の調査設計
　 容は異なるため、
　 純比較はできない

出所：「人的資本指標の測定・開示に関するアンケート調査結果概要」（三菱 UFJ リサーチ＆コン
　　　サルティング、2022年 6 月）、「人的資本開示に関する実態調査」（キャプラン、2023年 1
　　　月）、をもとに、EY Japan 作成

ラーニングデータの活用に大きなニーズがある一方で、ラーニングマ
ネジメントシステムの活用はわずか 2 割未満にとどまるのが実態です。
日本企業は一部の先進企業を除き、大多数は人事データのマネジメン
トや人事システムの活用で出遅れているのがわかります。

　決算期にあわせて統合報告書や有価証券報告書に記載するための目
的であれば年次行事なのでエクセルや手集計で乗り切れるとしても、
経営戦略と人事戦略をつなげたり、企業価値を向上させるという本来
の目的に照らすと、KPI を定期的にモニタリングするには手作業では
限界があります。

　DX の流れの中で HR テックの世界はほぼクラウドソリューション
が中心になり、サブスクリプション契約で HRDX（人事 DX）を導入
するケースが主流になりつつあります。導入のリードタイムも短くな
り、コスト負担の点でも以前よりはハードルは下がりつつあります。

　人に投資することに加えて、このような情報インフラ基盤にも日本
企業は積極的に投資をすることが求められます。

図表2.1-8 「フォーブス・グローバル2000」（2021年版）の欧州企業上位30社の一覧

企業名	国籍	業種	企業名	国籍	業種
Volkswagen Group	ドイツ	Automotive	Zurich Insurance Group	スイス	Insurance
Allianz	ドイツ	Insurance	UBS Group	スイス	Asset Mgmt
BNP Paribas	フランス	Banking	Intesa Sanpaolo	イタリア	Banking
Nestlé	スイス	Consumer	Rio Tinto	ルクセンブルク	Metal & Mining
HSBC Holdings	イギリス	Banking	Iberdrola	スペイン	Utilities
Daimler	ドイツ	Automotive	Prudential	イギリス	Insurance
Deutsche Telekom	ドイツ	Telecom	Chubb	スイス	Insurance
AXA Group	フランス	Insurance	Credit Agricole	フランス	Banking
Roche Holding	スイス	Healthcare	Vodafone	イギリス	Telecom
BMW Group	ドイツ	Automotive	SAP	ドイツ	Software
LVMH Moët Hennessy Louis Vuitton	フランス	Consumer	Deutsche Post	ドイツ	Logistics
Novartis	スイス	Healthcare	Medtronic	アイルランド	Healthcare
Siemens	ドイツ	Industrials	Generali Group	イタリア	Insurance
Sanofi	フランス	Healthcare	Barclays	イギリス	Banking
Enel	イタリア	Utilities	Munich Re	ドイツ	Insurance

出所：フォーブス・グローバル2000

7. 先行する欧州企業の動向から 今後の開示動向を予測する

　このように多くの日本企業にとって、現在は人的資本情報の開示元年といえるでしょう。世界に目を向けると開示において先行するのはサステナビリティ活動が進む欧州地域といわれており、ジェンダーペイギャップなどの情報開示がすでに義務化されている国々もあります。そこで EY Japan では2022年5月から6月に「フォーブス・グローバル2000」を（2021年版）の欧州企業上位30社の開示状況を調査しました（**図表2.1-8**）。

〈調査概要〉

企業の発表データについて

・各社発表の最新年度の年次報告、CSR/ESG レポート、総合報告書を対象とする。

・人的資本情報に関し、実績値のみとし、目標値は除く。

開示フレームワーク

・ISO、WEF、SASB、GRI、EPIC に加え、CSRD（欧州企業サステナ
ビリティ報告指令）、米国 SEC 開示要求の 7 種を対象とする。

項目分類

・フレームワークによっては細かい定義により別指標と扱われるべ
きものを、情報開示目的や指標の意味から大括りにしている場合
がある。

・大きくは、内閣府（新しい資本主義実現会議）の議論において活
用されているものに準ずる。

・絶対数と率、あるいは単年値と時系列変化量など、類似指標と解
釈可能な範囲を広げた指標もある。

8．欧州上位企業の開示率の圧倒的高さ

図表2.1-9の通り、ダイバーシティや人材育成といった多くの日本
企業にとって重点課題と認識されている領域は、ほぼ100％の開示状
況でした。

他方で欧州のトップ企業上位30社であってもエンゲージメントやコ
ンプライアンス／労働慣行の領域は開示の改善余地がありそうですが、
それでも70％程度と一定の高さを示しました。この欧州企業のベンチ
マークを参考にすると、グローバル経営が進む中で多くの日本企業は
開示項目数のさらなる拡充が市場から求められるはずです。

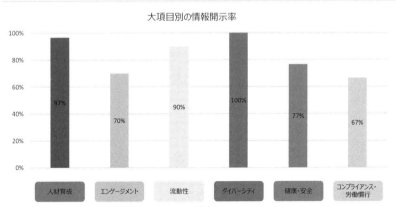

図表2.1-9　欧州上位30社の情報開示率（2021年）

最も開示率の低いコンプライアンス/労働慣行でも7割近くの企業が定量情報を開示しており欧州企業の全体的な開示率は高い

大項目別の情報開示率

人材育成	97%
エンゲージメント	70%
流動性	90%
ダイバーシティ	100%
健康・安全	77%
コンプライアンス・労働慣行	67%

出所：Refinitiv データを活用し、EY Japan が作成

9．今後さらに情報開示が求められる項目

　縦軸に欧州上位企業30社の開示率、横軸に7フレーム開示要求率でマッピングすると面白い傾向が見て取れます（**図表2.1-10**）。

　右上の象限、つまり30社の過半が開示済みで、主要なフレームワークが開示を推奨する領域は、ある意味で「デファクトスタンダード」といえるでしょう。研修時間、エンゲージメント、離職率などは開示するのが当然の時代といえます。

　他方で右下の象限は30社の過半がまだ開示できていないが、主要なフレームワークが開示を推奨する領域なので、今後さらなる開示が進む可能性が高い項目といえます。研修費用、自発的離職率、男女間の給与格差などが挙げられますが、このような項目は国内本社単体でデータを取得するのは容易であっても、グローバル連結で取得するのは難しそうです。それには多くの企業がさらなるデータプラットフォームの整備に労力を投入する必要があるでしょう。

図表2.1-10　欧州上位30社の開示率と７フレーム開示要求率によるマッピング

多くの企業で開示が進むデファクトスタンダード指標群に加え、
開示要求されやすいが開示例の少ない8指標はこれからの開示を価値につなげやすい有望指標

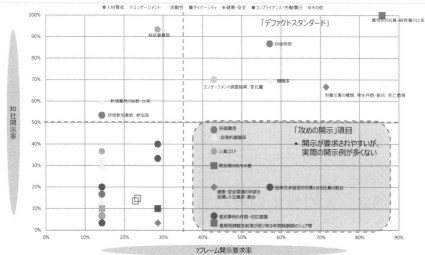

出所：Refinitiv データを活用し、EY Japan が作成

第2節

人的資本の情報開示の
本来的なあり方

---

1. 人的資本経営における
可視化フレームワークの活用

（1）開示の本来の目的は経営戦略や事業戦略に基づき人的資本の価値を高めること

　近年、「人的資本の情報開示」について、世界規模でルールの整備が進み、企業はその対応を迫られています。2020年11月にSEC（米国証券取引委員会）によって上場企業に人的資本の情報開示が義務付けられたことに端を発し[*1]、日本においても2021年6月にコーポレートガバナンス・コードが改訂され、補充原則において人的資本の情報開示の充実が求められるようになり、2023年3月期から有価証券報告書における人的資本に関する「戦略」や「指標及び目標」などの開示が義務付けられるなど、その動きは加速の一途をたどっています。

　加えて、2022年5月に経済産業省から人的資本経営の実践について示した「人材版伊藤レポート2.0」が、同年8月には内閣官房から人

---

*1　レギュレーション S-K（財務諸表以外の開示についての要求事項）改正により、企業が事業を運営する上で重視している人的資本に関する取り組みや目標に関する説明が要求されるようになった。

的資本の情報開示のあり方や対応の方向性について、ISO 30414（人的資本開示ガイドライン）等の国際的なガイドラインを含めて包括的に整理した「人的資本可視化指針」が相次いで公表され、人的資本経営の実践とこれに伴う可視化に対する社会の機運はますます高まっています。

　しかし、その現場である人的資本の情報開示の推進役を任された企業の人事部門においては、情報開示に必要なデータの収集や集計、これまでに開示してきた数値との"辻褄合わせ"に追われてしまっているのが現状です。「開示」それ自体は、「可視化」の１ステップに過ぎず、本来的には、可視化によって明らかになった問題点を経営戦略や事業戦略に基づいて課題化し、対応していくことで、人的資本の価値を高めていくことに活用されるべきものです。

　そこで、本節では、昨今のトレンドでもあるISO 30414をはじめとしたガイドラインとの関係性にも触れつつ、「なぜ人的資本の情報を開示するのか」という本質的な問いについてひもといていくとともに、企業にとって真に意味のある開示のあり方について、具体的な実例を基に示していきます。まずは、本項のタイトルにもある「人的資本の可視化フレームワーク」としてのISO 30414について概観し、続いて、「人的資本の情報開示」というトピックに関する問題を提起した上で、ISO 30414を活用しつつ、人的資本経営を積極的に推進している２社の人的資本経営に対する考え方や具体的な取り組みについてインタビュー形式で示します。最後に、情報開示によって企業が真に目指すべきことは何かについて改めて整理することで、本節を締めくくります。

　本節でのインタビューに協力してくださったのは、大手総合商社の豊田通商株式会社と大手医療機器メーカーのシスメックス株式会社の２社です。両社とも、ここ最近の人的資本経営関連のムーブメントよりも前から人的資本経営に着目し、その分析や投資に注力し続けたことで現在成果をあげています。豊田通商株式会社は、2022年10月に日

本も含めたアジアで2社目、卸売業においては初めて、ISO 30414の認証を取得し、あわせて人的資本の情報についてまとめた「Human Capital Report 2022」を発行しました[*2]。シスメックス株式会社は、優れた人的資本経営・情報開示に取り組む企業として「人的資本リーダーズ2022」に選出され[*3]、人的資本経営と人的資本の情報開示に関する取り組みの一環としてISO 30414の認証取得を目指しています。

　EY Japan ピープル・アドバイザリー・サービスは、かねてから両社の取り組みを、開示方針の立案からデータ収集方式の検討等、多岐にわたり支援してきました。その立場から、両社の考え方や具体的な取り組みを他の組織が汎用的に活用しうるように、形式知やベストプラクティスとしてまとめています。これは人的資本経営に従事するすべての人に役立つものといえるでしょう。

（2）国内外の企業や政府機関に普及しつつある ISO 30414

　ISO 30414は、2018年12月に国際標準化機構（ISO）が発表した人的資本の情報開示に関するガイドラインです。人的資本の測定や分析、報告について示したもので、SEC（2019年）と並ぶ人的資本の情報開示の転換点を表す重要な基準と位置づけられます[*4]。**図表2.2-1**の通り、全11項目において、内外のステークホルダーに対する測定指標を設定しています。ISO 30414は「"上場企業が"統合報告書等を通じて"外部に"開示するときに使用するもの」というイメージを持たれがちですが、**図表2.2-2**の通り、企業規模によらず、大企業と中小企業、それぞれに推奨指標があり、また、各指標について、内部に開示すべき

---

*2　豊田通商株式会社「人的資本に関する情報開示のガイドライン『ISO30414』の認証を取得 ～人的資本経営強化に向けて、『Human Capital Report 2022』を発行～」2011年10月31日（https://www.toyota-tsusho.com/press/detail/221031_006113.html）。

*3　シスメックス株式会社「優れた人的資本経営・情報開示に取り組む企業として「人的資本リーダーズ2022」に選出」2023年2月20日（https://www.sysmex.co.jp/csr/news/2023/20230220.html）。

*4　島永和幸『人的資本の会計』同文舘出版、2021年。

38

図表2.2-1 ISO 30414の項目・指標一覧

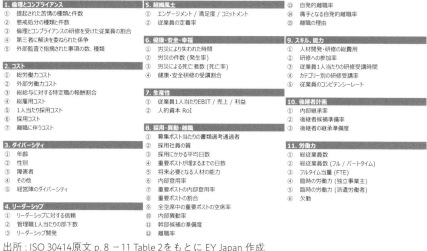

1. 倫理とコンプライアンス
① 提起された苦情の種類と件数
② 懲戒処分の種類と件数
③ 倫理とコンプライアンスの研修を受けた従業員の割合
④ 第三者に解決を委ねられた係争
⑤ 外部監査で指摘された事項の数、種類

2. コスト
① 総労働力コスト
② 外部労働力コスト
③ 総給与に対する特定職の報酬割合
④ 総雇用コスト
⑤ 1人当たり採用コスト
⑥ 採用コスト
⑦ 離職に伴うコスト

3. ダイバーシティ
① 年齢
② 性別
③ 障害者
④ その他
⑤ 経営陣のダイバーシティ

4. リーダーシップ
① リーダーシップに対する信頼
② 管理職1人当たりの部下数
③ リーダーシップ開発

5. 組織風土
① エンゲージメント / 満足度 / コミットメント
② 従業員の定着率

6. 健康・安全・幸福
① 労災により失われた時間
② 労災の件数（発生率）
③ 労災による死亡者数（死亡率）
④ 健康・安全研修の受講割合

7. 生産性
① 従業員1人当たりEBIT / 売上 / 利益
② 人的資本 RoI

8. 採用・異動・離職
① 募集ポスト当たりの書類選考通過者
② 採用社員の質
③ 採用にかかる平均日数
④ 重要ポストが埋まるまでの日数
⑤ 将来必要となる人材の能力
⑥ 内部登用率
⑦ 重要ポストの内部登用率
⑧ 重要ポストの割合
⑨ 全空席中の重要ポストの空席率
⑩ 内部異動率
⑪ 幹部候補の準備度
⑫ 離職率

9. スキル、能力
① 人材開発・研修の総費用
② 研修への参加率
③ 従業員1人当たりの研修受講時間
④ カテゴリー別の研修受講率
⑤ 従業員のコンピテンシーレート

10. 後継者計画
① 内部継承率
② 後継者候補準備率
③ 後継者の継承準備度

11. 労働力
① 総従業員数
② 総従業員数（フル / パートタイム）
③ フルタイム当量（FTE）
④ 臨時の労働力（独立事業主）
⑤ 臨時の労働力（派遣労働者）
⑥ 欠勤

⑬ 自発的離職率
⑭ 痛手となる自発的離職率
⑮ 離職の理由

出所 : ISO 30414原文 p. 8 − 11 Table 2 をもとに EY Japan 作成

図表2.2-2 ISO 30414の企業規模・開示推奨先別指標数

	内部開示推奨	外部開示推奨
想定されるステークホルダー	経営陣、監査役会、従業員、人事部門、経営層 など	投資家、格付機関、証券アナリスト、（競合）他社、求職者、転職エージェント など
大企業	**58** 指標	**23** 指標
中小企業	**32** 指標	**10** 指標

出所 : ISO 30414原文 p. 8 −11 Table 2 をもとに EY Japan 作成

ものと外部に開示すべきものがそれぞれ設定されています。

　なお、EY には、株式会社 HC プロデュースと ISO 30414策定に従事した HR Metrics 社が実施する ISO 30414のプロフェッショナル認証講座を受講して ISO 30414リードコンサルタント／アセッサー資格を取得した人材が、2023年3月時点で計15名在籍し、人的資本経営という広範な枠組みの中で、多数の企業のプロジェクトを推進しています。

　近年では、ISO 30414のほかにも、WEF（世界経済フォーラム）に

よるステークホルダー資本主義測定指標（2020年）やSASB（サステナビリティ会計基準審議会）による「人的資本とSASB基準に関する予備的フレームワーク（改訂案）」（2020年）、GRI（グローバル・レポーティング・イニシアティブ）によるGRIスタンダード（2016年）、CIC（包摂的資本主義評議会）によるEPIC報告書（2018年）、FRC（英国財務報告評議会）による人的資本に関する報告書（2020年）といった多岐にわたる人的資本の情報開示に関する指針が公表されています。ISO 30414は、その中でも、次項にあげる❶〜❸の特徴を備えており、開示の基準として使用する上では非常に有用です。そのため国内外で認証を取得した企業や取得しようとしている企業が増えつつあります。加えて、SECにおいても、2021年6月に上場企業に対し、人的資本の情報開示を求める法案（Workforce Investment Disclosure Act of 2021）において、人的資本の情報開示に関する各項目の開示基準について、SECが自ら策定するものとしつつ、同法律の制定後2年以内に策定できなかった場合は、ISO 30414を開示基準として使う旨を明記している[*5]など、企業のみならず、政府機関レベルでも普及しつつあります。

（3）汎用性が高く定量化しやすく、自社の立ち位置や状態を把握しやすいISO 30414

❶網羅的で、汎用性が高い

ISO 30414は、他のガイドラインと比較して人材マネジメント領域の項目・指標を広範囲に設定しているため、グローバルな基準でありつつも日本企業にとって適用しやすいといえます（**図表2.2-3**参照）。

---

*5　「米国の動向②：人的資本開示の法制化」内閣官房新しい資本主義実現本部事務局、経済産業省経済産業政策局「基礎資料」2022年2月、36ページ（https://www.cas.go.jp/jp/seisaku/atarashii_sihonsyugi/wgkaisai/hizaimu_dai1/siryou3.pdf）。

図表2.2-3　各非財務情報開示フレームワークにおける人材マネジメント領域の評価項目

評価項目・指標		LTVフレームワーク	ISO 30414	SASBスタンダード	GRIスタンダード	非財務情報開示指令
人材マネジメント領域	倫理とコンプライアンス	(✓)	✓	✓	✓ 100 / 400	✓
	コスト	✓	✓	✓	✓ 100	(✓)
	ダイバーシティ	✓	✓		✓ 400	✓
	リーダーシップ		✓			
	組織風土	✓	✓			
	健康・安全・幸福	✓	✓	(✓)	✓ 400	
	生産性		✓			
	採用・異動・離職	✓	✓	✓	✓ 400	
	スキル、能力	✓	✓		✓ 400	✓
	後継者計画		✓			
	労働力	✓	✓	✓	✓ 100 / 400	✓

出所：EPIC, ISO, SASB, GRI, 欧州委員会の各種公開資料より EY Japan 作成

❷定義や算出式が明確で、定量化しやすい

　「一般的な測定基準」として各指標の定義や算出式をシンプルにわかりやすく示しているため、人事担当者にとって、データを取得、集計しやすく、定量化しやすいのが、ISO 30414の長所です。

❸比較可能性に優れ、自社の立ち位置や状態を把握しやすい

　また、ISO 30414は内外のステークホルダーのニーズに鑑み、比較可能性に重きを置いているため、組織間および組織内での各指標の数値の比較を通じ、自社の立ち位置や状態を簡便に把握しやすいというメリットをもっています。

（4）ISO 30414の活用には自社の状況や戦略に即したアップデートが必要

　ISO 30414は、グローバルな基準として非常に有用性が高い一方で、

日本企業においては、男女間賃金格差等の指標の付け足しや自社に照らした定義・算出式の修正、戦略への紐づけといったアップデートが求められます。

❶男女間の賃金格差等の法定開示項目を追加する

ISO 30414は国際的なガイドラインの中でも網羅的で汎用性が高い一方で、日本で開示が義務付けられている人材育成方針や育児休業の取得率、男女間賃金格差、女性管理職比率に合致する指標がありません。そのため、活用に際しては、これらを付け加えることが求められます。この点についてISO 30414は、各指標について、「人的資本の情報開示において有用で、最も一般的な測定基準として推奨しつつも、必要に応じて追加の測定基準を使用することを可能」とすることで、一定の柔軟性を認めています。

女性活躍推進法第20条第1項は、一般事業主のうち常時雇用する労働者の数が100人を超える組織では、その事業における女性の職業生活における活躍に関する情報を定期的に公表しなければならないと定めています（コラム「男女間賃金格差について」参照）。

男女間賃金格差について

　2022年6月7日に閣議決定された「新しい資本主義のグランドデザイン及び実行計画～人・技術・スタートアップへの投資の実現～」において、一般事業主のうち常時雇用する労働者の数が300人を超えるものに「男女の賃金の差異」の公表を義務化することが定められました。さらに同2022年7月8日に厚生労働省令が改正され、いわゆる男女間賃金格差の情報は、改正省令施行後最初に終了する事業年度の実績を、その次の事業年度の開始後おおむね3カ月以内に公表することになりました。

　男女の賃金の差異の算出方法等については、通達「男女の賃金の差異の算出及び公表の方法について（雇均発0708第2号令和4年7月8日（最終改正）令和4年12月28日雇均発1228第1号）に詳しく示されています。その公表に関しては、以下の2点に留意する必要があります。

① **数値の裏側にあるストーリーを添え、自社の実態をできるだけ正確に伝える**

　比較可能性の観点では、前述の通達で示された算出方法に基づく数値を公表することが望ましいといえますが、それだけでは、会社の内部事情までは伝えきれません。男女間賃金格差に関して後れをとっている日本においては、本来あるべき数値が出てくる可能性は低いため、「なぜ数値が低いのか」、「数値の改善に向けてどのような取り組みを推進しているのか」、「結果として数値がどれだけ改善されたのか」等についてステークホルダーに示すことが求められます。

　よって、公表に際しては、数値の裏側にある背景や取り組みに関する説明、すなわちストーリーを付記することが望ましいといえます。例えば、「新卒採用における女性比率を高める等のポジティブ・アクション（積極的差別是正措置）により、結果として、相対的な男女間賃金格差が拡大している」、「現状においては女性管理職比率が低いため、全体の格差が大きく出ているが、同じ役

職や等級で比較すると、格差は小さい」、「当年度の数値は、グローバルの基準には達していないが、経年推移でみると改善している」といったものです。自社なりの切り口で、自社の実態を可能な限り正確に伝えられるよう、説明することが重要です。

なお、この点、通達においても、「男女の賃金の差異」以外の情報を任意で追加的に公表することが可能とされており、「説明欄」の有効活用が望ましいとされています。

② 各国でルールやジェンダーギャップの成熟度が異なることを踏まえ、数値の算出方法やみせ方を変える

日本政府は、女性活躍推進法に基づく男女間賃金格差の情報は、企業ごとに公表すべきとの方針を示しており、仮にホールディングス（持株会社）であっても、単体で公表することとし、連結で公表するものではないとされています。

しかしながら、ESGの機関投資家や格付け機関は会計の世界と同様に、人的資本情報開示に関してもグローバル連結での開示を、単体での公表よりも評価する傾向があります。

ただ、グローバルには連結での開示が望ましいとはいえ、各国のルールが異なる中でいかに公表するかが問題となります。例え

図表2.2-4 男女間賃金格差（ISO30414の58項目に含まれない項目）の算定方法

国	必須公開対象となる条件	対象従業員	計算ベース	計算する値	計算式
英国	従業員数が250人以上	・正社員	時給	・平均値 ・中央値	(男性正社員の平均時給 - 女性正社員の平均時給) / (男性社員の平均時給) × 100
日本	従業員数が301人以上	・正社員 ・派遣社員 ・合計	一人頭の年間平均賃金	・平均値	(女性の平均年間賃金) ÷ (男性の平均年間賃金) × 100

残業量に男女差があると差が出るのが日本、UKは単位時間当たりの純粋比較

ただし、役職や勤続年数など、性別差を通じて賃金差に影響しそうな他の要素は日英どちらも含まれてしまっている

日本は平均値のみ

賃金のばらつきが大きい可能性も踏まえると、中央値をあわせて開示することが本来的には望ましい

また、任意開示でピアグループ（管理職層、非管理職層）を示すことも有効な手段

計算式はそこまで大きな差はない

計算ベース（時給か年間平均賃金か）を除くと、賃金差を3%とみるか、女性は男性の賃金の97%とみるかのどこからみるかの違い

・計算の前提および計算方法に細かい違いはあるものの、指標としては大きな違いはない
・賃金格差の計算方法は、それぞれの国によって指定された方法で算出することが推奨される

出所：各国政府公開資料よりEY Japan作成

ば、英国においては、時間当たりの賃金で格差をみるため、時間外労働手当を含めて賃金の格差をみる日本とはシンプルに突合できず、数値をつなぎ合わせて公表するのは困難といえます（その一方で、役職や勤続年数等、男女間賃金格差に影響しそうな他の要素は、日英どちらにも含まれています）。

　また、日本においては、平均値のみで格差をみていますが、賃金のばらつきが大きい可能性に鑑み、中央値も開示することが望ましいといえます。加えて、計算式に大きな差はないため、「格差が３％ある」とみるか、「女性は男性の賃金の97％」とみるか、その国ごとのジェンダーギャップの成熟度に見合ったみせ方があるといえます。

　上記を受け、各国で法令やガイドライン、ジェンダーギャップの解消の度合いや社会の受け止め方が異なることを踏まえ、数値の算出方法やみせ方を変えることが求められるといえます。

❷自社に即した定義・算出式をまとめる

ISO 30414は定義や算出式が明確で、定量化しやすい一方、ジョブ型雇用をはじめとしたグローバルでの標準的な雇用の仕組みや慣行を前提としているため、メンバーシップ型雇用、あるいはジョブ型雇用への移行段階にある企業においては、この規格の指標の定義をそのまま当てはめると、その趣旨に照らして齟齬が生じることがあります。よって、企業には、自社の人材マネジメント方針や人事制度等に照らして、これに即した定義や算出式を示すことが求められます。

❸戦略に紐づける

　比較可能性に優れ、自社の立ち位置や状態を把握しやすいのがISO 30414ですが、その一方で、投資家目線での比較ばかりが取りざたされ、比較に基づく改善に向けたアプローチが見過ごされがちです。データだけではそのよしあしを判断できませんが、外部企業との比較や経年での推移をみれば、自社において注力すべき領域が明確になります。そうなれば、その領域での定量的な目標（KPI）を設定し、実

効的な計画、すなわち戦略を策定することが可能になります。企業に求められるのは、比較に終始することではなく、自社を改善するための戦略的なアプローチにつなげることです。この点について、ISO 30414は、「人的資本の測定基準は、目的をもって人に投資することで、人的資本の価値を創造・維持し、これにより生産性や業績を向上させられることを組織が理解することに役立つもの」と定義しています。ISO 30414は、決して正解を提供するものではありません。いかに自社を取り巻く環境に即してそれを活用するか、いかに自社の戦略に各指標を紐づけ、自社ならではのストーリーに基づいて人的資本の情報を開示し、改善につなげていくかが重要なのです。

（5）マネジメントシステム規格としての ISO30414

　ISO 30414で見過ごされがちなポイントとしてはもう一つ、ISOがISO規格におけるマネジメントシステム規格であることが挙げられます。ISO とは、いわずもがな International Organization for Standardization（国際標準化機構）の略称で、製品やサービスについてグローバルで同じ品質のものを提供できるようにするための国際的な基準である ISO 規格を定めています。一方、製品やサービスにとどまらず、組織の品質活動や環境活動を管理するためのマネジメントシステムについても、ISO 規格をマネジメントシステム規格として定めています。代表的なものとして品質マネジメントシステムの ISO 9001、環境マネジメントシステムの ISO 14001があり、ISO 30414もその一つに数えられます。

　ISO 30414がマネジメントシステム規格でもあるということは、その趣旨に準じ、組織が改善に向けたサイクルを回していくことが想定されているといえます。まずは、組織の管理対象である人的資本に関する問題点を抽出し、リスクの高さに応じて優先順位を決め、課題を設定する必要があります。しかし、人的資本について、そのすべての

課題に対処することは現実的には難しく、経営視点でみても合理的とはいえません。そこで、人的資本に関する各種問題点のリスクを評価し、リスクの高い課題から優先的に対処していくことが望ましいといえます。続いて、課題解決に向けて目標および目標達成に向けた実行計画を設定（Plan）の上、これを実行します（Do）。さらに、目標の達成度、実行計画の進捗を評価、分析し（Check）、改善を図り（Action）、次のサイクルを回していきます。このように、マネジメントシステムにおいては、特定の管理対象についてPDCAサイクルを回し、継続的に改善を図っていくことが求められます。ただし、組織の状況は、事業の内容やマーケットといった多種多様な要因によって変わりうるものです。課題やその優先順位も組織によって変わりうるため、マネジメントシステムも一律とはなりえません。よって、企業には、自社の状況や戦略に即して人的資本の改善をいかに図っていくかを、独自のストーリーをもって考えることが求められるといえます。

2．人的資本の情報開示 に関する問題提起

（1）「開示」は「経営戦略」のピースの一つ

　ISO 30414について語るとき、どうしても人的資本の情報を開示することに焦点が当たりがちですが、「開示」は、人的資本経営全体の文脈においては「可視化」のステップの一つに過ぎず、さらにいえば、「経営戦略」のピースの一つに過ぎません。

　人的資本経営とは、人材を「資本」として捉え、その価値を最大限に引き出すことで、中長期的な企業価値向上につなげる経営のあり方です[*6]。人材を損益計算書における売上原価や販管費といったコスト

---

*6　経済産業省「人的資本経営〜人材の価値を最大限に引き出す〜」（https://www.meti.go.jp/policy/economy/jinteki_shihon/index.html）2023年2月23日閲覧。

としてみるのではなく、事業活動の元手たる資本としてみて、能力開発やウェルビーイングのための投資を通じてその価値を向上させ、最大化していくことが求められます。また、企業が事業環境の変化に対応しながら持続的に企業価値を高めていくためには、事業ポートフォリオの変化をみすえた人材ポートフォリオの構築や、イノベーションや付加価値を創出する人材の採用、育成、組織の構築など、経営戦略と適合的な人材戦略を策定し、実行することが重要です。すなわち、人的資本経営とは、企業の経営戦略および事業戦略上の重要な要素として人的資本を位置づけ、これを最大化し、成果に寄与してもらうための戦略を策定し、実施し続けていくものといえます。

（2）人的資本の可視化サイクルをいかに回し、その結果をいかに改善につなげるか。そしてそのためにガイドラインをいかに活用するか

　そのためにも、まずは、自社の人的資本経営の状況を「可視化」し、自社の相対的な位置づけや自社の強み・弱み、問題点を把握し、課題を設定することが求められます。その上で、課題解決に向けた戦略を策定し、実行、結果の評価、改善のサイクルを回していくことが望まれます。ここで重要なのは、以下の３点です。

❶人的資本の可視化をPDCAサイクルとしていかに回すか
　人的資本の可視化を一過性のものや形式的なもので終わらせず、いかに継続的にPDCAサイクルとして回せるようにするかが問われます。

❷サイクルを回した結果を、いかに改善につなげるか
　自社の経営、事業戦略に照らして、いかにKPIを設定し、測定するかはもちろんのこと、いかにその結果を改善につなげるかが重要で

す。

❸人的資本の情報開示のガイドラインをいかに活用するか

❶❷を考える上では、人的資本の情報開示のガイドライン（本節では、ISO 30414を取り上げました）を単なる開示の基準としてではなく、可視化フレームワークとしていかに活用するかを意識しなくてはなりません。

　上記❶〜❸を適切に実践してこそ、中長期的な企業価値を向上させるという人的資本経営の本懐を遂げることができるのです。そこで、かねてからこれらを実践してきた2つの企業に、その考え方や具体的な取り組みについて語ってもらいました。以下の2つのインタビューからは、人的資本の可視化が現実の経営にどう生かされているかが、よくわかることと思います。

豊田通商 株式会社
人事部部長 成田 賢治 氏

**自社の立ち位置を把握し
改善に向けた投資を繰り返すことで
人的資本、さらに企業価値を向上させる**

若狭： 御社は他社に先駆けて人的資本の国際基準である ISO30414 の認証を取得されました。御社が標榜されている「人の豊通」、"People Company Toyotsu" を多方面にアピールされ、人的資本経営を推進する企業としてその存在感を強く示されたと思います。成田さんは、一連の取り組みを牽引してこられましたが、そもそものお話として、「人的資本経営」に対して、どのようなお考えをお持ちなのか、お聞かせいただけますでしょうか。

成田： 人事部に来る前の経営企画部では、全社 KPI の設計や管理の仕事にも携わっていました。当時は「人的資本経営」というキーワードは頭にありませんでしたが、社員の対外的なビジネス活動を測る物差しとして "ヒトの効率性" を軸とした KPI が有効ではないかとずっと考えていました。よく "ヒト・モノ・カネ" が競争優位の源泉といわれますが、そのうちのヒトに着目したときに、ヒトへ投資して効率的に成果を上げていけるような KPI を設定し、その達成に向けた経営サイクルを回すことが企業価値を高める上で重要なのではないか、というものです。

若狭： "ヒトの効率性" の KPI というと、ISO30414 の指標でいう「人的資本 RoI」が思い浮かびます。

成田： 結果的に最適解としてたどり着いたのは人的資本 RoI ですが、それに至るまでにさまざまな KPI を独自に考えていました。人事部

へ異動してきたのを機に、本格的に"ヒトの効率性"を軸とした
KPIの具現化を進めました。その結果、"人件費リターン"とい
う名称のKPIを使うことになりましたが、内容としては、
ISO30414にある人的資本RoIそのものでした。当時はISO30414
への世間の認知もほとんどなかったのですが、リサーチを進める
中でその存在を知り、我々の考えていたことがそのまま体現され
ていたので強く興味を持ちました。早速、ISO30414のガイドラ
インを購入し、その内容はもちろん、根底にある考え方や哲学は
何なのかを学びました。そこでみえてきたのは、ISO30414は、
人的資本への投資活動を通じて、企業価値を高めていくことを狙
いとしている、ということでした。

若狭：人材の価値を最大化して、中長期的な企業価値向上につなげると
いう人的資本経営のあり方に通じていますね。人的資本経営につ
いて意識し始められたのも、この時期でしょうか。

成田：ESGというキーワードが世の中に出てき始めた15年ほど前は、ま
だエネルギー企業や金融機関が時価総額ランキングの多くを占め
ていましたが、今となっては、GAFAに代表されるテック企業
が躍進しています。"ヒト・モノ・カネ"の中で、これまではど
ちらかというとモノ・カネに重きが置かれていたと思いますが、
今やそれがヒトにシフトしていて、利益の源泉としての資本の捉
え方が根本的に変わりました。これからは、人的資本をいかに増
大させていくかが重要です。ISO30414は、人的資本を測る上で
グローバルのプロフェッショナルたちが研究を重ねた結果として
の指標であり、また、我々が独自に検討の果てにたどり着いた指
標も含まれているので、これを自社の人的資本強化のためのベス
トプラクティスとして導入することにしました。

　商社業界では、以前から「人が重要」といわれてきており、人
こそが私たちにとって一つの優位性でした。しかし、この人的資
本経営の潮流の中で、商社を含むあらゆる業界のあらゆる企業が

人的資本を強化するとなると、当社の相対的な競争力が低下してしまいかねません。そこで、私たちは、豊田通商のヒトが他社のヒトと比べて強いのか、それとも弱いのか、まずは、自分たちの立ち位置がどこにあるのかを把握して、その上でKPIを設定し、少しずつでも改善に向けて繰り返し投資していくことが重要であると考えています。

グローバルで共通の基準で健康診断を行い
人的資本を最大化する

若狭：「自社の立ち位置の把握」にISO30414を活用されたと理解しています。今回、ISO30414の認証を取得されようとした経緯についてお聞かせいただけますか。

成田：当社にとってのISO30414への期待、有用性については先述の通りです。また認証取得については、ありていに言えば、取るのであれば早く取ろう、せっかくなら業界で一番に取ろう、そうなったら面白いというスタンスで取り掛かりました。結果としてアジアで2社目、卸売業で1社目のISO30414認証取得企業となりました。"まずは一歩を踏み出してみる"という当社の文化も大きく作用したと思います。

若狭：ISO30414を実際に活用してみて、効果を感じられたことはありますか。

成田：いくつかあるのですが、一つは、グローバルスタンダードな指標を得られたということです。自社の戦略に即した指標も大事ですが、自社特有のものだと、他社と比較して自社の立ち位置を把握することが難しくなります。グローバル共通のものをベースにすることで、他社比較が可能となります。もう一つは、開示する指標やその数値に意味を持たせることができたということです。これまで当社の人的資本を測る上でどのような意味を持つ数値なのかを明確にせず開示していたようなケースもあったと思いますが、ISO30414をベースとすることで、それぞれの指標が自社においてどういう意味を持つのか整理しやすくなりました。世の中には、"何となく"で、数値を出しているケースがまだまだ多いように思います。例えば、ダイバーシティに関する指標などは、何をどう変えていけばいいのか、自社の考えを整理し開示していくことは難しいものだと思います。その際大切なのは、経営戦略に照らして、その指標に意味を持たせることだと考えています。また、ISO30414は自社の状態を把握することにも役立てられました。健康診断に例えると、これまでは、人的資本の状態が「健康か要経過観察か」といったレベルでしかわからなかったものが、「γ-GTP の数値が基準値を上回ったか下回ったか」というレベルまでわかるようになりました。前者では、「より健康になろう」で終わってしまいますが、後者では、「γ-GTP を基準値まで下げよう」というように、具体的な目標を立て、対策まで落とし込むことができます。一度検査して自分の健康状態を把握できたら、その結果を基に、改善または強化していく道筋をつけられます。それに、検査は1回限りのものではなく、何度も繰り返し実施することで、着実に健康状態は上向いていきます。人的資本でいえば、最大化していくということになりますね。

単体で成果を上げ、成功体験を通して
グループに展開していく

若狭：ISO30414について、今回、連結ではなく単体で認証を取得されました。そのあたりのご判断の経緯についてお聞かせいただけますか。

成田：当初は連結で取ろうと考えていましたが、現実的には連結でデータを集める難易度は高く、同じ豊田通商のグループでも、国も違えばビジネスも違い、オペレーションの面で人事管理システムをかなりつくりこまなければ難しいという事情がありました。だからといって、連結を前提に考えて、準備にばかり時間をかけるのではなく、単体で認証を取って改善に向けていち早く取り組むべきと考えるに至りました。まずは単体でISO30414の下に改善を図り、その手法や成果をもってグループに展開する方が建設的であると考えました。

経営戦略と事業戦略、人事戦略が一体をなすことで
人的資本最大化に向けた取り組みが加速する

若狭：お話に挙がったグローカル化は、リージョンごとのビジネスの拡大を目的としたもので、まさに人的資本経営において主眼が置かれている"経営戦略と人事戦略の連動"を体現したものだと思います。

成田：企業としての成長を考えるとき、まず経営戦略があって、次にこれに紐づく事業戦略がある。さらにここに人事戦略が紐づかないといけないのですが、当社においては、ここが十分にできているとはいえませんでした。そこで、2年前から、経営戦略および事業戦略と人事戦略を一致させることの必要性を社内に理解してもらう活動をスタートしました。その一つに、全役員が集まり、人

事戦略について議論をしてもらう検討会を実施し、今思えば、こ
れが非常に大きかったです。これをきっかけに、さまざまな取り
組みを継続的に実施していく中で、人事戦略は経営戦略の一部、
あるいはそのものという共通の価値観をつくり上げていくことが
できました。結果として、全役員、ひいては全社において、人事
戦略の優先順位が飛躍的に上がり、今では、事業の拡大と人的資
本の最大化、すなわち、事業戦略と人事戦略が一つの直線上に
載っていると思います。

タグ付けによる人材ポートフォリオの見える化
──暗黙知から形式知に

若狭：事業戦略と人事戦略の連動を考えたとき、まず思い浮かぶのは人
　　　材ポートフォリオです。事業に必要な人材のスペックと実際の人
　　　材のスペックとのギャップを測ることに苦戦している会社も多い
　　　ですが、この点では御社はどのように対応しておられますか。

成田：人材ポートフォリオにはいろいろなアプローチがありますが、私
　　　が考えているのは、戦略的要員分析、すなわち、ストラテジッ
　　　ク・ワークフォース・アナリティクスです。常に変化するビジネ
　　　ス環境において成果を上げるためには、適切なワークフォース体
　　　制を整備しなければなりません。そのためにも、どの事業領域の
　　　人材を強化する必要があるのか、社内にどのようなスキルを備え
　　　た人材がいるのか、といった暗黙知を形式知にしていく必要があ
　　　ると考えています。まずは、社員一人一人にスキルや経験に関す
　　　る"タグ"を付けていっています。これを単体から連結へと展開
　　　していくと、現時点で、社内にどのようなスキルを備えた人材が
　　　いるのかが、グループ単位でダイナミックにみえ始めてきます。
　　　さらには、事業に必要な人材のスペックと実際の人材のスペック
　　　のギャップが明確になってきます。「人材とポストの紐づけ」と

いう点でみると、一人一人にタグ付けする一方で、当然、一つ一つのポストにも必要なスペックがあります。この点、重要なポストにおいては、後継者管理の枠組みの中で、そのポストにどういうスペックの人材が必要かを整理し、管理しています。

若狭：御社の場合、商社ということもあって、グローバルでみたときのビジネスモデルや社員のキャリアパスが複雑で、かつ規模も大きいので、個々の人材のタグ付けの難易度が高そうに思えます。

成田：たしかにそうですね。豊田通商には、2023年3月末時点で、単体で3,300人以上、連結で6万7,000人以上が在籍しています。その中には、製造に従事する人もいれば、修繕や販売に従事する人もいます。多数かつ多様な人材がいる中で、まずは、単体の基幹職にタグ付けしてみていくことにしました。また、必要なスキルについては、そこまで細かく突き詰めずに管理するようにしています。難しいのは、当社の場合、事業ユニットごとで独自のグローバル経営を実施しているということです。しかし、事業をいかに適切にマネジメントするかが基幹職の仕事であり、これを機能させるための仕組みづくりは非常に重要ですので、しっかりつくり込んでいきたいと思っています。

"People Company Toyotsu" を支える
「こつこつ "カイゼン"」と
一歩踏み出す "Innovator spirit"

若狭：最後に、御社の人的資本経営に対する考え方・取り組み姿勢についておうかがいしたいと思います。

成田：1つ目は、「こつこつ "カイゼン" して着実に人的資本を増大させていく」ということです。当社はトヨタグループの商社ということもあり、トヨタグループに共通してある "カイゼン" の文化が根付いています。多くの総合商社が「投資してリターンを回収

する」という性格であるのとは対照的といってよいですね。人的資本の最大化は、一足飛びには実現できません。"ヒト"の最大化には、中長期的な取り組みが必要です。これまでに「こつこつ"カイゼン"」を重ねてきたことによる複利効果は相当なものだと思います。振り返ってみると、当社の時価総額はこの20年で15倍にもなりました。人的資本への投資においても、こつこつ着実に人に投資して育てて、その価値を最大限に引き出していきたいですね。2つ目は、「PDCA^{*7}サイクルを回し続ける」ということです。当社では、PDCAサイクルを回すという文化が根付いています。一度課題を設定したら、その解決に向けて、皆が自律的に改善・改革・革新を図り、常にKPI達成を意識した活動を推進するのです。この文化は、人的資本の可視化のような新しい経営の考えを浸透させるには非常に有用だと思います。ISO30414に基づくPDCAサイクル、すなわち人的資本の可視化サイクルを実践することで、人的資本経営への取り組みをさらに加速させていきます。3つ目は、「Innovator spiritをもって一歩を踏み出す」ということです。当社は、これまでいろいろな失敗を経験してきました。当社ビジョンを策定する過程で過去の成功事例と失敗事例の棚卸をし、どこに違いがあったのかを検証したところ、成功事例特有の要素として明らかになったものの一つがInnovator spiritの有無でした。Innovator spiritは、当社において中長期的な成功に寄与し続けてきたキーファクター、コアバリューであり、脈々と受け継がれてきた文化です。人的資本経営においても、躊躇せず、まずは一歩を踏み出し、荒波に揉まれながらも、当社がビジョンとして掲げるBe the Right ONEを目指していきます。

　最後に、ヒトを大事にする会社、"People Company Toyot-

---

*7　Plan, Do, Check, Action!

su" をより強固なものにしていきたいですね。未来の社員に「豊田通商に入社したら成長できる、人生がよりよいものになる」、そう思ってもらえるような会社にしていきたいです。当社の根本にあるのは、私たちのありたい姿としての "People Company Toyotsu" です。ヒトを育て、活かし、社会に貢献することを体現したいと思っています。ヒトの価値が高まれば、会社においてのみならず、当人を取り巻く社会においてもその貢献度は高まると考えています。ヒトが持つ信頼関係や人間関係、すなわち社会関係資本を高めることこそが "People Company Toyotsu" たる由縁なのです。人への投資には、一貫して注力し続けています。変にとがらず、今の取り組みをわかりやすく、かつ、豊田通商ならではの切り口で戦略に紐づけてストーリー立てて表現していきたいと考えています。

プロフィール

成田 賢治 氏

豊田通商株式会社 人事部部長

国内および海外におけるサーキュラーエコノミー、カーボンニュートラルに関わるビジネス開発、労働組合委員長、経営企画や人事戦略企画を経て、2022年に人事部長に就任。「経営戦略に合致した人材ポートフォリオづくり」を人事戦略の核に据え、人材が育つ環境づくり、人材を伸ばす文化風土、人材を活かす仕組みづくりを推進。

シスメックス株式会社
人事本部長 前田 真吾 氏

" 付加価値生産性 " を可視化し
国際競争力、社会的企業価値を高める

若狭：御社は、グローバルに事業を展開され、各地域の多様な人材を確
保されるとともに、その能力を最大限に発揮できる職場環境の整
備を継続的に実施されておられます。また、中期経営計画の重点
アクションの一つに「グローバル共通のジョブ型人材マネジメン
トシステムの定着を推進」を設定され、グローバルで統一した人
材マネジメントへの変革を進めておられます。先日、新しい人材
戦略を定義されつつあるとうかがいました。その概要について教
えていただけないでしょうか。

前田：私たちは、グローバル共通のジョブ型人材マネジメントシステム
の定着のほか、過去3年にわたり、次世代を担う人材が価値創造
できるような職務環境の整備、国際競争力のあるリーダーの育成
といった人材マネジメントの変革を推進してきました。新しい人
材戦略は、人材マネジメントを次世代型にシフトする意図をもっ
て、「人材戦略」という名称を改め、「人的資本戦略」としてさら
に改革を推し進めていく、というものです。言葉を変えるだけと
いえばそうなのですが、そのイメージは大きく変わります。

若狭：名称は変わっても、これまでも継続的に人的資本経営を推進され
てこられたと理解しております。人的資本の価値を最大限に引き
出し、中長期的な企業価値を向上させる上で、人的資本というも
のをどのように捉えておられますか。

前田：まず、単年度のPLのみでは、人的資本を捉えることはできず、

中長期的な視点で捉える必要があり、また、人員数や労務費といった量的な観点だけでなく、付加価値といった質的な観点を加えて捉える必要があります。この考えに至ったのは、コロナ禍により、全社でハイブリッドワークに入ったとき、「社内の各所から生産性が下がったらどうするのか」という意見が多数出てきたことを受け、生産性の可視化を迫られたことが発端です。ただ、生産性の追求には人員削減等のネガティブな印象もあり、生産性の可視化には反対も多く、経営会議の場でも受け入れられませんでした。ただ、反対の意思をもって反対するというよりは、単純に"わからない"というものだったので、**図表2.2-5**のように、生産性と付加価値を組み合わせることで、単純に上がればよくなるものと、わかりやすいイメージにして浸透を図りました。今となっては、賞与原資を付加価値生産性の結果をもって決められるくらいのところまで社内に定着しています。

図表2.2-5　経年トレンドにおける付加価値生産性と PL 指標等の関係図式

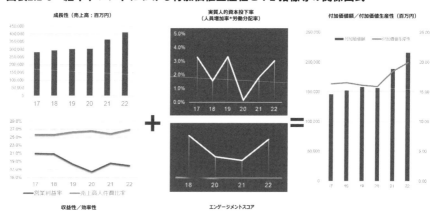

出所：シスメックス株式会社提供資料

若狭：生産性の可視化の話が出ましたが、「人的資本の可視化」についてはどのようにお考えでしょうか。

前田：資本としてマネジメントするからには、当然、その投資対効果を測定することが求められ、いかに付加価値生産性（質÷量）を高め、投資すべきところに投資できているかを可視化することが重要と考えています。そのためにも、感覚だけでなく、数値で人的資本を可視化し、戦略との整合を取り、常に切り口を変えながらアップデートを図ることで、国際競争力の維持、向上や企業価値向上が可能となります。シスメックスでは、人事に関するあらゆるデータを集め、「人事白書」を作成し、経年で自社において人的資本の何がどう変わったのかを定量的に見極められるようにしています。

人的資本データの重要性をグローバルに伝える
翻訳ツールとしての ISO30414

若狭：続いて現在認証取得の準備を進めている ISO30414についてお伺いします。今回、グループ連結ではなく、単体での取得を目指されていますが、どのようなご判断によるものでしょうか。

前田：本来は、連結での開示が望ましいのですが、実務上、かなり難しいといわざるをえません。しかし、単体での開示でも、何らかの成果を上げられれば、これをベストプラクティスとしてグループに提示して、展開することも可能になります。海外のリーダー達も人件費削減から卒業し、事業へ貢献できる人事になることを望んでおり、彼らに人的資本の可視化の重要性を伝えるには、国際規格である ISO30414の後ろ盾が有効と考えています。また、ISO30414は、「開示」のためのものと思われがちですが、それは一つの側面に過ぎず、自社の人的資本について測り、その状況を適切に把握することがより重要であると考えます。現状、多くの会社が人的資本を捉えきれていないままに指標を選定し、情報を開示してしまっています。ISO30414の指標によっては、必ずし

　も自社の目的に即していないものもあり、自社の考えや戦略に即
　した定義を設定し、活用する方針で進めています。

経営戦略やパーパスといった
To-Be からのバックキャストで捉えて
事業とアラインする

若狭：人的資本経営においては経営戦略と人事戦略の連動という点が主
　　　要なテーマの一つとなっています。貴社における、人事戦略と経
　　　営・事業戦略の関係性を教えてください。

前田：私たちが人材を人的資本としてマネジメントできるようになった
　　　一つの大きなトリガーは、ジョブ型への転換です。人単位だけで
　　　なく、ジョブ単位で人的資本を捉えられるようになり、ジョブ
　　　ディスクリプションを起点に個人のスキルを可視化し、人的資本
　　　をポートフォリオで管理できるようになりました。その結果、事
　　　業戦略や技術戦略と人材ポートフォリオのギャップも可視化でき
　　　ています。

若狭：技術戦略でみると、各人材が持っているスキル・経験とのギャッ

プに焦点が当たりますが、この点踏まえ、人材ニーズとのマッチングの中でみえてきた課題はありますか。

前田：詳細なレベルでギャップをみるなど、ミクロにアプローチしてしまうと、ジョブディスクリプションが求める能力やスキルに照らして、人材の不足を可視化するだけで終わってしまいます。例えば、少し商品スペックが変わっただけで、必要な人材が足りないと言い出すことになってしまいます。詳細に拘っていては、事業や技術、ビジネスモデルの革新にはつながりませんので、そうならないためにも、マクロで捉えることが重要です。ジョブディスクリプションだけでみるのではなく、より大きな単位、例えば地域やビジネスでみて、そこにフィットする人材がどれだけいるかをみていくことが求められます。経営戦略やパーパスといったTo-Beからのバックキャストで捉え、全体のポピュレーションに対して戦略上重要な人材ポートフォリオに焦点をあてた上で充足度を把握し、不足分は内部での育成と外部からの採用の両面から充足させることが望ましいと考えます。

　また、人には無限の成長の可能性があり、投資対効果は高いといえます。しかし、量的なAs-Isベースで捉えてしまうと、人材を資源としてコスト増減でマネジメントしがちです。To-Beベースで捉えると、現有人材を資本として教育やリスキリングといった最大化のための投資や外部からの採用、M&A等による人材の獲得といった戦略的な視点で考えやすくなります。リスキリングの余地を残しておかないと、すぐにハイスペックやミドルの即戦力をねらいにいくことになってしまい、短期的な成果に終わってしまいます。大事なのは、事業に必要な人材のスキルや能力と、そこに何人いれば足りるかということをわかっているかどうかです。わかっていながらも前に進められないのであれば、それはマネジメントする側の知見が足りていないということに尽きます。

グローバル競争を勝ち抜く人材ポートフォリオ

若狭：経営戦略や事業戦略のバックキャストの要素として人材ポートフォリオの充足が挙がりましたが、貴社戦略の独自性という観点で特徴や課題はありますか。

前田：経営戦略推進にあたっては、かねてから地域別の視点と職種機能の視点、技術専門分野別の視点を大事にしてきました。今後は、新規ビジネスのポートフォリオを加味していきたいと考えています。また、新事業を起こせる人材は、応募を待つのではなく、こちらから採りにいく必要があると思っています。労働の量や専門性、広範で重厚なネットワークよりも、ある事象についてできるかできないかを瞬時に判断できる人材を採らなければ、グローバルでの競争には勝てないと考えています。そのような人材は、応募ありきの受け身の姿勢では、採用することは困難です。優秀な人材であれば、定式にとらわれず、自ら取りに行く姿勢が重要です。

若狭：その積み重ねで今の人材ポートフォリオが形成されているわけですが、現有人材や組織をみたときの御社の強みはどういったものでしょうか。

前田：結局のところ人が基盤で、多様な人材がいることがシスメックスの強みです。個々のレベルが突出して高くなくても、それぞれの強みをアッセンブルすると、他にはない価値に昇華させられることです。当社の場合、競合他社とは異なり、装置、診断薬、ソフトとサービスを自社内で統合できるのです。つまり、人が資本となる部分は内製化しています。結果、同じ仕様の製品でも、すべて妥協なくすり合わせられているので、一部外部への委託となっている他社の製品とは、差別化できているのです。ビジネスにおいて、限界値を決めず、突き詰められることが大きな強みであると考えています。

中長期かつ多角的な視点で
働きに報いてこそ
人的資本は高まる

若狭：最後に、御社の人的資本経営に対する考え方・取り組み姿勢について改めておうかがいできますか。

前田：人はロボットではありません。意欲や健康状態によっても付加価値の生産性は変化しますので、短期的な視点で数値を追い求めるだけでなく、中長期かつ多角的な視点で働きに対して報いることが重要です。具体的には、「単年度の PL ではなく、生産性を上げたかどうかで賞与を決める」ことや、「コストをいかに抑えるかではなく、これだけ投資しないと、必要な資本を維持、獲得できない」という考え方をマネジメントの中に組み込み、定着させることが企業の持続性に大きく影響します。従来の単年度の業績や PL を起点として利益分配をするという考え方に限界を感じていました。外的要因による利益の増減や新規事業への投資が業績連動型の賞与にマイナスのインパクトを与えることになると、人だけではなく、全ての投資に対して慎重になりがちです。しかし、生産性という観点で捉えると、人や資産への投資分も付加価値の一部であるという考えとなり、人的資本という考えにフィットすると思います。費用の積み上げではなく、付加価値の創出額からバックキャスト（将来から逆算）で考え、投資規模を計画することが重要です。費用はカットしていくものですが、資本としての人は、投資効率の個人差はあるものの必ず一定の付加価値が残ります。投資効率を上げるためにはウェルビーイングやエンゲージメントが重要であることは言うまでもありません。人はロボットではありませんので、人的資本を環境、教育、組織文化、投資という総合的な観点で捉え、中長期かつ多角的な視点で働きに対して報いることが重要と考えています。

プロフィール

前田 真吾 氏

シスメックス株式会社 人事本部長

大学卒業後、シスメックスに入社。販売マーケティング、経営企画、人事企画、
シンガポールのグループ会社の副社長を経て、2019年4月より現職。経営戦略と
人材マネジメントを連動させ、グループ全体の人的資本の価値の最大化と多様な
人材が活躍できるサステナブルな働く環境を実現する人的資本経営を推進。

3. 経営戦略実現のための人的資本の情報開示

　本節の終わりに、第2項で提起した2つの問題、すなわち、「開示は経営のピースの一つに過ぎない」ということと、「人的資本の可視化サイクルをいかに回し、その結果をいかに改善につなげるか。そしてそのためにガイドラインをいかに活用するか」に対する結論を、前出の2つのインタビューからひもとき、まとめていきます。

(1) 開示は経営戦略のピースの一つ。人的資本経営は"経営"と"事業"の一環としてダイナミックに捉える

　2社に共通する考え方や取り組み方としてまず挙げられるのは、人的資本の情報開示自体をゴールとしておらず、"経営戦略"という広範な枠組みにおけるピースの一つとして捉えているということです。

　人的資本経営においては、"経営戦略と人材戦略の連動"に主眼が置かれていることは、前述の通りです。この点で2社とも、経営、事業、人材の各戦略をそれぞれ独立して立てるのではなく、三位一体で補完・補強しあう関係を構築し、これをストーリー立てて語ることができるようにしています。人的資本経営を"人材"の枠で捉えるのではなく、"経営"と"事業"の一環としてダイナミックな視点で捉え、実践していることが、両社の取り組みの根幹をなしていることがみてとれます。

(2) まずは単体で人的資本の可視化サイクルを回し、その成果やベストプラクティスをグループでも展開する

　続いて挙げられるのは、2社ともに、他社に先駆けて早期に人的資本の可視化サイクルを回し始め、問題の顕在化を図り、改善を重ねて

いるということです。

　そもそも人的資本経営とは、「人材を資本として捉え、その価値を最大限に引き出すことで、中長期的な企業価値向上につなげる経営のあり方」と定義されます。したがってダイナミックな視点や連結の視点が求められるものといえます。しかし、人的資本をはじめとする無形資産には、有形資産と異なり、その価値を評価するための共通のインフラとしてのマーケットやルールが確立されていません。そのため、グループ企業が連結でデータを取得し、測定、分析、報告するとなると、かなりの困難を伴います。連結に固執した結果、いつまでも可視化サイクルを回せず、改善を図れないということにもなりかねません。前出の2社は、それではいけないといち早く、まずは単体で可視化サイクルを回して改善を図り、これによる成果や確立されたベストプラクティスをグループに展開していく道を選択しています。

　可視化サイクルを継続的に回すことで、人材の能力やスキルといった人的資本としての価値が向上し、ひいては、これを後押しする体制や組織の機能も向上します。繰り返し回せば回すほど、自社の人的資本、ひいては企業価値は最大化され、早期に実施すればするほど、先行者利益は大きく、競争優位性をもたらし、後塵を拝する企業との差が顕著に現れるようになります。2社は、これを強く認識し、ISO 30414を活用しつつ可視化サイクルを回しているものと考えられます。

　可視化サイクルにとどまらず、2社とも、全体を通してミクロ的なアプローチ（個別的で慎重を期したアプローチ）よりも、マクロ的なアプローチ（包括的かつ大胆なアプローチ）により、機動的にアクションを実行しています。準備を徹底してミスなく進めるよりも、多少粗くてもスピード優先で取り組み、成長の機会を逃さないという姿勢がみてとれます。

　加えて、2社の取り組みからわかるのは、人的資本の可視化サイクルを一過性のプロジェクトではなく、中長期的な取り組みとして推進するには、常設の統合PMOチーム（プロジェクトマネジメントの支援

を部門横断的に行うチーム）の組成が有効であるということです。「人的資本経営」は、比較的新しい概念で、内部的にはもちろん、外部的にも実践に際してのルールが十分に整備されているとはいいがたく、現状においては経営層や従業員といった社内のステークホルダーに協力を仰ぐことは容易ではありません。

そこで、全社の旗振り役として、自社の戦略と現場の実務が紐づいた実効的な指標の定義や KPI を設定し、関係各所に浸透、腹落ちさせ、組織が一丸となって人的資本の価値の最大化に取り組めるようにするアンバサダーの役割を果たすチームが求められるというわけです。当然、誰にでもリーダーやメンバーが務まるものではなく、戦略と実務に通暁していることや改革マインドを有した人材を選定する必要があります。

（3）投資対効果と生産性に着目し、人的資本のさらなる価値向上につなげる

さらに、両社ともに、人材をコストではなく資本と捉え、人的資本の可視化サイクルを回した結果としての人材の価値の最大化を「人的資本 RoI」や「付加価値生産性」といった投資対効果や生産性の指標をもって継続的に測定し、改善を図っています。

ここで特筆すべきことは2点あります。一つは、人材をあくまで資本と捉え、人件費の削減ではなく、戦略的な投資の結果としてこれらの数値を評価しているということです。例えば、人的資本 RoI は、ISO 30414においては、[売上 － ｜費用 － （給与 ＋ 諸手当)｝] ÷ （給与 ＋ 諸手当） － 1の計算式で算出され、数値が高ければ高いほどより効果的な投資ができていると評価できます。人材＝コストの観点では、分母に入る費用を削減すれば、数値それ自体は向上します。しかしながら、前出の2社は、人材すなわち資本という観点で、戦略的に適切といえる投資額を前提とするアプローチをとり、そこからどんなリ

ターンがあるかは一貫して注目しているのです。

　もう一つの注目点は、生産性や RoI の指標について、数値の算出やその評価に終始するのではなく、算出された数値から、改善のための打ち手を導き出すなど、将来的な人的資本の価値の向上に向けたアプローチにつなげているということです。例えば、事業ポートフォリオごとに既存の人員による付加価値額の創出を算出した上で、数値が高ければ、他の事業から人員を移動させたり新規に採用したりするなどしてさらに人員を集中させ、逆に数値が低ければ撤退させたり特定のスキルを有する人材を調達したりするなどしていることが、インタビューからわかります。つまり、算出された数値を経営戦略や事業戦略に即した人材マネジメント上の対応の契機にできるようにしているのです。

（4）ISO 30414を「自社の立ち位置と自社の状態を把握する健康診断ツール」、「互換性の高いコミュニケーションツール」として活用する

　加えて、両社ともに、ISO 30414を開示の基準として活用するにとどまらず、「自社の立ち位置や状態を適切に把握するための健康診断ツール」、「互換性の高いコミュニケーションツール」としても活用しています。

　「健康診断ツール」とは、自社と外部企業間の各指標の数値を比較した上で自社の立ち位置を把握し、また、各指標の数値のスナップショットや経年推移をみて自社の状態を把握することで、人的資本の可視化サイクルを回す起点にするということです。

　また、「互換性の高いコミュニケーションツール」とは、人的資本経営の黎明期にあり、その考え方やプロセスが社会に十分浸透しきっていない現状で、グローバルスタンダードである ISO 30414を共通言語として社内のステークホルダーとの合意形成を図るということです。

「互換性の高い」ツールとは、自社の戦略に即した内部向けの開示とISO30414およびステークホルダーの要望・要請に即した外部向けの開示を使い分けつつも、相互に置き換えられるようバランスの取れたKPIとすることを意味します。

　各種のガイドラインおよびその項目、指標は、投資家や評価機関の企業間の比較ニーズを意識したものとなる傾向があります。よって、企業は、開示する項目や指標を決定する際は、当該ニーズを踏まえ、それらの定義や算定方法の比較可能性や一貫性、客観性等への配慮が求められます。

　一方で、世界情勢が一層不透明感を増し、デジタルトランスフォーメーション（DX）の加速化や新型コロナウイルス感染症等により、マーケットや人々の価値観、働き方等が大きく変化し、その中でビジネスモデルや競争優位の源泉もまた、急激に変化しています。こうした状況下にあっては、比較可能な項目や指標のみで企業の経営戦略や事業戦略、人材戦略を語ることはきわめて難しいといえます。よって、企業は、自社の戦略や取り組みについて説明する上で、これらに紐づいた自社特有の項目や指標を定義し、これを統合的なストーリーに即して示すことが求められます。

　すなわち、企業においては、投資家や評価機関が企業間を比較・分析するために必要な比較可能性のある項目・指標と、自社の戦略に紐づいた自社特有の項目・指標を適切に組み合わせ、バランスよく開示していく必要があるのです。

第3節

人的資本情報開示の
落とし穴

　本節では人的資本情報開示にはどんな「落とし穴」があるかを紹介します。これは本質的には、事業戦略と人事戦略をいかに連動させるか、という問題に帰結します。本来は切り離せないはずの事業戦略と人事戦略の検討が、それぞれ経営企画部門と人事部門に機能配置されており、経営層がリーダーシップを発揮できていないこと、そしてPMOが各部門を上手に連携させられないことが、さまざまなトラブ

図表2.3-1　事業戦略と人事戦略の連携には経営層のリーダーシップが必要

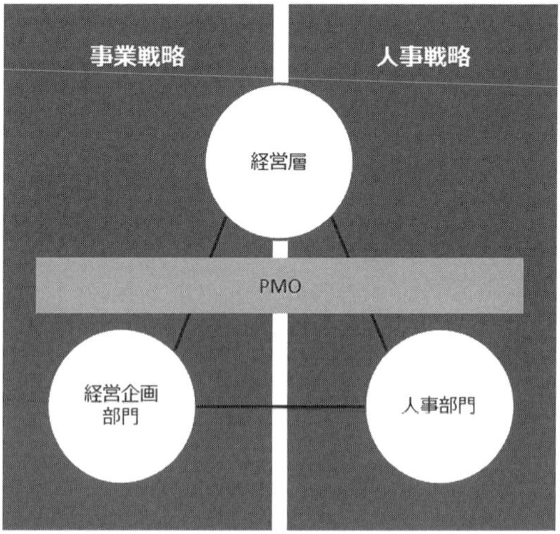

事業戦略　　人事戦略

経営層

PMO

経営企画
部門　　　　人事部門

出所：EY Japan 作成

ルを引き起こします。以下、7つの「落とし穴」についてみていきましょう。

■ 1．意思なき情報開示プロジェクトは迷走する 自社らしさを議論しつつ必要なデータを 整理・公開するのが大原則

　有価証券報告書で人的資本と多様性に関する開示が必須記載事項となり、にわかに「開示指標を定めるプロジェクト」、「開示指標数を増やすプロジェクト」を組成する企業が多くなりました。しかし自社の情報開示に向けたレディネスが、時代遅れで競合他社に劣後していると考えている企業は少なくありません。他社の動向を探った結果、自社の開示指標数が少ないことがわかってしまうと、まずは開示指標を増やすのが鍵だと考えるのでしょう。また、ESGスコアの向上が契機になることもあります。公開情報チェック型の企業評価や、情報開示項目数が多い企業に高いレーティングを付与するツールを意識して、「この機に取れる情報はなるだけ多く取ってしまおう」と経営層が判断することも、珍しくありません。

　こうした背景で立ち上げられたプロジェクトは、次の問いに答えなくてはならないという枷を掛けられることになります。

・自社の特徴となる開示項目や開示指標は何か。
・この指標を取得・開示していくことで、自社はどのように良くなっていくのか。
・この情報開示のための労力に見合う効果は何か。

　残念ながら、これらの問いに対して答えは出ません。人的資本情報の開示に向けては、自社の持つ人材戦略と人材マネジメントポリシー

に照らして、自社らしさを議論しつつ、必要なデータを整理・公開していくことが初手の大原則なのですが、「自社の事業戦略は何か？」「事業戦略を支える人材戦略は何か？」「人事施策群は何を（何の指標を）向上させることを目的に行われているのか？」に立ち返る企業は思いのほか少ないのです。答えがないかもしれない問いを抱えて、プロジェクトは迷走することになります。

　実行中の人事施策を棚卸しても、細かなことばかりでアピールポイントになるような事項は見当たりません。それどころか、そもそも何のためにこの施策が実行されているのか不明なものが出てきます。キーワードはいくつか挙がるかもしれません。しかしながら優秀な人材のリテンションであったり、ウェルビーイングの実現であったりと、他社に比べて特にインパクトのある内容はありません。

　プロジェクトメンバーは、「より多くの情報開示なんて必要ないのではないか」と思い始めます。それでも誰もそのようなことを経営層に報告しません。可能な限りの情報開示を行うことが、すでにプロジェクトメンバーのミッションになっており、それができないことは自己評価を落とすと思ってしまっているからです。

　結果として、指標確定／指標増量プロジェクトは長期化します。明確な答えを出せないまま最低限の法定要件指標を開示することになるか、あるいは検討の時間切れも相まって、法定要件指標に加えて他社の多くが公開している指標をなんとなく公開してしまう、という結果になるのです。

■ 2．45日後には情報開示に迫られるので かなり前から準備が必要

　投資家を意識した人的資本情報の開示では、統合報告書（IR）を最上位開示媒体として位置づける企業が多いようです。例えば、女性管

理職比率など、人的資本経営に取り組んだ成果（開示した指標の結果）を統合報告書を通じて評価してもらい、実績値と目標値から自社の将来にさらなる期待をしてもらうことを訴求できる媒体だからでしょう。最近では、人事情報に特化したピープル・レポートを作り、そこから統合報告書や有価証券報告書をはじめとする各種開示媒体に人的資本情報を提供する、という形式をとる企業も増えてきています。

　統合報告書の発行までには、ボリュームにもよりますが、事業年度終了後おおよそ6カ月を要すると思われます。各パートの整合性の確認、デザインやレイアウトの修正、ホームページへの掲載準備等を考えると、本論を書く猶予は実質4カ月程度とみておいた方がいいでしょう。勘違いしてはいけないのは、人的資本情報の開示内容のストーリー検討や策定、そしてそれを補完するデータの特定・収集は「事業年度終了後から4カ月以内に考えて実行すればよい」ということではない、という点です。なぜならその情報の説明が求められる可能性のある機会が訪れるのは、およそ45日後の期末決算説明会であると予想されるからです（**図表2.3-2**）。この説明会は、事業年度終了後45日以内に提出が求められている決算短信提出の前後に開催する企業が多いと思われます。決算短信自体には人的資本情報の記載義務はありませんが、サステナビリティ情報開示、特にその中の人的資本については投資家の関心も高く、説明会では彼らから多くの質問が出るものと推測されます。以上のことから、人的資本情報の収集・整理・公開の仕方については、期末のかなり前から余裕をもって、いつ、誰が、どの媒体で、何の情報を出すのかを調整・協議することが大事となってきます。統合報告書はスケジュールの点ではほぼ最後の開示媒体であるため、それをゴールにして情報開示のタスクとスケジュールを立ててしまうと、それより先に公開することになる開示媒体との間で開示情報の精度や開示内容の一貫性が保てない可能性が出てきてしまいます。そのため、人的資本情報の開示については、全体の整合性確保と厳密なスケジュール管理のためにチームを横断的に点検して、各

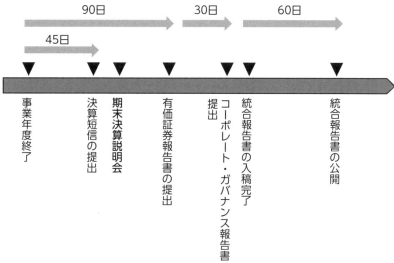

図表2.3-2　人的資本情報開示の主要なイベントとスケジュール

90日　　　30日　　　60日

45日

- 事業年度終了
- 決算短信の提出
- 期末決算説明会
- 有価証券報告書の提出
- コーポレート・ガバナンス報告書提出
- 統合報告書の入稿完了
- 統合報告書の公開

出所：EY Japan 作成

チームに助言をし、経営層に進言を行う PMO の存在が重要になってくるのです。

3．PMO は手薄になりがちだが　開示プロジェクトの最重要組織なので　人事部門からも積極的に人員を拠出すべき

　企業 A は、投資家向けの情報開示の強化のために、多岐にわたっていた開示媒体のいくつかを統合し、シンプルにすることを決めました（**図表2.3-3**）。情報開示プロジェクトの範囲やチーム数、そして関わる人員は開示媒体数に比例して大きくなってくるため、全体を見る PMO が必要になってきます。さて、残念ながらここに落とし穴があります。経営層はこの PMO に期待しつつも、スキル・人数ともに手薄にしてしまうことが多いのです。理由は、現場が忙しいのでどうし

図表2.3-3　企業Aの本年度の開示体系

#	開示媒体	ターゲット	開示内容概要	管轄
1	統合報告書	・投資家 ・マルチステークホルダー	持続可能な価値創造ストーリー	IRチーム
2	ESGデータ集	投資家	第三者評価に対応する情報とデータ	・サステナビリティ推進部門 ・IT部門
3	サステナビリティサイト	・投資家 ・マルチステークホルダー	・サステナビリティ情報（全体） ・サステナビリティサービスの紹介 ・ESGデータ集の更新情報	サステナビリティ推進部門
4	DE&I レポート	マルチステークホルダー	人材の多様性データと情報	DE&I チーム
5	男女賃金格差レポート	UK Government Equalities Office	英国の平等法規制対応	人事部門

出所：EY Japan 作成

てもそちらに優先的に要員を充てざるをえない、という判断からです。結果として残念なことに「余った人員」が割り当てられることになります。実際筆者が経験したプロジェクトではPMOが1人しかいなかったり、スキル・人望ともに薄い人しかいなかったりというケースすらありました。しかしながらPMOには、情報開示のストーリーの中心である「事業戦略」を担っている経営企画部門を筆頭に、経理部門やIRチーム等を早期に巻き込み統制する頭脳と権限が必要であり、それにふさわしい体制が不可欠です。人的資本はサステナビリティのS領域の一部分ということで今までは取りまとめをサステナビリティ部門に任せきりだったのかもしれませんが、人的資本経営の最近の傾向と考え方に照らせば、人事部門がPMOの主導権を握ることが重要だと考えられます。

　PMOが有効に機能するには、①キーマンが抜擢されていることと、②経営層の巻き込み（レポートラインといってもいいでしょう）が確保されていなければなりません。実際に情報開示のためのデータを取得するとなれば、子会社の人事部門など現場の協力は欠かせません。加

えて、人的資本情報の中には金銭報酬や採用コストなどの財務情報も含まれることから、経理部を早期に巻き込むことも必須となります。よってPMOには社内外を問わずスムーズな情報共有や調整などを行うための高度なコミュニケーションスキルが必要とされます。決してオーバーヘッドになってはならないので人選には気をつけるべきなのです。

　また経営層の巻き込みという点では、開示のストーリーである事業戦略と人事戦略のつながりを改めて確認・協議することが重要となります。というのも、PMOはトレードオフの問題に直面することが多いのです。例えば、ESGスコア向上のためにより多くの指標を開示したいという意見に対し、指標数値が他社に比べて劣っているから開示の意義を見出せないものは開示したくない、という意見も出てきます。いわばリスクバランスの問題です。この場合、経営視点での判断が求められます。そのためPMOは経営層に即時に報告し、意思決定を仰ぐことができるラインを確保しておかなければならないのです。

　これらの役割を担うことは負荷が高く敬遠されがちですが、各部を統制し、経営層の早期巻き込みを行えるということは、人的資本情報の開示に際し、人事部門として自分たちが言いたいことを真っ先に主張・相談できるという大きなメリットを含んでいることも忘れてはなりません。

▌4．実行施策からさかのぼって開示ストーリーを考えるのは悪手。そのストーリーは未来を語れない

　繰り返しになりますが、人的資本の考え方は、人材戦略を人事部門の戦略ではなく経営者の戦略として考えるものであり、そのうえで自社が求める人材を誘致し、その能力を最大限発揮してもらうことで企

業価値向上を図ることに主眼があります。つまりそのための情報開示とは、ステークホルダーに対し、自社はどれだけ人材の開発に優れているか、どれだけ評価の透明性が高いか、報酬水準が納得のいくものであるか、を説明することで、人材を惹きつけることを目的にしているのです。

　人事戦略は、人事部門が経営視点に立って事業側と人材側を連動して考えるものであり、これが人的資本情報の開示ストーリーに相当します。とはいえ、人事部門が経営にリーチするには距離がありすぎたり、会社や事業として何を目指しているのかを本質的に理解することが難しい状態のまま人事が営まれていたりすることはよくあります。この開示イベントを通してそのことに気づいた企業も多いのではないでしょうか。そのような場合、急に事業戦略と人事戦略の連携を示すように求められても、「開示するものがない」と慌てる企業も少なくないと思われます。例えば、「本社や日本にだけ通用する戦略」をとっていたり、「日本とグローバルの二制度性を容認してきたため、グループ連結としての開示ストーリーを作るのが困難」であったり、といった企業がおちいりやすい落とし穴ではないでしょうか。

　人事部門担当者はここで苦しむことになります。人事担当役員からは、自分が説明または判断できるような資料をまとめてきてほしいという依頼がくる一方で、サステナビリティ担当役員の意見も尊重しなければなりません。本社や子会社の現場の人事施策は、目標数字から組み立てられてしまったケースも多く、その場合目的もゴールも統一感に欠けているので、それらをまとめるのは至難の業です。このような状況においては、実行施策に書かれた目標数字と実績とのギャップを解消するという「逆算された開示ストーリー」を苦し紛れに捻出するという悪手は、できればとらない方がよいでしょう。なぜならそれは過去のトレースであり、なぜ目標値に届かなかったのか、今後どうするべきかという情報はそこにはまったく含まれないからです。

　こうした場合、グループとしての開示ストーリーがないということ

を素直に認め、まずは最低限の情報開示を行うという選択肢があります。しかしやっつけ仕事の開示という不名誉なレピュテーションを心配するあまり、その選択肢を選ぶのを躊躇する企業も多いと思われます。気持ちはわかりますが、最低限の情報の開示は本当に不名誉なのでしょうか。人的資本情報の開示が始まったばかりであることを考えると、この点はまだ十分に選択の余地があるのではないでしょうか。

　このような状況でこそPMOに参加する人事部門が強みを発揮します。結論から言えば、大人数での開示ストーリーの整理・検討はあきらめ、経営層を巻き込んで開示ストーリーを作ることが唯一の選択肢となります。ただし、これは少人数かつ短期間で行うことがポイントとなります。その場合のポイントを次の項で説明したいと思います。

5．大人数での開示ストーリー検討は「できること」に終始し、何も生み出さない 少人数・短期間での検討が鉄則

　開示ストーリーは、企業の未来を語るものでステークホルダーにとって最大の関心事であるため、「時間をかけてじっくりと検討する」ということになりがちですが、実は時間の大部分は意見調整に費されます。「いろいろな偉い人の意見を聞いて回ること」が重要だという習慣からいまだに抜けきれない企業においては、この「調整」という意見のすりあわせ作業に膨大な時間が費やされます。残念ながら調整された内容には「思い」や「挑戦」などのアグレッシブな要素はなく、その上さらに「やるべきこと」が「できること」に、というように保守的なアクションにすり替わってしまうことがあるので、注意が必要です。

　また、この手の議論・作業には大人数が参加しがちです。さまざまなメンバーが参加することのそもそもの意義は、情報開示媒体の管轄

の違いやイベントの実行スケジュールが複雑という実務的な理由もありますが、本来は、視座の違う人間が議論することで今までとは違う発想が得られることを期待しているからです。しかしながら関係部門の実務メンバーを呼んでしまうと、彼らは自部門の利益代表となってしまいがちで、「自分たちにできそうなこと」を提案し、「自分たちに高負荷が課せられないこと」が最優先になってしまいます。

　こうした事態を避けるには、PMOに参加する人事部門が会議の音頭を取り、「それを考える部署にいる人（実務担当者）」ではなく「考えることができ、さらに意思決定ができる人」、すなわち経営層を集め、少人数で開示ストーリーの仮説を策定するべきです。そうすれば仮説の合意は各部門の合意事項へと直結し、結果として実現力と実行力が担保されます。

　経営層に何かを説明するときには通常エグゼクティブサマリーを作ります。経営層が分厚い資料を読むことはまずないので、ダイジェスト版（概要版）を提示するのですが、経営層との議論はほぼこのダイジェスト版で完結します。そう考えれば、開示ストーリーというのはダイジェストレベルでよいということになります。そうしたものを効率よくまとめるには、「少人数かつ短期間」で取り組む以外にありません。１カ月もあれば十分可能と思われます。参加者が多いと、「よく調べもしないで」とか「関係者との調整は済んでいるのか」といった枝葉の議論が横行し、本質からどんどんずれていきがちです。本節の第１項にも書きましたが、開示ストーリーをベースに開示指標を選定していかないとプロジェクトは必ず迷走します。理由なきデータ取得は、ただ単に現場に負荷を与え疲弊させ、最終的には反発を招いてしまうのです。

6．中央値や平均値から外れた低い値は「悪」ではない。戦略とは選択と集中なので経営資源が集中していない領域の数字は悪くて当然

　めでたく開示ストーリーが決まり、いざデータを取得していくと、開示を目標としていた指標を取得することが不可能であったり、取得はしたものの開示することに躊躇したりといった場面が出てきます。データ取得時の落とし穴の詳細は後述しますが、例えばISO 30414をベースに開示目標項目を定めたものの、自社では定義もトラックもしていなかったために、そもそもデータが取れないことが判明するケースや、データは取れたもののベンチマーク調査をしてみたら他社よりも劣っていたり、世間一般の統計データの平均値よりもかなり悪い方向に乖離していたり、といったことがよく起きます。

　このように企業にとって「重視する情報」と「開示する情報」が必ずしも同じではないということが、データ取得の結果明らかとなることが往々にしてあります。実績や達成度の低さを目の当たりにし、比較されることへの抵抗感や懸念から、いざ情報開示となると、自社の人的資本経営に関するパフォーマンスの低い実態を露呈させてしまうと考え、当初は「悪い値も含めて積極的な情報開示をする」という方針を掲げていたのに、急に尻込みをしてしまうのです。

　しかし、事業戦略であれ人材戦略であれ、戦略とは経営資源をいつ、どこに、どれだけ集中させるかを決定することにほかなりません。戦略の「略」という字は「略する」つまり「大事なところだけ残して他を除く」という意味です。経営資源を集中させるということは、経営資源を回さない領域をあえて作り出し、「やることの範囲」と「やらないことの範囲」を決めるということなのです。やらないことの範囲に該当する開示項目は、必然的に悪い数値になりますし、むしろ悪くなるのが当然なのです。

無難な開示指標と数値だけを開示した場合のステークホルダーの反応を想像してみましょう。投資家は必ずしも現在のパフォーマンスの高低だけを評価して投資するのではありません。むしろ、現状の課題をどこまで真摯に捉えていて、その課題解決に向けて何をどのように、いつまでに、どれくらい改善させていくのか、その取り組み姿勢と施策内容の精度に対して投資をするのです。成果が出ている無難な項目を開示しても、それは他の企業も同様に開示しているものが多く、今後の成長の余地が大きい魅力ある投資先とは映らないのです。

　「当社はこういう会社だから人材にはこうであってほしい。だからこの施策や制度に大変注力したのであり、それ以外の領域は重視していない」といった説明を、人的資本情報の開示に際してできたなら、投資家は十分に納得します。むしろ彼らが期待しているのは、そうした説明なのです。人事担当役員や人事部門がこうした説明ができないのは、かなり深刻な問題だということは、もっと意識してほしいと思います。

7. 身の丈を超えたデータ取得は 現場を疲弊させるので フィージビリティ・スタディは必須

　開示ストーリーが決まった後は、それに合わせたデータ取得（収集）となりますが、人的資本を構成する従業員データおよびその財務関連情報が、同一グループ企業内で一元的に管理されていることはまずありません。複数の異なるシステムに分散している程度ならばまだいいのですが、グローバル企業であってもいわゆる「エクセルでのバケツリレー」のような原始的な方法でしかデータ取得ができないことも、珍しくはありません。多くのグループ会社を傘下に抱える企業は

ど、データの取得に関する困難が発生しやすい傾向にあるように見受けられます。ここでは、そのような企業がはまりやすい落とし穴の、2つの「深み」について紹介します。

（1）自社グループ全体のデータを取得・公開するのが最善策なのか

　金融庁の考え方は確かに、企業は「投資家の投資判断にとって有用である連結ベースでの開示に努めるべき」というものです。しかしながら、海外子会社を含む有価証券報告書の報告範囲と同じグループ連結上のすべての会社の非財務情報まで法定開示媒体・任意開示媒体で収集・開示するのがいかに大変かということは、金融庁も理解しており、パブリックコメントへの回答ではその点に配慮を示しています。開示媒体間の情報取得範囲の統一が、ステークホルダーを惑わさないための重要事項であるという考え方は、間違っているとはいえないものの、それにとらわれて開示対象の会社の選定に手間取りデータ取得が遅れては、本末転倒です。完全な整合性の確保が重要という固定概念は捨てて、現実的な落としどころを決めるのが得策です。そのやり方には2通りあります。

　1つ目は「自社グループが重視する人的資本情報の範囲はどこか」を特定し、開示したい会社群を意識して取捨選択・合算するやり方です。人的資本情報に関しては、どの企業群を含めて開示するかは現時点では明確な基準がなく、各社の自由裁量となっています。したがって、自社グループが重要視する人的資本の範囲こそが、「自社グループの各種人事施策の適用範囲」なのだと読み替えることも可能です。人的資本情報の開示ストーリーを考える際に、施策が及ばないほど小規模な子会社のデータまで含めると、それがノイズになってしまう可能性は大いにあります。また、データ取得はそもそも各社への負荷が高いので、収集の遅延の原因にもなりかねません。「自社グループを

代表する会社群はどこか」という視点で会社を選定するのが、1つ目のやり方です。

2つ目は、ESGスコアの算出基準を参考にするやり方です。各種ESG評価機関の中には公開情報を基にスコアを算出するところがありますが、その情報開示の範囲基準は全グループの売上高の約50～70％を占める会社群、または全グループの従業員の約50～70％を占める会社群であることが推奨されています。例えば、グループ全体で50社2万人の従業員を抱える企業でも、上位8社で従業員1万4,000人を占めるのなら、その8社分のデータを「中核企業8社の連結データ」として情報開示すれば、投資家が投資判断を行うのに十分な情報を公開しているとみなされるのです。

（2）グローバルフレームワークの人的資本情報の指標の定義に厳密に合わせるべきなのか

実際にデータを取る際に、ISO 30414に代表されるグローバルフレームワークを参考にする企業が増えていますが、これには注意が必要です。すでに知られていることですが、ISO 30414はジョブ型人事制度を前提としているため、リーダーシップやサクセッションに関わる指標は、ジョブ型のポスト管理を前提としたキーポジションの定義ができていないと、つまり、中核人材を特定した後継者計画や計画的経営人材育成を行っていないと、算出できません。

ISO 30414をはじめとするグローバルな基準を参考にする際の注意点は、それだけではありません。ここではそれ以外の、深みにはまると大変な点を、2つの例を挙げて、紹介しましょう。

1つ目の例は「採用コスト」です。採用コストは「採用にかかる内部の費用＋外部に支払う費用」の総和と定義されています。ここで問題になるのは、「採用にかかる内部の費用」です。具体的には、面接の日程調整やセッティングを行った人事部員の人件費や、採用面接時

の事業部員の人件費等をどのように算出しコストと認識するか、という問題です。これは一般の事業会社においては算出が難しいのではないでしょうか。これを正確に把握するためには、例えば従業員のすべての活動にあらかじめプロジェクトコードやアクティビティコードを割り当てておき、顧客業務／自社業務のそれぞれに誰が何時間従事したかを把握・集計する必要があります。そうしたことをしていないのに、グローバルフレームワークに無理矢理合わせて怪しいコスト計算をしても意味がありません。そうではなく、「自社では採用コストとは、採用時に外部に支払った費用のみなので、まずは外部費用のみを採用コストとする」という定義をし、「今後、目的をもって内部コストも把握するようにする」と断った上で、情報開示をするというやり方が、十分に可能なのです。

　2つ目の例は「人材開発・研修の総費用」および「研修の参加率」です。こちらは「教育の実施主体やテーマに限らず、全開発・研修のコストおよび参加率」を集計するものです。よくあるケースとしては「人事部門が主体のものは把握できるが、事業部門が独自に実施しているものについては把握できない」ということがあります。ところがその結果、この指標の開示自体を諦めてしまうという企業があります。

　いずれのケースも、根本的に同じ要因から生じています。すなわち、「グローバルフレームワークの定義は絶対であり、守らなければならない」という人事部門自身が決めてしまった暗黙のルールが、結果的に自分も子会社のデータ収集担当者も、苦しめてしまっているのです。すでに述べたように、日本は人的資本情報開示の元年を迎えたばかりです。政府も投資家をはじめとするステークホルダーも、すべての情報が完全無欠な状態で開示されることを期待してはいないと思います。むしろ、自社のデータ取得レディネスに応じて定義を変更した上で、今後必要に応じてそれをどのように補完していくか、または改善していくかという、アップデートの道筋の意思表示こそが期待されているのです。

もう一つ注意すべき点ですが、苦労して子会社に集めてもらったデータを開示しないというのは、非常に悪手です。「開示するからと本社に言われたから、忙しい中大変な思いをして指示通りにデータを集めたのに、結局使わなかった」という不信感だけが残り、今後の人的資本情報の開示にますます非協力的になってしまうことが予想されます。繰り返しになりますが、具体的な人事戦略、すなわち開示ストーリーに沿った開示項目・開示指標を定めた上で、データ取得を関係者に依頼してください。それが王道であり、鉄則なのです。

第3章

人的資本経営を進める
先進企業の取り組み事例

The 3rd Chapter

取り組み事例 **1**

ROIC 経営を基にした 独自の人的資本経営指標を 策定・運用し、企業価値向上を目指す

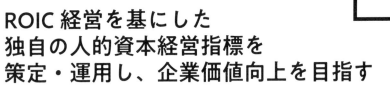

オムロン株式会社

取締役 執行役員専務 CHRO 兼グローバル人財総務本部長

冨田 雅彦 氏

Advanced Case 1

経営戦略部門出身ならではの問題意識から 人的資本経営のフレームワークづくりへ

鵜澤：御社は統合報告書の中で「SF2030 人財戦略ビジョン」を打ち出
されています。御社の統合報告書は経済産業省の「人材版伊藤レ
ポート2.0実践事例集」、金融庁のサステナビリティ情報に関する
開示の好事例を取りまとめた「記述情報の開示の好事例集2021」、
年金積立金管理運用独立行政法人（GPIF）の「優れた統合報告
書」に選ばれるなど、各方面で高く評価されています。

冨田：外部の方から高く評価いただいたことは大変ありがたいお話では
ありますが、オムロンは人的資本情報開示のために「SF2030 人
財戦略ビジョン」や人的指標の目標値を作ったわけではありませ
ん。純粋に自分たちの企業価値を上げていくために組織や人財は
どのような貢献ができるか、という問題意識からの取り組みが
ずっと前から始まっており、市場の要請に応じてそれを外部開示
しているにすぎないというスタンスです。

鵜澤：人的資本経営を語る際に、レポートにおいても実際にお話をお聞
きする機会でも常に人事視点ではなく、経営視点を強く意識され

ている印象を受けました。

冨田：それは私のキャリアが影響していると思います。私が人事に着任
したのは6年前でそれまでは長らく経営戦略部門におりました。
当社は「企業価値の長期的最大化」のためにROIC（Return On
Invested Capital）経営を標榜し、①ROIC逆ツリー展開（各事業
の構造・課題に応じた、ROIC改善の強化項目、アクション、KPIを設
定）と②ポートフォリオマネジメント（各ビジネスカンパニーのポ
ジションに応じた投資強化や事業撤退の戦略を立案し、経営資源の配分
を決定）の2軸で展開しています（**図表3.1-1**）。

図表3.1-1　ROIC 経営の実現

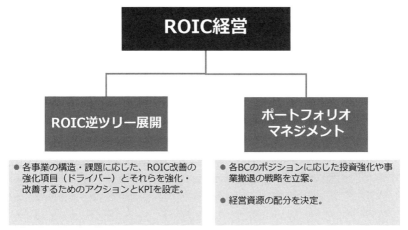

出所：東京証券取引所「第3回市場区分の見直しに関するフォローアップ会議『サス
　　　ティナビリティ経営』の本質について」オムロン株式会社安藤聡氏の講演資料

　　経営戦略部門では、財務経理部門やIRと一緒に、2015年から
ROIC経営2.0として、ROICのより深い理解により、社員が自分
ごととして捉え、自律的に活動が展開できるように進化させてき
ました。

　　私が人事に着任して、悶々と悩んだのは人事のアクションとこ
うした企業価値の最大化に向けた取り組みの間に大きな距離感が

あるというか、あまりつながりを感じられない点でした。もちろん今までも人事部門は一生懸命に対応していたと思いますが、一つ一つの人財施策が本当に企業価値の向上に寄与しているのか、そのあたりを意識せずにただ漫然と人財施策をやっているようではダメだという危機感を持っていました。

事業のトランスフォーメーションを成功させる鍵は
オムロン流のD＆I定義と実践

冨田：オムロンはSF2030において、価値を捉える視点、ビジネスモデルを変革し、強みであるオートメーションを通じて社会的課題を解決すべく、事業のトランスフォーメーションに取り組むことを中計に掲げています。では、事業のトランスフォーメーションを実現するための鍵はなんだ、という話になるわけです。それを我々は「ダイバーシティ＆インクルージョン（D&I）」だと結論づけました。次にオムロンにおけるD&Iは何かを徹底的に議論しました。その結果、オムロンにおけるダイバーシティを「よりよい社会づくりへ挑戦する多様な人たちを惹きつける」こと、イン

クルージョンを「一人ひとりの情熱と能力を解放し、多様な意見をぶつけ合うことでイノベーションを創造し成果を分かち合う」ことと、定義しました。オムロンにとってのD&Iは"人を惹きつける"、"情熱と能力を解放する"、"イノベーションを創造し、成果を分かち合う"など、世の中で一般的にいわれているD&Iの定義とはかなり異なるはずです。

鵜澤： 御社が大事にされている創業家の思いや経営理念、中計から導き出した言葉でD&Iを定義したわけですね。

冨田： はい。その次はどうやってそのD&Iを加速させるかが論点です。そこで思いついたのがROIC経営のフレームワークを活かして、人財施策の進化、成果指標、最終的には人財創造性（人件費あたり付加価値額）につなげるというものでした（**図表3.1-2**）。この一連のフレームワークはまさにROIC逆ツリー展開をなぞったものです。

図表3.1-2　SF2030 1st Stage における D&I 加速への取り組み

数多くあるD＆Iを加速させる取り組みの中から最優先で取り組む8つの人財施策を選んだ
それぞれに成果指標（KPI）を定め、それらの成果が人的創造性の向上につながると考えた

	人財施策の進化	成果指標	2024年度 目標
多様な人を惹きつける	価値創造をリードする専門人財のグローバルでの採用	人財ポートフォリオ充足率	
	グローバル重要ポジションの現地化推進	80%以上	
	次世代リーダーの育成による女性活躍の推進	グローバル女性管理職比率 18%以上	人的創造性*（2021年度比）+7%向上 *人件費あたり付加価値額
情熱と能力を開放しイノベーションを創造する	キャリア・雇用形態・働き方の多様な選択肢の拡充	VOICE SEI 70P以上	
	成長意欲のある人材への投資	人財開発投資 3年累計60億円	
	役割責任・スペシャリティを定めるジョブ型人事制度	ジョブ型人事制度 導入完	
	成長と挑戦を後押しする"応援文化"の醸成	VOICE&360°FB 該当スコア	
共創と成果を共有する仕組み	社会的課題解決の成果を分かち合う取組み・制度	・TOGAの進化 ・グローバルのマネージャー層への業績連動株式報酬制度導入	

出所：人的資本経営コンソーシアム実践分科会「オムロンが取り組む人財ポートフォリオマネジメントについて」オムロン株式会社冨田雅彦氏の講演資料

鵜澤： なるほど、確かにROICを向上させるために必要な改善ドライバーを特定し、それに紐づけられた各種KPIが設定されて、その

KPI を現場が PDCA サイクルで回していくという ROIC の逆ツリー展開で描かれているわけですね、それがわかると全体像が非常に理解しやすいです。

　ちなみに、ROIC の人事版ともいうべき人的創造性指標と、それを対2021年度比で2024年度には 7 ％向上させるというメッセージが、非常にユニークだと思います。これにはどのような意図がありますか。

冨田：人的創造性指標は労働分配率の分母と分子をひっくり返しただけだろうという方もいるのですが、我々の意図は違います。労働分配率とは付加価値の中から人件費をどう割り振るかの分配の話です。しかし、我々はまず分子の付加価値を大きくすることを先に考える、分母の人件費は付加価値の成長を実現する因子であり、さらに分解すると、ヘッドカウント×ケイパビリティ×モチベーション＆エンゲージメントと大別できるわけです。これも ROIC 経営2.0で示した ROIC 翻訳式と同じなわけです（**図表3.1-3**）。

図表3.1-3　SF2030人財戦略の成果はどこに表出するのか？

これまで人事の世界では、同じ計算式から算出される指標を、労働生産性や労働分配率の逆数と言ってきた。
しかし、この指標に込めた思いは、従来のものとは似て非なるもの。
より多くの、より大きな価値を創出するために、担い手である人に適切に投資する、これを示すのが人的創造性。

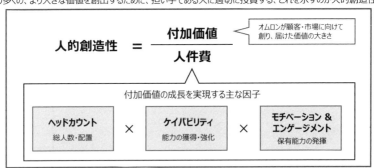

出所：人的資本経営コンソーシアム実践分科会「オムロンが取り組む人財ポートフォリオマネジメントについて」オムロン株式会社冨田雅彦氏の講演資料

鵜澤：確かに分子と分母を示す意図が一貫していますね。分子を増やす

ために分母は必要な経営資源を向上させるか、滞留している経営資源を下げるかだと。ちなみに、御社では分子は人件費とシンプルに整理されましたが、分子には人件費に教育費など足すべきではないかといったことを検討する企業もありますが、どうお考えですか。

冨田：各社のお考えがあると思いますが、我々は全従業員がだれでも手に入れることができる情報で、すぐに計算ができる程度のシンプルな指標、つまり手触り感があるというか、普通にイメージできる程度のものがよいと考えました。もちろん学術的にこれが妥当かは議論があるはずですが、我々は学術論争をするつもりはありません。確かに教育費は投資だとはいえますが、それが巡り巡って付加価値の向上に寄与すれば給与水準の上昇という形で還元されるはずで、それであれば人件費だけでも成り立つかと考えました。

　また、この指標の定点観測の難しさもわかった上で進めています。付加価値には外部環境の変化など数多くの変動要因がありますし。実際に2024年度になったときにこの3年間でできたこと、できなかったことが明らかになり、厳しいフィードバックを市場から受けることもあるかもしれない。それでも自分たちとしてはやってみて、また振り返って、改善するということが大事だと思っています。また、プラス7％とあえて改善率を目標にしたのは絶対値の大きさに妥当性があるわけでもないし、他社さんと比べて良いか悪いかという比較も意味をなさないと思います。あくまでオムロンの中で中長期的な時間軸で改善していくべきものと捉えています。D&Iの加速に向けて、その成果指標も人財ポートフォリオ充足率やグローバル女性管理職比率など8指標に絞って進めています。

鵜澤：最終形として非常に整理・構造化されたものになっていますが、人的資本のフレームワークや具体的な指標の設定や開示には人事

だけでなく、経営企画や広報、サステナビリティ部門など数多くの方と連携する必要があり、社内のステークホルダーマネジメントが大変だという声をよく聞きます。どれぐらいの時間軸と議論を経て、ここまでたどり着きましたか？

冨田：まさに日本でコロナ禍が始まったころから構想をしましたので1年半ぐらいの時間を要したでしょうか。もちろん数多くのステークホルダー相手に議論を尽くしてきましたし、経営戦略部門とは頻繁に意見交換を行って具体化しましたね。加えて経営会議などに上申してフィードバックをもらって修正してということの繰り返しでした。

各社が悩む人財ポートフォリオマネジメントの要諦は？

鵜澤：8つの主要指標の一つである人財ポートフォリオマネジメントですが、他社でも非常に類似した取り組みが始まっています。グローバル経営の拡大、衰退事業から成長事業への事業シフト、デジタル化対応などの事業ポートフォリオの変化に応じて、人のポートフォリオも中長期的な時間軸の中でもっと能動的に変えていかないとだめだという危機感が大きいと感じます。他方で具体的にどうやって進めていくのか、各社お悩みだと感じます。その点はいかがでしょうか。

冨田：これは正直申し上げて、我々もまだ道半ばです。やってみてわかったことは人財ポートフォリオマネジメントの要諦は大きく5つあるということです。加えて人に投資して成果が出るまでには時間がかかります。その遅効性を経営が我慢することも大事な点です（**図表3.1-4**）。

図表3.1-4　半年間でやってきたこと、次なるチャレンジ

人財ポートフォリオの要諦	半年間でやってきたこと	次なるチャレンジ
1. 事業戦略実現に必要な人・組織の課題を特定する	**HRBPの設置** 事業経験の豊富な人財を事業ごとに配置	**HRBPのさらなる能力強化** 事業とのジョブローテーション拡充によるHRBP人財のリソース強化
2. 量と"質"の両面からありたい布陣を具体化する	**ありたい布陣をHead Countで具体化** グローバル全社員を対象に、人財ポートフォリオマネジメントをスタート	**ありたい布陣を量と"質"の両面から具体化** 日本でのジョブ型人事制度の完成。職務要件と能力要件の言語化・測る化
3. 採用、育成・配置・ExitのGAP解消策を実行する	**採用によるGAP解消策の実行** ありたい布陣とのGAP解消にむけて、新たな能力をもつ人財の採用をスタート	**短期育成、ExitによるGAP解消** ありたい布陣に連動し、かつ実効性のある育成プログラムの実行。Exitは・・・
4. 成果をモニタリングする	**定量指標を設定** 人財ポートフォリオマネジメントの成果を測る人的創造性を設定	**ロジックモデルの具体化** 人財ポートフォリオマネジメント進化と人的創造性向上のロジック具体化
5. ITインフラを構築する	**HRMS/人事管理システムの導入** グローバルで共通のHRMS/人事管理システムを導入	**HRMS/人事管理システムの活用** 人財ポートフォリオの進捗を効果・効率的にモニタリング・トレースできるHRMS/人事管理システムの活用
+6. 遅効性を経営が我慢する	**人的資本の価値向上への取り組み加速** 従来の3倍となる人財開発投資を計画・実行	**人的資本の価値向上への取り組み継続** 事業環境の変化に引きずられない人財開発投資の継続

出所：人的資本経営コンソーシアム実践分科会「オムロンが取り組む人財ポートフォリオマネジメントについて」オムロン株式会社冨田雅彦氏の講演資料

鵜澤：ポートフォリオ議論で、人事担当者が取り組むときに壁になるのは、人材像要件や必要な人員数に関して、将来と現在のギャップがわからないところですよね。

冨田：そこは事業側が明確にしないとダメなところで、人事だけで頑張っても解は絶対に出ません。将来の事業変化を見据えて、バックキャスト（将来から逆算）思考でどんな人財が何人必要か、具体的にどのような人財スペックを求めているのか、まさに将来の布陣、ありたい姿を構想できるのは事業側であり、人事にはできません。だから事業側と人事の二人三脚が必須です。

鵜澤：人財のポートフォリオを変えていく際に難しいと感じる点はありますか。

冨田：今はどうしても採用というわかりやすい施策になりがちです。必要になる人財が社内にいないのだから採用だと。しかし日本は海外とは転職市場や労働法の厳しさが違いますから、すぐ採用できて、またニーズがなくなればすぐに雇用を止めるということができません。そうすると実際にはポートフォリオの大部分は社内で

の配置転換が必要になってくるわけです。そのためにどのような投資をすべきか、施策を打つべきか、このあたりはまさにこれからです。

鵜澤：まさに今でいうところのリスキリングが既存社員に求められるわけですね。人財開発投資として3年間で60億円と成果指標に定められています。

冨田：その通りです。しかし誤解のないようにお伝えしたいのは、人財開発投資とはいわゆる研修のようなものだけを想定しているわけではないということです。今までよりも研修コンテンツ数を大幅に拡充したり、研修時間を大幅に増やしたりするといった施策を重点的に進めるわけではありません。やはり人が成長するには良質な経験が必要なわけです。そのような良い経験ができる場づくりに投資をすることを考えています。研修を否定するわけではないですが、研修したことを実際の職場で実践する場が必要ですよね。成長機会の場としては海外勤務へのチャレンジ、新規事業へのチャレンジ、あるいはベンチャー企業などへの社外出向といったさまざまな成長の機会があり、それらに投資をしていくのが弊社の人財開発投資です。

社長がフリーコメントに全件目を通すほど 大事にしているエンゲージメントサーベイ

鵜澤：確かに昨今の、リスキリング≒研修のような風潮はおかしいですね。別の観点ですが、8指標の成果指標の中でVOICEというスコアを掲げています。これはエンゲージメントサーベイのことでしょうか。

冨田：はい、エンゲージメントサーベイと捉えていただいて構いません。しかし弊社では世間で言われているものとはちょっと違う進め方をしています。実施頻度は2年に1度です。

鵜澤：えっ、それは驚きです。エンゲージメントサーベイはリテンション対策や社員のモチベーション状況をタイムリーに把握するために実施頻度を上げるのが最近の傾向です。毎年実施して定点観測するのが一般的で、グローバル先進企業ではもっと短いサイクル、例えば四半期ごとに実施するケースなどが出てきています。

冨田：それは実施の狙いが違うからだと思います。我々はエンゲージメントサーベイを経営が社員の声を吸い上げる機会、つまり経営からみたら従業員のニーズ調査であり、マーケティングの発想でやっています。従業員の満足度調査のようなものではありません。従業員の声を集約して、強化していく点、改善していく点、新しく始めること、これを機にやめること、そういう意思決定につなげますから、そんなに短期間で変化は出てこないし、従業員の方だって、頻度が高いとサーベイ疲れじゃないですけど徒労に感じて逆効果かと。

鵜澤：そのような意図でしたか。特に重視している点はありますか。

冨田：もちろんスコアが客観的に出てくる設問もみてはいますが、我々が一番重視しているのは実はフリーコメント欄です。約2万人が調査対象ですが回答率は90％と非常に高く、フリーコメント欄も6～7割の社員が回答してくれています。それだけ従業員もこの調査への期待が高いし、真剣に答えてくれるので、経営側は真摯に応える必要があります。

鵜澤：具体的にフリーコメント欄はどのような設計になっていますか。

冨田：非常にシンプルで3つの設問に絞っています。1つ目は「オムロンの良いところはどこですか？」。2つ目は「変えてほしいところは何ですか？」。この2問はずっと変えずにやってきています。最後の1問は環境変化にあわせて毎回変えています。直近でいえば「ハイサイクルマネジメントを実現するためのアイデア」を募りました。

鵜澤：先ほどニーズ調査であるとお聞きしましたが、実際に集まった声

はどのように活用されますか。

冨田：実際には4万件を超える従業員の声がフリーコメント欄に集まってきます。カンパニー長は自分が所管する組織の全件に目を通します。社長と私は4万件、全件に目を通します。大変な作業ですが、そこから見えてくる気づきや新たな課題発見があります。そこからは経営と現場が一体となって徹底的に課題解決に向けたアクションを、数珠つなぎのように進めていくわけです。

鵜澤：エンゲージメントサーベイも経営と現場をつなぐ仕掛けであるわけですね。

グローバル人権デューデリジェンスプロセスに加えて国内では社員だけでなく派遣や委託先への取り組みを拡大

鵜澤：最後に人的資本指標の話に戻りますが、ESGの世界だと人的資本指標はワークフォース（組織・人材）とヒューマンライツ（人権）の2つが構成要素です。ワークフォースについては人的資本情報開示の流れが日本でも進んでいますが、後者の人権については欧米企業と比べると日系企業は遅れているといわれています。御社では人権デューデリジェンスのプロセスを構築したと開示されています。

　「この人権デューデリジェンスのプロセスにより、グローバルで人権リスク分析を行い、2020年度は全生産拠点の25拠点のセルフアセスメントを実施しました。課題がある拠点は対策を検討し、是正措置を実施しています。また、この活動の対象は自社従業員に留まらず、国内グループ会社においては、派遣会社・委託先の従業員に対する取り組みへと拡大しています。この活動を通じて、当社グループで働くすべての人たちの人権が尊重されたよりよい職場環境を実現してきました。2021年度以降は、この取り組みを

バリューチェーンにも広げ、当社グループのビジネスに関わる人たちの人権の尊重を徹底していきます」。この点は他社にとっても大いに参考になるはずです。

冨田：これも開示目的でやったわけではなく、同じ職場で働く人であれば、それが社員であれ、派遣社員であれ、業務委託であれ、当然同じように人権を尊重する。例えばハラスメントなどの被害があった場合に使えるホットラインや人権に関する研修であれば、だれもが受けられるようにしないとダメだよね、ということが起点です。先行する欧米企業のように職場だけでなく、サプライヤーの人権デューデリジェンスまで対応し、開示する企業に比べれば、我々もまだまだです。社内の役割分担をしていまして、職場側は人事所管、外部サプライヤー側は調達購買部門が所管し、連携して対応を進めています。

【インタビュー後記】

　人的資本経営の先進企業例としてオムロン様を認識している読者は多いことでしょう。しかし事例集や統合報告書を読むだけではわからない企業の思想・哲学、指標化のロジックや思い入れ、実際に企業価値を向上させることを組織や人財面から取り組んでいる熱量が、紙面からうまく読者に伝わってほしいと願っています。経営戦略と人事戦略をつなぐことをフレームワークや具体的なアクションに落とし込んでいるベストプラクティスとして、私自身も学びの連続でした。多くの企業で人事視点でなく経営視点で考えることが難しいという視座の問題に対して、経営戦略部門出身の冨田さんの課題認識やその解決の方向性づくりのお話は大いに参考になるはずです。

プロフィール

冨田 雅彦 氏
オムロン株式会社 取締役 執行役員専務 CHRO 兼 グローバル人財総務本部長

1989年立石電機株式会社（現：オムロン株式会社）入社。本社およびアメリカで主に企画・戦略部門における職務を経て、2012年グローバル戦略本部経営戦略部長に就任。その後、2017年グローバル人財総務本部長に就任、2023年 CHRO に就任。現在に至る。

取り組み事例 2

人的資本はサステナブルな成長の源泉。簡単に他社が模倣できないからこそ企業経営の差別化要因となりうる

株式会社サイバーエージェント
常務執行役員 CHO
曽山 哲人 氏

Advanced Case 2

多くの企業が抱える悩み
経営戦略と人事戦略がつながっていないのは
劇的な環境変化への認識不足が原因

鵜澤：曽山さんは経済産業省の「持続的な企業価値の向上と人的資本に
　　　関する研究会（人材版伊藤レポート1.0）」（2020年）や「人的資本経
　　　営の実現に向けた検討会」（2021年）など人材版伊藤レポート2.0
　　　がリリースされる前の初期段階から政策提言やフレームワークづ
　　　くりの議論に参加されています。当時を思い返すと何が一番の論
　　　点でしたか。

曽山：伊藤邦雄先生、企業の CHRO、機関投資家の代表など多様な関
　　　係者で議論がなされてきましたが、共通する問題認識は、経営戦
　　　略と人事戦略がつながっておらず、人材価値を企業経営にうまく
　　　活用できていない、ということだったと記憶しています。これは
　　　なぜだろうと考えると、一つの観点としては外部環境の劇的な変
　　　化に対して新しい経営戦略を立てることがいまだにできていない
　　　という経営側の問題があります。もう一つの観点としては、新し

い経営戦略が策定できているケースにもかかわらず、それに沿った新たな人事戦略をうまく策定・実行できていないという人事側の問題かと思います。今は製造業であってもサービス業であっても、モノからコトへのシフトが起こり、他の多くの産業でも知的労働が中心になりつつある時代です。こうなると人を活かす、個を大事にする、イノベーションを起こすのは人にほかならないということで、人材に関する捉え方がまったく変わってくるはずです。当然、人事戦略も大きく変更が求められる時代ですね。

　もう一つの気づきは、機関投資家との対話の中で、彼らの期待するイメージがよくわかったことです。必ずしも短期的な株主価値だけを追求しているのではなく、中長期の視点でどのような方向性を描いているのか、また人事施策については戦略からつなげたストーリーが大事で、定性的な部分もちゃんと見ているという声が多かったのです。これは嬉しいギャップでしたね、自分たちのやってきたこと、これからやろうとしていることを、ちゃんと伝える努力が必要だと、改めて実感しました。

創業5年目の役員合宿での
人事に関する集中討議が変革の転機

鵜澤：まさにそのような事業環境変化と人材マネジメントアプローチの
変化は、日立製作所の中畑専務のインタビューエピソードにも出
てきます（取り組み事例5参照）。サイバーエージェント社が経営
と人事を連動させないといけないと強く意識した契機は、何だっ
たのでしょうか。

曽山：創業5年目の状況ですね。業績は一貫して右肩上がりなのですが
退職率は30％という高い状態が続いていました。ここで社長の藤
田以下役員が合宿をして、はじめて人事に関する集中討議を行い
ました。そこでは「短絡
的な成果主義はうちに合
わないのじゃないか」、
「社員を大事にすることで、
社員も会社を大切にして
くれるはずだ」などの本
音の議論が繰り広げられ
ました。結論として、
我々のやっていることは
インターネットビジネス
であり、知的労働しかな
いのだから、社員を大事
にする、つまり人事を強
化すると宣言しようとい
うことになりました。そ
こから人事に関わる仕掛
けを6〜7件矢継ぎ早に
展開しました。新規事業

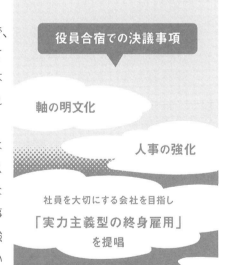

図表3.2-1　役員合宿での人事変革の方針

役員合宿での決議事項

軸の明文化

人事の強化

社員を大切にする会社を目指し
「実力主義型の終身雇用」
を提唱

出所：サイバーエージェント社ホームページ
「3分でわかるサイバーエージェント ～
組織戦略編～　Chapter 3　転機となっ
た初の役員合宿」
（https://www.cyberagent.co.jp/career/
data/id=26150）

コンテストだったり、人事異動の公募制だったり、コミュニケーションを活性化させるために部署の懇親会費用を会社が補助することだったりですね。そうすると社員も会社やチームを大事にするようになってくれました。懸念された退職率も大幅に改善されました。

鵜澤：組織・人事の課題を人事任せにせず、経営陣が重要な経営課題と認識し、一枚岩になって解決に向けて動きだしたわけですね。別の観点ですが、経営と人事の間にはそもそも距離感があり、必要に応じて経営会議に呼ばれることはあっても常に参加しているわけではないから、経営の優先順位や課題感を人事が把握できていないという話も、多くのクライアントから聞きます。

曽山：我々の経営チームは専務執行役員以上の8名が参加する経営会議を毎週行っており、常務執行役員以上の6名が隔週でそれに参加する形態です。まず人事担当の専務である石田裕子が毎週参加し、常務である私は隔週で参加しています。経営会議に人事から2名が参加しているので、経営との距離感は当然近いですし、我々からも経営陣に提言できる機会が常にある状況です。

次の社長を育てることが重要な経営アジェンダ
抜擢の促進と失敗からの再起を支える
人事部門の新たな役割

鵜澤：経営と人事が高い連動性を持つサイバーエージェント社の現在にとって、経営アジェンダとしての最優先人事課題はなんでしょうか。

曽山：これはオープンにしている話なので率直に語ってしまいますが、次の社長を育てること、そして誰が社長になっても繁栄する会社づくりが一番大事だと経営チームは認識しています。創業者の藤田自身もある程度の期間を通じて、次世代のリーダーに譲ってい

くことを想定しています。現在は後継候補者に対して、藤田も同席する形で研修を行っております。経営リーダーを育てるには研修も大事ですが、本質的にはいかに決断する経験を多く持てるか、良質な成長機会を付与できるのかが大事だと考えています。その意味で抜擢人事に力をいれていますし、また優秀な人が新規事業などで失敗してしまってもそれは良いチャレンジだったということで、失敗から立ち上がるサポートを心がけています。

鵜澤：創業者の後継者づくりは一番難しいサクセッションプランですよね。人材の抜擢や失敗からの再起を支援するユニークな組織が人事部門の中にある社内ヘッドハンターチームですね。

曽山：そうです。このチームには2つの役割があり、一つはもっとチャレンジしたいという意欲ある人にストレッチな成長機会を見つけてあげてチャンスを渡すことで、もう一つはこれまでの部署で成果が出せなかったり、能力が発揮できなかった人が次にチャレンジする場所をアドバイスしてあげたりすることです。

鵜澤：以前に『HRDXの教科書』（日本能率協会マネジメントセンター、2021年）でインタビューさせていただいたときには「デジットグロース」を掲げて、日本で最もデータに強い人事を目指すということで、データによる科学的アプローチに注力されるというお話がありました。その後の進化はいかがでしょうか。

曽山：データへの取り組みは今後も力を入れていく領域です。人事部門の中に人事データ統括室という専門チームを新設し、強化しています。このチームはエンジニアが中心ですが、人事業務のシステム化を担う「人事システムG」と人事データの整備・分析環境構築を担う「人事データG」に分かれます。人事システムの構築やSaaSソリューションの導入などにより、人事ルーティンワークの大幅削減やペーパーレス化が進みました。またHRダッシュボードで人事の主要KPIを見える化し、課題の早期発見や解決策の策定に採り入れるなど、活用が進んでいます。データの蓄積と

分析が進むと将来的には人的資本投資に関するROIなどの議論
　　　の質も上げられると思っています。

鵜澤：財務的な目に見える投資とリターンとは異なり、非財務資本の人
　　　的資本投資に関してはリターンをどう把握し、どう評価すべきか
　　　の問いが常にあります。人材投資については成果が出るまでに時
　　　間がかかる遅効性もありますし、さまざまな要因が組み合わさっ
　　　て成果が出てくるものかと思います。この点についてはいかがお
　　　考えでしょうか。

曽山：そこはおっしゃる通りだと思います。だからこそ経営課題は何か、
　　　それを解決するために何をすべきかの議論と意思決定が必要なの
　　　だと思います。その経営課題を解決するために組織・人事的なア
　　　プローチが必要で、それには投資が必要となればやるしかない。
　　　だから経営チームが意思決定しないと人的資本投資はできないは
　　　ずです。またその投資が効いているのか、効いていないのかは、
　　　さまざまな局面で定性・定量双方の観点からある程度は把握でき
　　　ると思っています。当社が月1回実施する社員へのアンケート
　　　サーベイであるGEPPOのような取り組みを通じてデータの動き
　　　から変化をつかむこともできるし、経営チームが直接若手と懇親
　　　会などで対話する中でも変化を把握することができます。

コロナ禍で急変する社会の中で
自社が果たすべき役割を明文化するために
「パーパス」も新たに策定

鵜澤：ちなみに最近はVUCAの時代で不確実性の高まる時代背景と短
　　　期的な株主重視の姿勢から長期的でマルチステークホルダー（顧
　　　客、従業員、サプライヤー、地域社会等）資本主義への転換で「パー
　　　パス経営」が注目されています。比較的最近、新たに策定された
　　　ようですが、これはどのような背景がありますか。

曽山：我々は1998年の創業以来、「21世紀を代表する会社を創る」というビジョンを掲げて、進化の早いインターネット産業で事業拡大を続けてきました。しかし、会社の成長とともに事業の幅が広がり個人の価値観も多様化する中で、「サイバーエージェントが何のために存在するのか」を改めて言語化したほうがいいということが、取締役で議論となりました。そこで「新しい力とインターネットで日本の閉塞感を打破する」というパーパスを、2021年10月に策定しました。新型コロナウイルス感染症により人々の行動様式が変わり社会が大きく変化する中、すでに多くの方の生活に浸透したインターネット、そして固定概念にとらわれず挑戦を重ね市場を切り開く力によって、社会に漂う閉塞感を打破し、日本を元気にしたいという創業当初より続く思いや社会で果たすべき当社の役割を、改めて明文化しました。

新たな人材マネジメントの要諦は 3 つの E
Exposure, Esteem Need, Emotion Reward

鵜澤：冒頭で外部環境が激変すれば経営戦略が変わり、それに応じて人事戦略が変わるという本質的なお話がありました。またコロナ禍による価値観や行動様式の変化もあれば、Z 世代やデジタルネイティブ世代も企業の中で活躍し始めており、上位者との世代間ギャップも浮き彫りになりつつあります。曽山さんは今後の人材マネジメントの要諦といいますか、抑えておくべきポイントをどう考えていらっしゃいますか。

曽山：最近は 3 つの E が大事だと私は整理しています。1 つ目の E は "Exposure"、直訳すると「暴露」となりますが、透明性をもってオープンになにごとも開示していく風土です。良い企業・悪い企業といった企業の格付けを現役社員や退職した社員が行うサイトが存在し、新卒の学生や中途採用候補者は会社が発信するホー

ムページの情報よりもそのような口コミサイトで書かれる生の声や点数でその会社に入りたいかの判断をしているのが実態です。インターネットがこれだけ浸透している中でハラスメントの問題だったり、ブラックな働き方だったりは隠そうとしても全部外に発信されてしまうわけです。逆にいえば、何をみられても大丈夫ですという姿勢でないといけないし、マーケットからのネガティブなフィードバックに対しては隠そうとするのではなく、真摯に対応することが求められます。

　2つ目のEは"Esteem Need"、つまり「承認欲求」です。これは特にデジタルネイティブ、Z世代に当てはまりますが、彼らは幼少期から「いいね」という承認をSNSのコミュニティや親からずっともらって育ってきており、それが当たり前なわけです。それが社会人になったら、上司から一方的に叱られるだけでは自己肯定感も持てないし、離職リスクも高まる。それであれば本人が持っている強みにフォーカスしたり、前向きなフィードバックを中心に育成したりしたほうがいいと思っています。これは甘やかしているだけだと誤解されがちですが、若い世代も自分の成長のために与えられるフィードバックなら、時に厳しいものであっても好意的に受け入れるものです。問題はそもそも上司が自分に興味を持っているのか、育てようという姿勢があるのかないのか、そのあたりの本音は若手には全部伝わっていて、見透かされているのです。その部分を上司 - 部下マネジメントの中で変えていかないとダメだと思います。

　最後のEは"Emotion Reward"、「感情報酬」です。金銭的報酬は大事ですが、インセンティブとしては長続きしません。それよりも感情報酬、つまり、ちゃんと成果を出したときに周囲から認めてもらえた、褒められた、あるいは優秀な仲間と一緒に働いていることを誇りに思う、自分は会社に大事にされていると感じる、といった感情報酬の方が、社員のパフォーマンスには影響が大きいと思っています。

"クリエイティブで勝負する" 社是に従い
ユニークな統合報告書を発行
人材価値は模倣できないからこそ
差別化要因だと伝えたい

鵜澤：まさに時代の変化に即した重点ポイントですね。最後になります
　　　がサイバーエージェント社の統合報告書は構成やデザインからし
　　　てユニークですよね。一般的には会計報告的に文字の羅列になり
　　　がちですが、大胆なグラフィックデザインですし、アジェンダも
　　　CEO メッセージやパーパスの次に、業績などの財務ハイライト
　　　よりも先に「サステナブルな成長を実現する人材力」と題して、
　　　人的資本経営に関する部分が位置づけられています。

曽山：そう言ってもらえて嬉しいです。構成やデザイン、キャッチコ
　　　ピーなどは担当してくれた社員が力をあわせて考えてくれたので
　　　すが、我々のミッションステートメントに「クリエイティブで勝
　　　負する。」というのがありまして、統合報告書においてもその思
　　　いを反映しているのかなと思っています。人的資本が財務ハイラ
　　　イトよりも前に特集されているのは、我々の事業成長の源泉は人
　　　であり、今までも経営の根幹として人材が一番大事だと思ってき
　　　たし、そのための取り組みを数多くやってきたのでこれをちゃん
　　　とわかりやすく伝えることが一番いいし、ステークホルダーにも
　　　理解してもらえることが重要だと認識しています。我々はイン
　　　ターネットという進化の早い産業にいますし、グローバルで成長
　　　している企業をみても常にイノベーションを起こすのは人なわけ
　　　です。経営資源の中で人というのは重要な資産であり、それゆえ
　　　投資する価値もあるし、将来の企業価値を左右するものです。な
　　　ぜならば戦略やテクノロジーなどは他社が簡単に模倣できてしま
　　　う時代ですが、人材価値だけは簡単に模倣できません。組織風土
　　　であったり、社員の能力開発機会だったり、社員のスキル、価値

図表3.2-2　サイバーエージェント社の統合報告書

観、行動様式というのは他社が簡単にキャッチアップすることができない。それゆえ差別化要因であり、企業優位性を築く上で最も大事な資産だということを、多くの人に実感してもらえるとよいですね。

出所：サイバーエージェント「CyberAgent Way 2022（統合報告書）」15ページ（https://d2utiq8et4vl56.cloudfront.net/files/user/pdf/ir/library/annual/cyberagent_IR_2022_jpn.pdf?v=1681358549）

【インタビュー後記】

　曽山さんとは定期的にお話する機会に恵まれますが、新しい取り組みを会社としてだけでなく個人としても行っていることに私は驚きと尊敬の入り混じった感情になります。前回は YouTuber ソヤマンとして活発に活動されていましたが、今は日本発のダンスプロリーグ（D.LEAGUE）に出場中のプロダンスチーム「CyberAgent Legit」のオーナーを務めているとのこと！（元気が出るテレビのダンス甲子園全国３位の方ですからまさに適任、さすがです）。会社のパーパスと自身のパーパスをうまくつなげて、仕事でもプライベートでも自己実現させようとする姿勢は、人を大事にする、個を重視するという話につながると感じました。人的資本経営の観点でいうと、サイバーエージェント社はかなりユニークなスタンスを取る会社だといえます。経営課題を解決するために重要だと思う独自の人的資本に関するストーリー展開と重点施策にフォーカスした進め方になっていると感じます。こ

れは経営と人事の距離が近く、常につながっているからこそ、人的情報開示の巧拙よりも経営課題解決のために人的資本に投資するという本質的な部分に熱量を上げて集中しているからだと感じました。

プロフィール

曽山 哲人 氏

株式会社サイバーエージェント 常務執行役員 CHO

1999年に当時社員数20名程度だった株式会社サイバーエージェントに入社。インターネット広告事業部門の営業統括を経て、2005年人事本部長に就任。現在は常務執行役員 CHO として人事全般を統括。ビジネス系 YouTuber「人事部長ソヤマン」として SNS で情報発信しているほか、「若手育成の教科書」「クリエイティブ人事」「強みを活かす」などの著作がある。

取り組み事例 **3**

「人に投資し、人が成長し、
会社が成長し、社会に還元する」
循環こそが人的資本経営

中外製薬株式会社
上席執行役員 人事・EHS 推進統括
矢野 嘉行 氏

Advanced Case 3

資本としての「人」を
中心に据えた経営戦略

野村：御社は「働きがいのある企業」等でも常に上位にランキングされるなど、これまでも人財にフォーカスされてきたと理解しています。また、中期経営計画である「TOP I 2030」でも、イノベーション創出を掲げ、また「I」には「イノベーション」に加えて「私」の意味も込めるなど、「人」を軸としたまさに人的資本経営を進められてきていると思います。御社にとっての人的資本経営について概略をご紹介いただけますか。

矢野：人財は企業の成長・発展を生み出すかけがえのない資産・資本であり、人財がイノベーションを創出し、新しい研究や創薬をして世の中に価値を提供していくというサイクルこそが、私たちが目指している人的資本経営の考え方だと思っています。当社のミッションステートメントは、「革新的な医薬品とサービスの提供を通じて新しい価値を創造し、世界の医療と人々の健康に貢献する」ことです。その中で、革新的な医薬品の創出に向けて多様なモダリティ（抗体や低分子、中分子など医薬品の物質的な種別）のシー

ズや技術を自ら編み出してきたのが当社のビジネスです。そうしたイノベーションを創出し、社会に新しい価値を提供しながら成長を果たしていく上で、人が何よりの資産・資本であるとずっと捉えてきました。

　会社のミッションに共感し、そして、人財が大切であるという会社の考え方を社員も感じているようで、意識調査結果での社員エンゲージメントスコアも非常に高いです。昨今では「人材」の「材」に「財」の字を当てる企業も増えてきましたが、当社では20年以上前から「人財」という用語を用いています。

　「経営」がつく限りは、経営戦略と人事戦略が結びついていないと本当の人的資本経営にはならないと考えています。企業が将来どこを目指しているか、その実現のためにどのような人財が必要か、その人財をどのように発掘して、育成して、その力を発揮させるかといった人財マネジメント戦略が重要になってきています。どの企業にもいえることかもしれませんが、「やっぱり、人」だと思います。

野村：近年、「人的資本経営」という言葉がトピックになっていますが、御社にとってはこれまでの人財に関する取り組みそのものということですね。

矢野：はい、当社にとってはこれまでやってきたことが言葉として結実してきたものだといえます。社員が会社の目指す姿に共感し、成長し、個の成長が会社の成長になり、社会に還元するというのが人的資本経営の意味合いだと考えています。だからこそ、人的資本「経営」という意味では、これまでやってきたことをこれからもやっていくということに尽きると思います。

経営戦略実現に向けた鍵は
「個」の成長にあり

矢野：一方で、引き続きさまざまなチャレンジがあります。今まで求められた人財とこれから求められる人財は、医薬品業界に限らず日本全体でも変わってきました。グローバル化一つとっても、日本国内だけでなくグローバルで競合がひしめく中で、求められる人財も変わってきています。

野村：求められる人財が変わってきているという点についてですが、それはこれまでの日本独自の雇用慣行が影響しているのでしょうか。

矢野：これまでの日本の労働慣行は一括採用、終身雇用が中心でしたが、徐々に変わりつつあります。ただ、求められる人財が変わってきているのは、労働条件や働き方だけでなく、企業が置かれている状況が変わってきているからだと思います。

　　中外製薬でいえば、大きな転機は2002年のロシュ社との戦略的提携でした。それまでは日本の中堅製薬企業といった位置づけでしたが、ロシュとの戦略的提携によりビジネスモデルが大きく変わってきました。そして、ビジネスモデルの転換に伴って人財に

図表3.3-1　中外製薬のビジネスモデル

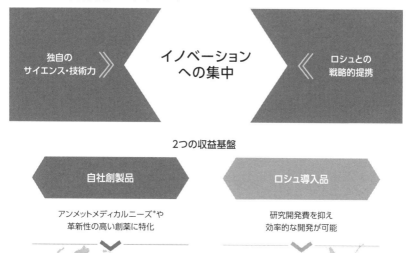

イノベーションへの集中

独自の
サイエンス・技術力

ロシュとの
戦略的提携

2つの収益基盤

自社創製品

ロシュ導入品

アンメットメディカルニーズ*や
革新性の高い創薬に特化

研究開発費を抑え
効率的な開発が可能

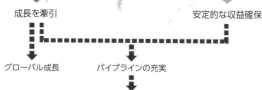

ロシュ導出、グローバル市場展開

国内独占販売

成長を牽引

安定的な収益確保

グローバル成長　　　　パイプラインの充実

国内での抗体医薬品における高いプレゼンス

* いまだに有効な治療方法が無く、十分に満たされていない医療ニーズのこと

出所：https://www.chugai-pharm.co.jp/profile/about/reports/files/chugai_jpn2023.pdf?20230413

求められることも大きく変化してきました。

　ロシュの開発品を日本市場で開発・販売すること、自社で創薬された医薬品をグローバルでロシュを通じて開発・販売することが、ビジネスの両輪となっています。その中で、日本発、中外発のイノベーションを自分たちで創出することが、ロシュ・グループ全体での企業価値の最大化への貢献であり、このビジネスモデ

ルを成功に導きます。

　このビジネスモデルのユニークさが、人財育成の考え方にも反映されています。中外製薬の人財は、グローバルをベースに考えつつも自分たちで研究開発を行い、ロシュと連携して後期開発やマーケティングを推進していくことになります。そのような機会が増え、グローバル製薬企業のロシュと対峙するシーンが増えたからこそ、人が成長してきたのではないかと思っています。

野村：それは人を入れ替えるということではなく、同じ人の中でケイパビリティの変化や成長があるということだと理解しています。人へ投資をして成長させていくという点において、中外製薬ならではのこだわりはありますか。

矢野：ロシュとの戦略的提携当時から、グローバル人財の育成が重要なテーマでした。その一つにロシュとの人財交流があります。中外製薬の社員が1〜3年の間、スイスのバーゼル本社やアメリカのサンフランシスコにあるジェネンテック社に出向し、現地でロシュの仕事をするものです。ロシュのグローバルスタンダードを学び、ネットワークを構築して日本に帰ってくるという、時間をかけた人的投資を提携以降ずっとやってきています。年間約20〜30名を派遣しており、今ではグローバルで経験を積んだ人財も増えてきました。

　このような状況を経て、「TOP I 2030」では、社員一人ひとりの成長にフォーカスした人財マネジメント方針を掲げています。「個」の成長が会社の成長、ひいては会社を変えることになり、「TOP I 2030」の実現につながっていくと考えています。具体的には「個を描く」、「個を磨く」、「個が輝く」の3つを人財マネジメント方針の柱とし、さまざまな手を打っているところです。

野村：「3つの個」の実現を通じて一人ひとりの成長を会社として支援していくということですが、「個人」にフォーカスしているところがとても興味深いです。

矢野：人的資本を強化するには、「個」を強化して成長させていくことが必要だと考えています。考え方や置かれている状況、目指すキャリアは人それぞれです。まず「個を描く」ことで、会社のミッションや目指すところと一人ひとりのなりたい姿をシンクロさせるというプロセスから入っていきます。そこで、現在の自分と目指したい姿とのギャップを認識し、その実現に向けて、「個を磨く」ことを実践していきます。磨くためには、研修やトレーニングを充実させるだけでなく、タフアサインメントを含む経験・キャリアパスを重要視しており、数年先までのプランを見据えて、一人ひとりの育て方を考えています。また、上司による部下マネジメントも個の成長に焦点を当てたものに変えていく必要があります。これまでは、上司が指示して部下はそれに従うことで学ぶことも多くありましたが、これからは、部下自身が自分ごと化して主体的に動けるようになる必要があります。上司がサポーティブな育成をすることで個も伸びるという考えのもと、マネジャー改革を通じて、直接指示型のマネジメントから、自律支援型のマネジメントへのシフトを進めています。

　「個を磨く」という観点では、会社の方向性を理解し、自分のやりたいこととつなげて、その中で自分が何をしていくべきかを考えて行動できる自律人財が非常に重要だと考えています。社内研修システム（LMS: Learning Management System）を新たに導入し、会社としてビジネススキルや業務で求められる専門スキル等を含む幅広いプログラムを提供する一方で、受講に関しては会社が指定するのではなく、自身で必要な知識・スキルを理解しそれに応じて自ら選択するという仕組みにしました。

　「個が輝く」の文脈では、社員一人ひとりが自身の力を最大限に発揮し、挑戦によって成長が実現できる環境を整えることに注力しています。イノベーションを生み出すためには、一人ひとりが自分らしさを発揮し、自ら選んで実行し、活躍できる環境が不

可欠です。そのために、「働きがい改革」の推進や、D&Iの定着に向けて取り組んでいます。

経営に資する人事への転換
──全体感を持った取り組みの重要性

野村：これまでの取り組みが結実し、人財マネジメント方針が体系化されてきたと理解しました。人事はボトムアップでやるべきことも多く、一般的に経営と連動している感覚を持つのは難しい面があると思いますが、人事戦略を考えるプロセスやコツはありますか。

矢野：人事の機能はどうあるべきか、というところから考えるべきだと思っています。給与計算や人事異動などの従来の人事の業務に加えて、経営戦略の実現に向けて人とカルチャーに関する課題への対応が求められてきています。人事の制度・システム・運用のすべてが、経営戦略を実現するために求められる人財開発や組織文化の変革につながっていることを考えるようになってきました。人事のミッションを「ビジネスに対し中外人財のパフォーマンスと価値を最大化するためのソリューションを提供する」ことと定義し、そのために何をするのかを考えることで、人事部門自体の改革も進んできていると思います。例えば、以前の人事は組織改正の議論にはあまり関与できていませんでしたが、今では組織改正の企画段階から人事も関わり、組織と必要な人財の議論をセットで進められるようになっています。

野村：人事部門出身でない矢野さんのような人財が人事部長として改革をリードされてきたということも一つの大きな転換点だったかと思いますが、そのほかにも人事部門の改革が進んだ背景には何があったのでしょうか。

矢野：2003年のタレントマネジメント導入が一つのトリガーになったと思います。まず、どのようなリーダーが必要かをコンピテンシー

ベースで定めるところから始めました。これにより、必要な人財や一人ひとりの育成を考えて議論する土壌ができたといえます。

　一方で、ここ数年はタレントマネジメントに加え、ポジションマネジメントを推進しています。すなわち、戦略を実現するための組織・ポジションをデザインし、求められる人財像を可視化し、それを実現できる人をアサインするというものです。そのためにはジョブ型の人事制度の方が適しているという結論に至りました。ジョブ型をやるためには、何がそのポジションに求められるのかが社員に見えるようにする必要があります。したがって、ポジション情報の可視化は人事制度の設計と同時並行で進めてきました。すべては、ビジネスに資する人財をどう作っていくかというのが根底にあります。

野村：ジョブ型が先にあったのではなく、タレントマネジメントを通して人に着目したことでポジションマネジメントの必要性が浮かび上がってきたということでしょうか。

矢野：はい、ジョブ型の制度はあくまでツールです。ポジションマネジメントとタレントマネジメント両方ができる仕組みを考えたときに、必然的にジョブ型となりました。ユニークなのは、ジョブ型の対象を管理職以上に限定していることです。一般社員にはさまざまな軸でさまざまな経験を積むことを求めているので、ジョブというよりは成長をイメージした人事制度にしようとしています。これはあくまでも今の話なので、これからどうなるかはわかりませんが。

野村：ともすればトレンドだからジョブ型を入れよう、人的資本経営をしようとなりがちなところですが、御社では経営戦略からの要請に基づいてやられているということがよくわかります。これまでの取り組みがうまく噛み合う、という状況ができつつあるのではないでしょうか。

矢野：ジョブ型人事制度が導入され、そのジョブに求められるビジネス

スキルや専門スキルが可視化され、そのためのトレーニングプログラムが体系化され誰でも受けられるようになる、という状態を全部作るために数年計画でやってきました。

　ジョブ型人事制度を2020年に導入しましたが、その少し前の2018年にWorkdayを導入しました。オペレーションの効率化というよりは、人事のデータベースをグローバルで作りたいというのが主な理由です。システム導入後は、自分の経験や経歴などデータベースにある情報を使って、人事制度上のポジションプロファイルをマッチングできるようにしてきました。ただ、ほかにも眠っている人事データの一元化はこれからで、今まさに進めているところです。

　2021年に導入したLMSについても同じ発想です。一般的なビジネススキルはすでに外部のベンダーのプログラムを活用していますが、臨床開発、メディカル、マーケティング、営業等の専門スキル開発のプログラムは独自のライブラリーを作っているところで、順次開示し始めています。

図表3.3-2　中外製薬の人財マネジメント方針

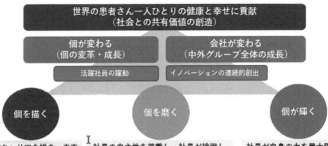

出所：中外製薬株式会社提供資料

データの重要性は当初からわかっていました。2003年にタレントマネジメントを始めた際、人財の強化・育成ポイントや必要な経験を議論する上ではデータの活用が不可欠でした。当時は今のようなデータ化は進んでいませんでしたが、データ分析自体はやっていました。

制度・システム導入の真の狙いは
人財マネジメント
におけるカルチャー変革

野村：一般の日本企業では、まず制度やシステムを入れるところから進めてしまいがちですが、工夫した点や苦労した点などがあれば教えてください。

矢野：大切なのは、人事制度、人事システム、LMSの導入を通じて、カルチャーを変えていくことだと考えています。これは、一般社員だけでなくマネジメントも含めてです。一般社員でいえば、例えば、研修は会社から与えられるもの、マネジャーになる前には会社が声をかけてくれるものといった意識があったと思いますが、これからは自分で手を挙げて挑戦していくものだという意識へ変わっていくことを目指しています。マネジメントにおいても、人財育成の観点から考えるように変わってきました。これまではマネジメント候補の育成のための戦略的配置や部門間異動は少なかったのですが、今では、異なる部門のマネジメント経験や、ロシュでの経験を積むことがベースになってきています。まさにカルチャーや考え方が変わった部分だといえます。

「両利きの経営」を
支える人事へ

野村：人的資本経営という言葉が登場する以前から、ずっと本質的なところに取り組まれてきたということがわかります。一方で取り組みの起点が「ヒト」にあるというのは、ある種日本企業的な伝統があるのではないかと思いました。

矢野：おっしゃる通りです。日本企業的な良さがありつつも、グローバルでロシュと一緒に仕事をしている点が、中外製薬のユニークさです。以前から中外製薬の経営陣は、人の重要性を認識し、かつ、人事や人財育成に対して常に課題感を持っていました。今までのアニュアルレポート等でも人の大切さを伝えてきたわけですが、仕方がないところはありますが、人事部門としてはこれまでそういったレベルに追いつけていなかったと感じています。

　　人が大切というのは、中外製薬の根底に流れている部分です。以前から人的資本経営を考えていたところに、やっと人事の仕組みが追い付いてきました。制度やシステム導入の際にも、経営戦略との整合性や制度間の連動性など全体感をもって人事の仕組みづくりを進められるようになってきたと思います。

野村：人的資本経営に関して、どういうことが今後求められてくるでしょうか。

矢野：これからは、既存のビジネスとまったく違う新しいビジネスの両立を目指す「両利きの経営」が求められてくるのではないでしょうか。その際、それぞれのビジネスにおける人の成長・育成をいかに両立させるかが、日本企業の人事に求められていると思います。「両利きの経営」すなわち「両利きの人事」といえます。

　　そのためには人事が人を「描く」こと、すなわち、どのような人財が新規ビジネスに必要か、あるいは既存ビジネスが変わっていく中でどのような人財が本当に必要になるのかをいち早くつか

むことが求められます。そして、既存ビジネス、新規ビジネスの人がそれぞれ活躍できる環境を整えていくことが本当の人事の仕事になってくると思います。

野村：「描く」という点に関して、ジョブ型はすでにあるジョブは比較的容易に定義できる一方で、これから必要となる未来のジョブを定義できないのが欠点だと思います。下手をすれば「人」の要素が企業の成長を制約することにもなりかねません。

矢野：はい、経営に連動した人事を実践するためには、成長戦略実現のために将来必要となる人財像をビジネス部門と相談しながら描いていかなければなりません。人を育てるには時間がかかりますし、早い方がいい人も集まってくるはずです。

　これからは一企業だけで人的資本経営を進めるのでは不十分で、日本全体が人的資本経営をしないといけないと感じています。資源の少ない日本にとって、人は資本・資産です。人への投資をして国内外から優秀な人財を集め、循環させていくということを、日本全体で真剣に考えるべきだと思っています。

【インタビュー後記】

　統合報告書のアワードや「働きがいのある企業」の常連として中外製薬様を認識されている読者の方も多いかもしれません。その背景には、ロシュとの戦略的提携という非常にユニークな特徴がありつつも、日本企業らしいビジネスの基盤には「個」＝「ヒト」があるという信念に基づき、経営戦略から人事戦略への落とし込み、個別の人事施策の実践まで愚直に取り組まれてきた企業の一貫した姿勢があったことがわかります。ともすれば「ジョブ型人事制度」や「人的資本経営」といったコンセプトに影響を受けがちですが、自社ならではの経営戦略に基づき、タレントマネジメントの導入からジョブ型人事制度によるポジションマネジメント、WorkdayやLMSの導入まで、全体感をもって本質的な部分を追求されてきた中外製薬様の事例からは、多くの学びがあるのではないでしょうか。

プロフィール

矢野 嘉行 氏
中外製薬株式会社 上席執行役員 人事・EHS 推進統括

営業本部、国際本部、5年の海外駐在を経験したのち、経営企画部マネジャー、調査部長を歴任。2016年から人事部長となり、2019年に執行役員、2020年に人事統轄部門長、2022年に上席執行役員 人事・EHS 推進統括 兼 人事部長を務め、2023年1月から上席執行役員として人事・EHS 推進を統括（現職）。

取り組み事例 4

100年後も Good Company でありたいという思いからグループ一体経営を推進し D&I とエンゲージメントに注力

東京海上ホールディングス株式会社
執行役員 人事部長
グループダイバーシティ＆インクルージョン総括 鍋嶋 美佳 氏

Advanced Case 4

創業以来の不変のパーパスに基づく「当社の経営で一番大事なのは人材」という考え方

鵜澤：御社の人的資本経営に関する取り組みは経済産業省の「人材版伊藤レポート2.0実践事例」や年金積立金管理運用独立行政法人（GPIF）の「優れたコーポレート・ガバナンス報告書」などで高く評価されています。一般的には、金融機関の特性上、人、モノ、金、情報といった経営資源の中ではやはりお金が経営の巧拙を握るような印象です。あえて人材に重点を置くのはどのようなお考えから来ていますか。

鍋嶋：それは東京海上グループの長い歴史やビジネスモデルに起因します。渋沢栄一は近代化を目指す日本のために貿易を支える海上保険が必要だという考えから1879年に日本初の保険会社（東京海上保険会社）を設立し、創業同年に上海・香港・釜山に代理店を開設し、翌年にはロンドン・パリ・ニューヨークで営業を開始していますので、144年の歴史があります。創業以来の不変のパーパ

スは「お客様や地域社会の"いざ"をお守りすること」です。2021年度からの中期経営計画の中でも「世界のお客様に"あんしん"をお届けし、成長しつづけるグローバル保険グループ〜100年後も Good Company をめざして」という中期ビジョンを掲げており、Look Beyond Profit（世のため、人のため）、Empower Our People（活力あふれる人と組織）、Deliver On Commitments（信頼の結果としての成果を追求）を掲げており、まさに非常に長期的な時間軸の中で人材や組織に焦点を当てた重点戦略を社内外に発信してきました。

　形のある消費財と異なり、保険という商品を日常的にお客様が意識することはあまりないですよね。まさに"いざ"という時に真価が問われるビジネスです。昔は「紙と鉛筆だけの商売だね」と冗談で言われたものですが、ペーパーレス化、WEB 化、キャッシュレス化の現代になると、いよいよ紙も鉛筆もない。では我々の価値はどこにあるかというと、人であろう、人こそが資産であり、成長力の源泉だ、と考えています。

　具体的には"Our People"と題して、当社の人材に対する考え方をステートメント形式で4つに整理しています。

・東京海上グループにとって最も大切な資産は人材であり、"Good Company" ビジョンを実現するための原動力です。
・東京海上グループは、お客様や社会に安心と安全を提供するためにあらゆる事業領域において不可欠な人材を確保します。
・東京海上グループは、情熱と意欲をもって挑戦する社員に対して成長に資する役割や機会を与えます。
・東京海上グループは、真のグローバルカンパニーを目指し、ダイバーシティ＆インクルージョンを尊重します。多様な人材が持てる力を遺憾なく発揮できる環境をつくることを通じて、"Good Company" への果てしない道を歩み続けます。

リスク分散とグローバルな事業展開を推進する過程で、優れたグローバル人材をグループ一体経営に取り込む

鵜澤：経営の観点でみると、最近では成長市場への投資として海外M&Aが活発ですし、売上構成でみると海外事業がすでに50％を占めるなど急速にグローバルビジネスが伸びていますね（**図表3.4-1**）。

鍋嶋：確かに海外事業は2004年にはわずか0.1兆円規模でしたが、現在は1.9兆円規模と急拡大しています。しかしこれは日本市場が成熟・停滞しているから先行き不安で海外に活路を見出そうという話ではありません。先ほどの"いざ"をお守りするには、いかなる事態に直面しても経営の屋台骨が崩れることがあってはならないというのが、基本の考え方です。そうなるとリスク分散が不可欠で、地理、事業、商品と多様な観点でリスク分散することになります。地理的には日本の自然災害リスクと相関の低い海外ビジネスを広げることがリスクヘッジに有効だという考え方から、グローバル事業展開を拡大してきました。

図表3.4-1　グローバルな事業展開

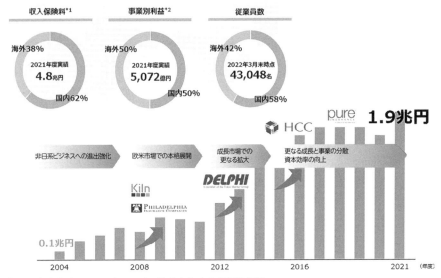

出所：東京海上ホールディングス株式会社人事部提供資料

鵜澤：なるほど。グローバルな事業展開が進む中で、どのようにグローバル人材マネジメントを進めてこられましたか。

鍋嶋：そうですね、当社の特徴といえるのは、優れたグローバル人材を最適配置し、グループ一体経営を強化しようという考え方です。買収した会社に東京海上本社のやり方を一方的に押し付けたり、リーダーシップ人材を入れ替えたりするのではなく、むしろM＆Aによって得た有能な人材や高い専門性、知見を積極的にグループ経営に取り込んでいこうという進め方をしてきました。実際に米国などから共同グループ総括のポジションに就任されている方もいますし、専門性の活用では、サイバー保険は英国、法務・人事は米国、内部監査はシンガポールといったようにグループ横断でリーダーを任命しています。

鵜澤：これだけグローバル展開やサイバー保険のような新しい領域の事業も出てくると、日本側の人材マネジメントも変わってきますよね。

鍋嶋：はい、東京海上ホールディングスはその傘下に東京海上日動火災
　　　保険など複数の保険事業会社がありますが、ホールディングスの
　　　人材はグループ一体経営やグローバル事業の推進などが求められ
　　　ることから、従来の保険会社の社員とはおのずと異なるスキルや
　　　成果発揮が求められます。そこで新たにホールディングス社員向
　　　けの新人事制度を導入し、多様なキャリアの選択肢の提供や、能
　　　力のある方には早期に大きな役割を付与できるように変えました。
　　　また、高度専門人材を処遇する枠組みも作りました。やはり社内
　　　に知見のない専門性を獲得するためには市場価値に見合った報酬
　　　や働く環境を提示していく必要があり、高度専門人材のための新
　　　たな役割設計、報酬制度、評価体系が必要だからです。

鵜澤：多くの企業にとってサクセッションプラン、後継者育成が課題と
　　　なっています。次世代のリーダー育成についてはどのような取り
　　　組みをされていますか。

鍋嶋：グループ一体経営を推進するためには、グローバルレベルで機
　　　能・事業構想の遂行をリードできる人材を育成していくことが大
　　　事だと思います。施策の一つは "Global Executive Program"
　　　というものです。これは国内・外のシニアリーダー層向け研修で、
　　　非日常の共通体験や寝食を共にすることで、参加者間で強固な信
　　　頼関係を構築するとともに、グループ横断でのシナジー拡大につ
　　　なげることも狙っています。先にご説明した M&A によって得た
　　　優れた人材たちがプログラムの講師やアドバイザーになることも
　　　あるし、受講生の立場で参加することもあります。もう一つの施
　　　策は "Middle Global Leadership Development Program" で
　　　す。これは海外にいる将来の幹部候補生（ミドル層）が主な対象
　　　です。実際に東北の被災地を訪問し、震災時の行動や思いに触れ、
　　　保険の意義や "Good Company" の意味を体感するプログラム
　　　になっています。海外の方はハリケーンなどの経験はあっても大
　　　地震や津波のインパクトを経験していることは稀です。また、特

定の専門領域に基づいたキャリア形成が中心ですので部門によっては顧客接点がまったくない方もいます。被災地に赴き、被災者から体験談を直接聞いたり、東京海上の長い歴史やパーパスを深く理解することによって、大きな気づきや行動変容につながっています。

東京海上が目指す D&I が
成長戦略の「一丁目一番地」であるわけ

鵜澤：鍋嶋さんは2021年４月からグループダイバーシティ＆インクルージョン総括（Group Chief Diversity & Inclusion Officer）に就任し、ダイバーシティカウンシルを創設しましたね。

鍋嶋：これはマイノリティを救済したいという CSR 的な発想ではなく、不確実な事業環境と市場の中で持続的に成長するためには D&I が必須であるという戦略的重要性からの取り組みです。

　　　D&I が成長戦略の一丁目一番地であることは、主に４つの観点から説明できます。①競争優位性、②グループ総合力の発揮、③トップタレントの確保、④生産性の向上です。

　　　ダイバーシティカウンシルは、グルーブ一体で D&I を推進するために設置した、CEO をトップとするグローバル委員会です。半年に１回開催していますが、グループ CEO やホールディングス役員、東京海上日動の社長、従業員代表や社外取締役など多様な関係者に参加してもらい、さまざまな議論や意見交換、良い事例などを共有する場として定着しつつあります。すでに４回実施して、手ごたえをつかみつつあります。

鵜澤：今の D&I における重点課題をどう捉えていますか。

鍋嶋：ダイバーシティ推進の取り組みでは外国人の活躍、LGBT への理解、キャリア採用者の活躍、障がい者の雇用促進、世代間ギャップの解消など数多くのテーマがありますが、グループ全体の重点

図表3.4-2　D&Iの戦略的重要性

● D&Iの推進は、不確実な環境・市場の中で更に成長するためのキーサクセスファクター
● CDIO、Deputy CDIOのもと、D&Iを更に推進し、"しなやかでたくましい会社"を創る

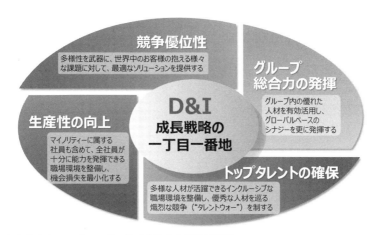

出所：東京海上ホールディングス株式会社人事部提供資料

　　課題としてジェンダーギャップの解消にも取り組んでいます。多
　　くの日本企業がそうであるように、東京海上グループも女性管理
　　職比率や経営層への女性登用率の低さが課題です。海外でも、課
　　長職層までは女性比率が高いもののその先の部長・執行役員と
　　いった経営層になると男女間でギャップがあり、さらなる改善が
　　求められています。もう一つの重点課題は、インクルーシブな文
　　化の醸成です。多様な人材を包含して協働していかないと新たな
　　アイデアも事業も生まれません。多様な従業員が生き生きと働く
　　土台を整備していくことが求められています。

鵜澤：具体的にこれは手ごたえがあったという施策を挙げるとどうなり
　　ますか。

鍋嶋：やはりD&I推進はトップダウンとボトムアップ、どちらか一方
　　だけではなくで両軸で取り組む必要があると実感しています。
　　トップダウンでいえば、グループCEOの強いコミットメントの
　　もとでメッセージを発信したり、役員向けのD&Iフォーラムを

開催していますが、ボトムアップの取り組みでは、地域ごと（欧米、アジア、日本）に D&I 推進担当者によるコミュニティを立ち上げて、先にご説明したダイバーシティカウンシルの事務局と連携して、各地域の現状や課題に沿った取り組みを推進していくようにしています。やはり欧米、アジア、日本ではそれぞれ D&I の成熟度や推進体制に違いがありますから、画一的には進めずにボトムアップアプローチが効果的です。

　日本のジェンダーギャップ解消に向けては、"Tokio Marine Group Women's Career College"（TWCC）を 2019 年 9 月に創設しました。女性社員を対象とする当社グループ内キャリアカレッジで、外部講師を招いて、「リーダーシップ論」「デザイン思考」「デジタルトランスフォーメーション」などを半年間、毎月 1 回のペースで全 6 回のプログラムを実施しています。これは手挙げ制で本人の自主性や発意を重視しています。また応募にあたって、役職者以上が対象といった応募制限もかけていません。さらにこれは会社が企画していますが、受講料は原則として社員が自己負担しています。それでも毎年、全国の各グループ会社から多くの参加者が集まります。多くの反響があったことでやってよかったという実感もありますし、やはり小規模なグループ会社では研修体制の限界もありますから、このようなグループ横断のプラットフォームで学ぶことができることは、女性社員の能力開発の機会や活躍の場を提供する一助になっています。女性だけを集めた研修を実施することの是非もありましたが、いままでの役割付与や研修機会の差を埋めるために積極的にやるべきだとなりました。過去には男性が営業で女性が事務という固定的な役割分担がありましたが、オンライン化やキャッシュレス化していく中で女性の多くが担ってきた事務が減り、幅広い職務で活躍するようになりました。役割が変わるのだからそのための投資はすべきだという考え方です。

カルチャー＆バリューとエンゲージメント
２つのサーベイ活用でエンゲージメント向上や
職場環境づくりを推進

鵜澤：御社では D&I に加えて、エンゲージメントに力を入れていますね。

鍋嶋：先ほどインクルーシブな文化の醸成に触れましたが、多様な人材が持てる力を遺憾なく発揮できる職場環境づくり、企業風土改革や一人ひとりの従業員のエンゲージメント向上が大事だと考えています。

　　　具体的には２つの仕組みがあります。一つは、パーパス浸透とインクルーシブな組織風土の実現に向けた「カルチャー＆バリューサーベイ」。これは全世界共通の設問項目でサーベイを年１回のペースで実施し、各国・各グループの状況を俯瞰的に把握しています。もう一つは、社員の仕事に対する熱意や働きがい向上に向けた「エンゲージメントサーベイ」です。これは国内コンサルティング企業のパッケージをツールとして使っていて、対象はホールディングス、国内損保、国内生保です。こちらも全社での実施は年１回ですが、組織単位での傾向の把握や課題解決の進捗状況を早期に知るために頻度を上げて実施している部門や拠点はたくさんあります。これらのサーベイ活用推進や実際に現場でエンゲージメントを上げていくための工夫などを行う目的で、2022年からは東京海上日動にエンゲージメント・デザインチームを創設し、東京海上ホールディングスと連携しながら各種施策を展開しています。例えばパーパスを実現し、エンゲージメント向上を実現している部店の動画を制作したり、好事例の紹介、メンター・マッチングの制度を通した成長物語のインタビュー記事を配信したり、YouTube や SNS に慣れている若い世代にも興味を持ってもらえるようなコンテンツ構成になっています。

図表3.4-3　社員のエンゲージメント向上への取り組み例

働きがいの向上ポータルサイト・ロゴの新設

・エンゲージメント向上に関する各種施策を取り纏めているポータルサイトを新設
・エンゲージメント・デザインチームで展開している施策の記事・動画を掲載

〜ロゴに込めた想い〜
・Dの中にi（人）を含んだ「Di」で「ダイバーシティ＆インクルージョン」、「E」で「エンゲージメント（働きがい）」を表現
・多様な強みを持った社員（Di）が「エンゲージメント（E）」を原動力に力強く飛び立っていくことを、ロケットの形で表現
・多様な社員が生き生きと働いている状態、感謝や称讃、人の温かみを表すカラーを使用

For YOU〜伝えたい ありがとう〜企画の開始

「感謝・称讃の文化の醸成」に向けて、「自分の成長を支援してくれた」等、改めて感謝を伝えたい社員へ、リレー形式で感謝を贈る企画をスタートする。

出所：東京海上ホールディングス株式会社人事部提供資料

鵜澤：確かにこれは面白そうだと感じさせるデザインやコンテンツですね。エンゲージメントは各社の重点取り組み事項でよくあがってくるテーマですが、専任チームを作るまでの本気度はすごいですね。いまの推進体制を教えてください。

鍋嶋：現在は2名の専任者がいますが、東京海上ホールディングスのD&Iチームや東京海上日動火災保険の能力開発チームも参画しており、10名強の兼務者がいます。これに加え、社内副業制度である「プロジェクトリクエスト制度」を活用して人事部門以外のメンバーも4名関わっています。この取り組みもD&Iにつながると思っておりまして、多様な世代やバックグラウンドのある方が協働して作るからこそ、現場に伝わる良いエンゲージメント強化策になるはずです。

人的投資のＲＯＩ測定は容易ではない
パーパスや成長戦略に照らした人事戦略に
しっかりと取り組むことが今は大事

鵜澤：最後に人的資本情報の開示の観点から、最近では人的資本経営の
　　　ROIへの関心が高いですが、非財務資本におけるROIについて
　　　どうお考えですか。

鍋嶋：人材に関するI（Invest）は人件費か、加えて教育費か、それ以外
　　　はないのか、という議論は尽きないですし、R（Return）も利益
　　　という財務的な付加価値以外の要件があるように思います。この
　　　ように今はROIを厳密に算出するのは時期尚早だと思っています。
　　　データ上の相関性は証明できても因果関係があるかまではわから
　　　ないはずで、これはもう少し市場の中で人的資本情報の項目や算
　　　定式が標準化されたり、多くのデータの蓄積を待つ必要があるの
　　　ではと思っています。

　　　　それよりも当社のパーパスや成長戦略に照らすと、人が一番大
　　　事な経営資産であることは明らかなので、その戦略から人材投資
　　　へつながるストーリーラインをちゃんと整理し、実際の人事施策
　　　を実行し、定点観測していくことが大事だと思って取り組んでい
　　　ます。

【インタビュー後記】

　東京海上の創始者である渋沢栄一は公益と利益を両立させることが経営の要諦であると考える道徳経済合一説を1910年頃、つまり100年以上前にすでに唱えていました。この考え方は現代でいうところの経済価値と社会価値のどちらも両立させる、いわゆる真のパーパス経営とまさに合致するところといえます。

　今回のインタビューでは変化の激しい現代社会においてもあえて次の100年という超長期的な時間軸で経営を考える、多様なステークホルダーをインクルーシブに取り込むという姿勢がパーパス経営の哲学として非常にわかりやすく伝わってくるものでした。

　他方でグローバル事業展開や新規事業などへの参入、ジェンダーギャップの解消への取り組みなど、変えるべきところはどんどん変える姿勢も明確です。人的資本経営は変えるべきことと変えるべきでないことを経営目線で整理しない限り、小手先の人事施策展開に終始しがちになります。まずはパーパスと成長戦略に合致した人事戦略は何かを見きわめ、次にそのために変えるべきことと変えるべきでないことを整理するというアプローチは、多くの企業の参考になるはずです。

プロフィール

鍋嶋 美佳 氏

東京海上ホールディングス株式会社　執行役員　人事部長

グループダイバーシティ＆インクルージョン総括

91年東京海上火災保険（当時）に総合職入社、損害サービス部門で事故解決や再発防止に取り組む。2回の育児休業を取得後、2000年より家族帯同で国内外（神戸・米国・東京・埼玉）に転勤。19年よりホールディングス人事部長、21年より現職。グループの人事戦略・ガバナンス、D&I推進、グローバル人材の育成、駐在員の派遣と安全対策等を担う。

取り組み事例 5

経営戦略に沿った
人財戦略を、中長期の時間軸で
策定・実行する日立の人事変革

株式会社日立製作所
代表執行役 執行役専務
CHRO 兼人財統括本部長兼コーポレートコミュニケーション責任者 **中畑 英信** 氏

Advanced Case 5

10年以上の歳月をかけて進化した
人事変革の起点は
2008年度の経営危機

鵜澤：御社の取り組みは経済産業省の「人材版伊藤レポート2.0実践事
　　　例集」など数多くの場面で先進事例と取り上げられています。現
　　　在は人的資本経営コンソーシアムに関する発起人の会社の一社で
　　　あり、企画委員会の委員として、各企業の CHRO とともにさま
　　　ざまな議論をされていると聞いています。最近の人的資本経営に
　　　関する反応や関心動向はいかがでしょうか。

中畑：この1〜2年の動きとして、非財務価値の観点や環境などのサス
　　　テナビリティ領域と同様に、人的資本に関しても、企業側と投資
　　　家・マーケット側双方から高い関心が寄せられ新たな取り組みが
　　　活発化していると実感しています。一方、日立の人的資本経営は、
　　　直近の人的資本への関心の高まりの前から、すでに10年以上の歳
　　　月をかけて取り組んできたものでもあります。

鵜澤：きっかけは何でしたか？

中畑：2008年度に経営危機を経験した際、緊急の業績対策とともに、当時の中西社長が新たな成長戦略を策定しました。それに沿った抜本的な事業構造改革を全社で実施し、それと並行する形でコーポレートガバナンス変革や、経営戦略の一部としての人財戦略に取り組んだことに、起因します。

　もう少し歴史をひもといて説明すると、日立は1910年に創業した110年以上の歴史を持つ企業で、これまで製品・システムを主に国内市場に提供し、国内市場拡大とともに成長してきました。過去には1998年度の金融危機や2001年度のITバブル崩壊で経営危機を何度か迎えましたが、その際、不調が顕在化した事業を中心に工場閉鎖などの事業構造改革を実施したものの、不調事業以外の事業構造改革、将来の不調可能性のある事業への対応が後手に回りました。もう一つは外部環境への対応の遅れです。事業環境の変化が起こっているにもかかわらず、これまでの事業の成功の延長線で考える傾向が当時からあり、変化に合わせた事業の"新たな成長戦略"が有効に提示できていませんでした。こうした状況下で起きた2008年の経営危機を踏まえ、2009年以降、事業変革等、経営改革を強力に推進してきました。当時の中西社長が示した2012年の中期経営計画では、明確な経営戦略が策定・発信・実行されました。従来、製品・システムに特化し、高品質なモノづくりを志向したプロダクトアウト的な経営でマーケットも国内中心であったものを、この時から社会イノベーション事業、つまり製品・システムに加えてデータを中心にしたサービス事業を核とし、顧客・社会の現在および将来の課題を解決する事業をグローバルに展開していくこととしました。これら、顧客・社会の現在、および将来のニーズの探索からビジネスを構築するためには、マーケットイン・マーケットクリエートの発想が不可欠であり、マーケットもグローバルとなる中、国を跨いだ事業展開や各国の協創が必要となります（**図表3.5-1**）。

図表3.5-1　日立製作所の成長戦略の策定・発信・実行

成長戦略の策定・発信・実行
　　　2012中計からの経営戦略転換

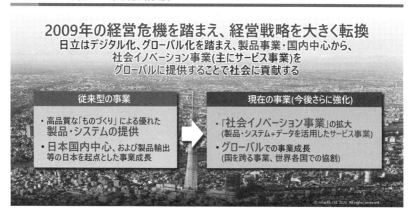

2009年の経営危機を踏まえ、経営戦略を大きく転換
日立はデジタル化、グローバル化を踏まえ、製品事業・国内中心から、
社会イノベーション事業(主にサービス事業)を
グローバルに提供することで社会に貢献する

従来型の事業	現在の事業(今後さらに強化)
・高品質な「ものづくり」による優れた**製品・システムの提供** ・**日本国内中心**、および製品輸出等の日本を起点とした事業成長	・**「社会イノベーション事業」の拡大**(製品・システム+データを活用したサービス事業) ・**グローバルでの事業成長**(国を跨ぐ事業、世界各国での協創)

成長戦略の策定・発信・実行
　　　社会イノベーション事業の拡大(社会イノベーション事業の定義)

社会イノベーション事業	①顧客・社会の現在及び将来の課題を解決する事業 ②単に製品・システムを提供するのでなく、IoT/AI/ビッグデータ等のイノベーションを含むサービスを提供する事業

⇒顧客・社会の現在及び将来のニーズの探索からビジネスを構築する

協創による変化の創造

日立　　技術開発 → 製造 → 販売 → 変化の探索 → 変化へのフォロー
プロダクトアウト

マーケットイン・マーケットクリエート
課題の解決 ← ソリューション開発 ← 課題の定義・設定 ← ニーズの顕在化 ← 潜在ニーズの探索

市場・社会・顧客

出所：日立製作所「成長戦略の策定・発信・実行——2012中計からの経営戦略転換」および「成長戦略の策定・発信・実行——社会イノベーション事業の拡大(社会イノベーション事業の定義)」

第3章　人的資本経営を進める先進企業の取り組み事例

鵜澤：このように経営戦略が大きく転換すると、当然、人財戦略も激変
　　　しますね。

中畑：まさにそうです。それまでは、日本を中心とした人事を構築・運
　　　用していましたが、大きな転換が必要となりました。当時の中西
　　　社長が2011年に日立グループの各事業体の人財部門長に発信した
　　　メッセージは「私たちすべての強みを組み合わせ、グローバルな
　　　舞台において競争力を持ち、成功するグローバルメジャープレー
　　　ヤーへの転換を成し遂げよう」、「人事は経営の基幹。この転換を
　　　実行する上でボトルネックは人財」、「日本の日立製作所だけのこ
　　　とを考えるのではなく、グローバル、グループ全体の視点で人事
　　　変革を」、「2015年までに私たちはグローバルベースで総合的、統
　　　一された人財プラットフォームを展開し、実行する」という新た
　　　な成長戦略に沿った人事変革の要望でした。

グローバル人財プラットフォームへの集約と
グローバル HR ターゲットオペレーティングモデル
への移行が変革の後押しに

鵜澤：目指す将来像と当時の人員体制や施策展開にはかなりギャップが
　　　あったと思います。当時を振り返って、どのように進めていった
　　　のでしょうか。

中畑：正直、とても大きなギャップがあると感じていました。私も事業
　　　体の人財部門長の一人としてこの会議に参加していましたが、中
　　　西社長の要望はとてもすぐには実現できそうにないスケールの大
　　　きなものだと思いました。しかし、経営戦略が大きく変わる中で
　　　この方向に進むしかないという認識を強く持ったことは覚えてい
　　　ます。当時の日立本社の人事部門はグローバル人事担当が数名い
　　　たものの、構成員はほぼ全員が新卒から日立にいる日本人男性で
　　　国内の人事対応が中心であり、当然、グローバルケイパビリティ
　　　もまったく足りていませんでした。変革に大きく舵を切ることが
　　　できたのは、2012年からグローバル共通の人財基盤を徐々に導入
　　　し、最終的に Workday というグローバル人財プラットフォーム
　　　によって、世界のタレントデータを一元管理できるようになった
　　　ことが大きいです。加えて人財部門にグローバルな体制を構築し
　　　て、多様な人財から成るチームで、多様な視点から人財戦略を策
　　　定・実行したことが、大きな成功ポイントだったと感じます。

鵜澤：TOM（Target Operating Model）の転換はグローバル化を推進す
　　　る日系企業でも大きな論点になります。モデルとしては理論的に
　　　正しくても、組織の成熟度の問題でうまく機能しないケースもあ
　　　ります。日立では各国の HR ヘッドがインカントリーレポーティ
　　　ングといわれる各国の社長にレポートしていますが、それだけで
　　　なく、CHRO の中畑さんにもドットラインでレポートし、全社
　　　の人財施策とアラインする体制になっていますね。また、各人事

機能も、グローバル人財部門と日本地域の人財部門に再編されています。

中畑：そうです。これが効果的だったのは、グローバルビューで各人事専門領域をリードする人の要件や経験を踏まえると、これまでの"日本人"、"男性"、"日立一社しか経験していない"という日立本社の人財プールだけでは担えないということが自然と明らかになり、海外の現地法人で活躍する外国人の方を登用したり、積極的に外部採用して、人財を拡充することにつながりました。事実、グローバルHR部門においては外国人社員が、Deputy CHROとしてその取りまとめを担っており、各人事領域のリードにおいても外国人や女性が担うケースが増えてきています。もう一つ成功の鍵は小さい事業上の成果を実績として積み上げていく、それに尽きるのではないでしょうか。人事の施策はそれぞれ成果が出るまで時間がかかりますが、小さくても成果が出てくると多くの賛同者も出るし、推進側も自信をもって進められるようになります。

経営戦略が常に起点であるべき。
人財戦略だけを説明してもビジネス側は動かない
ことを初期に実感し、軌道修正を図る

鵜澤：日立の10年間での人財戦略ロードマップ（2011－2021）を拝見すると、圧倒されるほどの施策展開とともに中長期的な視点で一貫して取り組まれてきたことがわかります（**図表3.5-2**）。成功と失敗の繰り返しは当然あったかと思うのですが、あえて失敗というか反省点を振り返るといかがですか。

中畑：もちろん試行錯誤がありました。変革初期に苦労したのは、人事がビジネス側に対して、人事の視点で期待効果や意義を説明してもまったく受けいれてもらえなかったということでした。2013年当時、新しい人事制度、例えばグローバルパフォーマンスマネジ

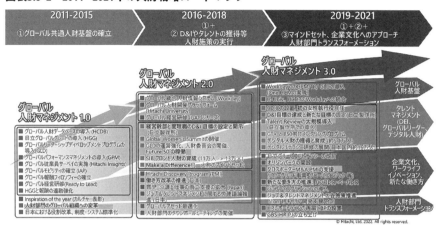

図表3.5-2　2011~2021年の人財戦略ロードマップ

出所：日立製作所「10年間での人財戦略ロードマップ（2011-2021）」（「経営戦略に連動した人財戦略の実行」https://www.hitachi.co.jp/New/cnews/month/2022/10/1012pre.pdf）

メントの仕組みを導入したのですが、人事的な仕組みとしてこんなに良いことがあると説明しても、ビジネス側はそれが自分たちにとって何の意味があるのか腹落ちできませんでした。やはり常に経営戦略からストーリーを始め、経営戦略と人財戦略を連動させることが本当に大事だとわかり、軌道修正しました。あくまで経営戦略があって、それに則って、このような人財戦略を展開しており、その具体策としてこのような施策を導入します、という説明ができないとビジネス側は納得しないし、動いてもらえないということです。

鵜澤：過去10年間のロードマップ同様に現在は2024年中期経営計画の先、次の成長の10年をどうするかを検討されています。経営戦略も人財戦略も中長期な取り組みが非常に特徴的だと感じます。他方で、当然ながら予期せぬ外部環境の変化などであまり先の将来を見越しても仕方ないし、常に軌道修正せざるを得ないという声もあります。中長期の時間軸で人的資本経営のロードマップを作る意義についてどうお考えですか。

中畑：中期経営計画は大きな方向性づくりだと考えています。もちろん環境変化によって施策や優先順位が変わることがありますが、進むべき大きな方向性はそう簡単に短期間で変わるものではないと考えています。現在の日立製作所の社長兼CEOである小島は今後生き残る企業は3つに類型できるとみています。まずピュアデジタルな会社、これはGAFAMなどのハイテク企業などが典型でしょう。次にピュアフィジカルな会社、これは伝統的なモノづくりに強い企業などが当てはまります。最後にサイバーフィジカルな会社。サイバーとフィジカル両方が関わる部分での社会課題を解決する会社であり、日立はサイバーフィジカルな会社のグローバルリーダーになりたいと考えています。日立はモノづくり・OT（オペレーショナルテクノロジー）の会社として112年、IT（インフォメーションテクノロジー）の会社として62年の積み重ねがあり、今後、それらの強みを活かした、デジタルやデータを活用した社会イノベーション事業を中心に事業を展開していきます。

図表3.5-3　人的資本経営に向けた取り組み

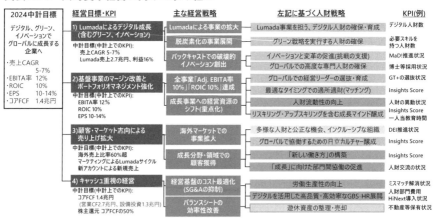

出所：日立製作所「人的資本経営に向けた取組み——人財関連のKPI設定（中計経営目標・経営戦略からの設定）」

このような大きな方向性に基づき、人財戦略も適切に策定、計画、実行できると考えています。

鵜澤：経営戦略と人財戦略をつなぐという意味では2024年中期経営計画目標を基に経営目標・KPI、主な経営戦略があり、それに基づく人財戦略と最終的なKPIが明記されているのが非常にわかりやすいし、多くの企業で参考になるはずです（**図表3.5-3**）。

ROIの検証は簡単ではない
大事なことは経営戦略と人財戦略のつながりを
経営陣も従業員も腹落ちして、実行に移せるか

鵜澤：他方で多くの企業が悩んでいるのは、この人事KPIを達成したら本当に企業価値は上がるのかということです。いわば人的指標という非財務指標に関するROIの妥当性をどう評価・判断するかということになります。人への投資は一般的に成果が出るまでに時間がかかるという遅効性の問題がありますし、成果はさまざまな施策や外部環境変化との掛け合わせなので、正直、因果の解明は困難といわれています。この点はいかがお考えでしょうか。

中畑：一つのトライアルとして、日立は2021年から京都大学経営管理大学院と実証実験を開始しています。環境価値・社会価値といった非財務価値に関する施策や人財施策（役員に占める外国人・女性比率や女性管理職数、教育投資といった教育機会の創出）を実行していない架空の日立のケースと、実際の日立を比較し、ROICやWACCという財務指標に正のインパクトを与えていたかどうかの検証です。結果として正のインパクトを与えている可能性があり、日立の人財施策が企業価値に貢献する効果を示すことができました。これは一つの成果であるのは確かです。ただし、これらの説明は個々に因果があると説明できるまでの精緻なモデルではないですし、過去においてはそのような因果関係があることを証

明できても、将来に対してその効果を説明できるものではありません。このように私自身は人的資本のROIを証明することは簡単ではないと考えています。むしろその検証よりも経営陣から現場の社員までは経営目標・KPIと人財戦略、人財KPIがつながっているという一連のストーリーに腹落ちできるか、そちらに力をかけた方がいいのではないかと考えています。人・モノ・金という経営資源の中で、人だけがエンゲージメントやケーパビリティにより価値が非常に大きく上下するマネジメントの難しい資本であることを、全員が自覚する必要があります。逆に言えば、人財のポテンシャルを最大限発揮するためにエンゲージメントを高めたり、新しい成長機会を付与したり、イノベーションを起こすために多様な人財が一緒に働いたりすることで、人財の価値を高めていくことは企業価値の向上に直接的につながるものだということが、理解できるはずです。

DEIはCSRだけでなく
事業成長のエンジンと位置づけて
トップ層から変革に着手

鵜澤：人財戦略の柱にDEI（Diversity, Equity, Inclusion）を掲げていますが、日立にとってのDEIは経営戦略に照らすとどのような意味があるのでしょうか。

中畑：我々には社会イノベーション事業のグローバルリーダーになるという事業目標があります。DEIはその実現のための事業成長のエンジンという位置づけになります。CSR的な考え方だけでなく、多様な見方を持った人財が集まらないとイノベーションは起こせないし、多様な見方を持つ人財はおのずと性別、国籍、年齢、価値観が異なる人財グループで構成されるべきであるという考え方です。

DEIはトップ層から変革していかねばならないということで
コーポレートガバナンス改革として、取締役メンバーの多様化を
進めてきました。現在は取締役12名のうち、社外取締役が9名、
そのうち外国人5名、女性2名という構成です。続いて、経営
リーダー層におけるダイバーシティ目標ですが、2012年当初は外
国人比率も女性比率も0％という状態から、2021年度に役員層に
おける日本人以外の比率および女性比率の10％を達成しており、
着実に進歩していると考えています。今後の目標として、2030年
までにそれぞれ30％とし、その中間目標として、2024年度にそれ
ぞれ15％にすることを目指しています。

　日立が現在掲げている、成長、アジリティ、イノベーションと
いった経営戦略の鍵においては、DEIの3つの構成要素のうち、
EのEquity（公正性）の担保が特に大事だと思っています。キャ
リア機会に対する透明性や公正なキャリア機会の提供（例えば社
内公募異動など）です。それなくしてInclusionとDiversityには
たどり着けません（**図表3.5-4**）。

図表3.5-4　ダイバーシティ、エクイティ（公正性）、インクルージョンの推進

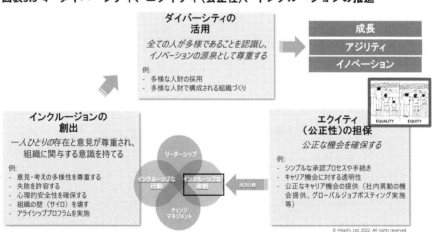

出所：日立製作所「Diversity, Equity & Inclusion の推進」

人的資本経営に関して
機関投資家、アナリスト、メディアと
直接対話する意義と効果

鵜澤：これまで IR 活動は社長や CFO、広報などが担い手の中心でした
が、人的資本経営への注目から CHRO が機関投資家、アナリス
ト、メディアと直接対話する時代になったと感じます。中畑さん
自身も対外的な情報発信を積極的にされていますが、実際にやっ
てみてどのようなフィードバックや気づきがありましたか。

中畑：そうですね。2019年には、当時の東原社長や吉原社外取締役等と
一緒に ESG 説明会を開催し、その中で人財戦略を説明しました。
ESG の S を人財戦略と捉える点や、執行役と取締役が人財戦略
について緊密にコミュニケーションしている点を特徴として説明
しました。最近では2022年の10月に人財戦略のテーマに特化した
説明会を CHRO の私とチーフサステナビリティオフィサーのロ
レーナ・デッラジョヴァンナの 2 名で実施し、合計64名の機関投
資家、アナリストとメディア関係者が参加し、非常に活発なやり
とりから人的資本経営に関する関心の高さと手ごたえを感じたと
ころです。出席した機関投資家やアナリストからのフィードバッ
クとしては、「具体的な説明がなされて、経営戦略と人財戦略の
連動性に関して理解が深まった」、「経営に関する安心感や期待感
が向上した」という声を多くいただきました。私自身の気づきと
しても、機関投資家においても、定量的なデータのみならず長期
的視点での定性的な取り組みにも関心があるということがわかり
ました。

　また、このような社外コミュニケーションは、実は社内コミュ
ニケーションにおいても大きな効果をもたらすことを実感してい
ます。もちろん人財施策における社内でのコミュニケーション活
動は積極的に行っており、自分たちの取り組みの理解や浸透を

図っているのですが、新聞記事など外部メディアを通じて報道される自社の戦略や方針に関する内容を目にすると、関心や理解が深まるという声も聞いています。今後も積極的にこのような直接対話や情報発信を続けていきたいと思います。

【インタビュー後記】

　日立のグローバル人事改革や人的資本経営の取り組みはまさに経営戦略との連動を強く意識しており、数多くの施策や改革が矢継ぎ早に進んでいます。まさにベストプラクティス事例と感心すると同時に壮大なスケールと豊富な社内人財力に比べて、自分たちにはとてもできそうもないと怯んでしまうのが、多くの企業で人事変革を推進されている方の正直な実感ではないでしょうか？

　しかし今回のインタビューで明らかになったのは日立の変革は2008年度の経営危機に端を発しており、わずか10年超にわたる変革の軌跡で、このような大変革が実現しているという事実です。中畑専務のお話をお聞きする際に、いつも「千里の道も一歩から」という格言を思い出します。くしくも時代は、短期的かつ株主価値重視の時代から、中長期的で株主以外の顧客、従業員、サプライヤー、地域社会などマ

ルチステークホルダー資本主義へ変化しつつあります。変化の激しい時代だからこそ、これからの10年に思いをはせて、経営戦略に沿った骨太の人事戦略を作ることが、今求められているはずです。

プロフィール

中畑 英信 氏

株式会社日立製作所　代表執行役 執行役専務 CHRO 兼人財統括本部長兼コーポレートコミュニケーション責任者

1983年、（株）日立製作所入社。主に人財部門を歩み、国内人事のほか、1988年に日立アメリカ社、2000年に日立アジア社に勤務。2008年、国際事業戦略本部。2012年、インフラシステム社総務本部長。2014年より CHRO として、経営危機からの経営戦略変革に沿った新たな人財戦略策定とその実行を主導。現在はコーポレートコミュニケーションも兼務し、HR やコミュニケーションの観点からグローバルに展開する事業の成長をリード。

取り組み事例 6

伝統的企業における データドリブンな 人的資本経営のススメ

三井化学株式会社
グローバル人材部部長 小野 真吾 氏

Advanced Case 6

長期経営計画「VISION 2025」において 人材戦略が基本戦略の一つに

野村：御社は伝統ある製造業企業というイメージがありますが、内閣官房の非財務情報可視化研究会の資料にも取り上げられるように、人的資本に関して先進的な取り組みをされていらっしゃいます。まずは、このような取り組みの背景や経緯を教えていただけますか。

小野：今でいう人的資本的なフレームワークで議論を始めたのは、2015年頃に「VISION 2025」という長期経営計画の策定を議論したときにさかのぼります。それまでは他の企業と同様に3年間の中期経営計画を策定していたのですが、10年後を見据えた長期経営計画を策定するということになり、それらを支える全社戦略について事業戦略や研究開発、生産技術など各領域における基本戦略として課題と方向性を議論した中で、まずはこれらを支える事業支援戦略として人材戦略を位置づけた、というのが取り組みのスタートとなりました。

その議論の中でまず、単体・グループ・グローバル、戦略的な

観点、オペレーショナルな観点の４象限で課題を整理しました。その計画を毎年ローリングしていく中で他の基本戦略の議論で人材関連の話が非常に多く出てきたため、2019年度からは人材戦略が事業支援戦略の一つから基本戦略の一つに格上げされました。

野村：多くの日本企業は人材戦略を議論するときに「ポジション」よりも「人材」からスタートするケースが多いと思いますが、御社でも「人材」からスタートされたのでしょうか。

小野：はい、2016年にまず取り組みを始めたのが後継者計画等のタレントマネジメントの議論です。また、タレントマネジメントについては海外企業の買収直後に苦労していた面もあり、グループガバナンスという観点でグループの従業員情報や企業文化の統合、今でいうエンゲージメントなどの人事関連の情報を集めようということにもなりました。こうしたフレームワークの整備に加えて、いわゆる「人事三権」の選解任、報酬、評価を親会社として買収した子会社に適用すべきかというポリシーの策定も必要になりました。

野村：人事関連のデータ取得も含めて当初からグループ、グローバル志向だったのですね。

小野：はい、三井化学はグループで２万人くらいの会社なのですが、やっていることはコングロマリットで大小の事業の集合体です。したがって、単体だけではなく国内も含めたグループ、グローバルでの検討が必須だと考えていました。コングロマリットを構成する各事業体の経営者をどう作っていくかということが最も重要であるという観点で、まずはタレントマネジメントから着手し、リーダーシップ階層をどう理解して整えていくかといった議論を進めていきました。データ等のオペレーション面では、当時からSAP社のSuccessFactorsを導入し、RPA等を使いながら毎月アップデートするという仕組みを整えていました。ただし、情報が必ずしも正確ではなかったり、基本的な情報しかなかったりな

ど、これだけでは人材戦略を議論するには必ずしも十分でないという課題認識はずっと持っていました。

　翌年以降人材戦略を検討するプロセスにおいて、事業側の成長戦略からそれぞれの事業において将来どんな人材が質的・量的に必要かを明らかにすることにより、人材の視点からどんな会社になるのかということを議論するようになり、その将来像からバックキャストして人事部門が何をすべきかということを観点として入れ始めました。

野村：まさに「人材」から「ポジション」、人材ポートフォリオの議論になりますね。それは戦略的にそのように進められていったのでしょうか。

小野：そうですね。タレントの議論から始めると、育成プランを個別に作っていく中で成長に必要なポジションの議論が必ず出てきます。そこから事業戦略上クリティカルなポジションを100程度定め、毎年洗い替えするというプロセスを入れるようになりました。

　2004年から職務型等級制度は入れていたのですが、クリティカルポジションなどは設定していませんでした。タレントマネジメントの初期段階の議論では、これまでの延長線上での育成計画では将来に必要な経営者層の育成は難しいという問題意識がありました。そのためにまずはどういう人材が必要かという議論から始め、その経験はどういうポジションで積めるのか、そのポジションはグローバルでクリティカルなのか、という議論を進めていきました。いきなりポジション側の話をしても議論にならないだろうという考えから、まずはタレントについて徹底的に議論する、というところから始めました。

データドリブン人的資本経営の取り組みの進化
──まずは従業員エンゲージメント調査から

野村：戦略的・計画的に経営戦略と連動するかたちで議論を進められ、
人材およびポジションという観点が揃ったわけですが、御社の特
徴の一つである「データドリブンな」人材マネジメントはどのよ
うに進めていかれたのでしょうか。

小野：人材戦略の議論を進める上でデータが必須であることは間違いな
いという点は意識しており、「グループ人事関連情報の可視化」
は、人材戦略のアジェンダとしてずっと入れていました。ただし、
「それに対して投資を行うかどうか」というのは大きな判断だっ
たこともあり、初期段階としては SuccessFactors のライトな
モジュールを使ってデータを取得し、ダッシュボードで管理して
情報共有をするというところから着手していました。ただ、基本
的で抽象的な情報だけでは十分なインサイトが出せていない、と
いうことで、次にグループレベルで取り組んだのが従業員エン
ゲージメント調査でした。経営レベルでも従業員エンゲージメン
トの実態を知りたいという要望が強く、グループ会社の中でも重

要だけれど多くの情報がない会社については特に問題意識がありました。そこで2018年に経営陣と議論し、エンゲージメントに関する情報をグループ、グローバルのレベルで可視化して課題を特定することにしました。それまでも従業員サーベイは行っていましたが、単体ベースのものだったり定期的には実施できていなかったりしたこともあり、グローバルで定期的に実施することで、人材戦略のアジェンダとして挙げていた従業員情報と組織文化の可視化を行うことにしました。それによって、調査結果のインパクト分析や要因分析等を通じてこれまでよりも経営状態が明確に見えるようになり、課題の特定や改善策の立案実行、経年比較による効果測定を通じて、人事戦略をデータによって考えるということの重要性が、より経営陣に認識されるようになりました。

野村：従業員エンゲージメント調査をグローバルレベルで実施し、徹底的に活用することで人事関連情報とデータドリブンの考え方を浸透させていくということは、王道なようでなかなかできていない企業も多いのではないかと思います。人的資本経営を支える「データ」の取得は、費用対効果（ROI）が見えない中で進める必要があるというのが一つの難所ではあると思うのですが、従業員エンゲージメント調査を契機としつつ、どのように推進されていったのでしょうか。

小野：我々も悩みながらなので、まだなかなか難しいですが、最終的には生産性にどうつなげるかということが人的資本経営および人的資本投資ということだと思います。そのためにも、データがないとその分析すらできないので、まずデータを集めるということが重要だと思っています。次に必要となるのがデータの定義であり、そこで我々が注目したのが ISO 30414です。当時でいえば唯一の、今でも最も網羅的なガイドラインだと認識しています。そこで、まず ISO 30414に定義される11項目58指標についてデータの取得から現状把握までを可視化するプロジェクトを行いました。結果

として、58指標中35指標程度は取得、対外開示、社内活用のいずれも可能、19指標は取得は可能だが活用に少し課題が残る、残り4指標はそもそも仕組みがなく取れない、ということがわかりました。ただし、これらは三井化学本体のデータのみでグループではまったく取れないという状況でした。これらのスタディにより活用可能性が検証できたこと、また普遍的な指標および分析のフレームワークであることから、当時並行して進んでいたグローバルの人材情報プラットフォームのデータフィールドとしてこれらの指標を活用しようということになりました。

野村： 今でこそ ISO 30414 はメジャーになってきていますが、その段階で分析のフレームワークとして用いるというのは非常に先進的ですね。また、単体とはいえ大半の指標が取得可能であり、個別の指標レベルでその活用の有効性が検証できたということも、人材情報プラットフォームの ROI を見据える上で重要だったのではないかと思います。先ほど「最終的には生産性をどう上げるか」というお話をされていましたが、こうした人的資本経営におけるKGI（Key Goal Indicator）などの指標については、人事部門が定義をして設定していったのでしょうか。

小野： 2020年に経営環境の劇的な変化もあり、「VISION 2025」の全面的な見直しを行い「VISION 2030」を策定しました。そのときに、人事部門だけではなく他の部門も含めた非財務指標の目標設定を行い、そこからバックキャストして戦略に落としていくというアプローチをとりました。

野村： なるほど、全社的な取り組みとこれまでの取り組みがうまく整合したということですね。御社の特徴としては、毎年の結果・成果だけではなく、2030年の目標値を開示しているというところが挙げられると思います。また非常に興味深かったのは、一見すると「良くない」スコアになっている指標も開示しているという点かと思います。特に女性管理職比率やエンゲージメントなどのスコ

図表3.6-1　三井化学の経営戦略と連動した人材戦略

	人材戦略上の優先課題と主要な方策	非財務KPI（2030年）	2030年の"ありたい姿"
1	・多様性に富む経営者候補*¹の戦略的獲得・育成・リテンション ・キータレントマネジメントとJob型人事管理の進化 ・"ありたい事業ポートフォリオ"に連動した人材ポートフォリオのデザイン ・DX人材育成(165名の専門人材)	① 戦略重要ポジション ・後継者候補準備率 250% ② ダイバーシティ ・執行役員多様化*²人数10名以上(女性3名以上) ・管理職*³女性比率 15%	顧客・パートナーと協働し、社会課題に紐付く事業創出を実現する人材が、獲得・育成・リテンションできている。
2	・自主・自律・協働の体現 ・"Best Mix"を実現する新しい働き方 ・エンゲージメントスコア改善に向けた継続アクション ・"変革にチャレンジする文化"を育む評価・報酬制度	③ エンゲージメントスコア ・50%(グループ&グローバル)	人材のエンゲージメントを高め、組織の力に昇華させる企業文化に変革できている。
3	・M&A等に対応する人事ガバナンスの高度化 ・グループ統合型人材プラットフォームの構築	—	当社グループの「人事ガバナンス」を整え、人的資本価値を社内外に発信できている。

経営戦略の変化をアジャイルに捉え、実効性のある人材戦略・施策の具現化
「個の力」を重視し、「自主・自律・協働」を体現する「挑戦し続ける組織」に変革

出所：三井化学株式会社提供資料

アは必ずしも他社に比べて高いわけではないと思うのですが、そのあたりはどういう議論があったのでしょうか。

小野：まずエンゲージメントについてですが、定義によっていろいろ変わりますよね。エンゲージメントスコアが90％といった場合は「エンゲージメントされてない人をどれだけ減らすか」という観点ではないかと思います。我々は「エンゲージメントされているコアな人材をどう増やすか」という観点で取得している指標なので、そういう意味では今の水準というのはしっくりきているというのが実感です。最近は開示する企業も増えており、スコアが高いことをアピールするような開示が一般的になっているように思いますが、我々は指標の目的と意味合いがしっかりしているので、他社との比較はあまり気にしていないというのが本音です。機関投資家の皆さんからも指摘を受けることはありますが、その都度きちんと説明を行うことにより理解していただいています。また、たとえ出発点が低かろうが改善していくことにより企業価値向上につながるということを示すことができれば、相関関係上、着実

に改善することによって投資家からの評価につながるだろうと考えています。

女性管理職比率でいえば、単体レベルでは女性活躍推進法で開示が義務付けられていることもあり、現在が低いことは事実であるし、いったん出してしまえば外堀も埋まり改善していくしかないということで開示しています。

いずれにしても、それまでの人材戦略の中での議論や先述のISO 30414を用いたスタディにおいても、どういう目的でどういう開示をしていくかという整理は進めていたので、非財務指標の開示を決める場であるESG委員会でも特に反対は出ませんでした。

グローバルでの人材情報プラットフォーム
導入の勘所

野村：それらの人事関連指標やデータの取得も含めて、御社はグローバルの人材情報プラットフォームとしてWorkdayをビッグバン導入されたとうかがっています。多くの日本企業も人材情報プラットフォームの導入は大きな課題となっていますが、導入の考え方やご苦労された点、ポイントなどを教えてもらえますか。

小野：すべてのことには目的とオペレーションがあると理解しているので、ネガティブな反応は局所ごとに発生するものの、あまり大風呂敷を広げず、データをとる意味やそこから各社が得られる果実は何か、ということを明確にしていくことがまず重要だと思います。逆に、果実が得られない場合は得られないと言ってしまう、その代わりそのコストはグローバル（本社）が負担しますよ、といった具合ですね。各社とのコミュニケーションの頻度も高くしており、人事部門だけではなく導入に反対しそうなグループ会社の経営者であるとか、海外の買収先企業であるとか、そういったところには特にしっかり説明しています。単体で回っている子会

社については、一見すると彼らにとっての ROI は見えないわけです。なので、すべての上流概念としては人材戦略上目指すべき姿を示し、グループ会社間のシナジーや人材やナレッジの共有がとても重要であるということ、だからこそ導入は必須であるということを理解してもらうように、しつこくコミュニケーションを重ねています。事業上の目的と今後の買収戦略等も含めた仮説と紐づけた内容を各社の経営陣と議論をし受け入れてもらった上で、現場のオペレーションからの要望にもきちんと対応することで、導入の納得感を醸成していきました。

　また、グローバルの人事担当者が集まるワークショップにおいて、Workday に課題用のダミーデータを置いて、実際に Workday のテスト環境を使いながら組織・人材課題を解いていくというアプローチをとりました。Workday に対する理解はもちろん、データを用いて分析し課題を解くことで、具体的な活用方法に関するイメージが湧き、一気に導入のモメンタムが高まりました。

野村：それは素晴らしいアイデアですね。導入を考えている企業や、すでに導入している企業にも参考になるのではないかと思います。

　多くの企業がまずは着手できるところからということで、限定的なスコープで始めることが多いと思うのですが、「グローバルでデータをとる。とらなければあまり意味はない」という強い信念はどこから来たのでしょうか。

小野：グローバルで、というよりもむしろ、国内も含めたグループで、という観点の方が強かったかもしれません。業界の特性上、事業再編や統合などを繰り返しており、「グループでどうするか」という観点が人材戦略上も非常に重要なポイントでした。

目指すべき姿はグループの
タレント・マーケット・プレイス

小野： ただ、それだけだとデータだけではないか、となりますよね。そうではなく、我々が目指しているのは「タレント・マーケット・プレイス」だ、ということをずっと言っています。すべてのグループ従業員がすべてのグループ内のキャリアというものをきちんと可視化して参加できるプラットフォームである、と。それはパーマネントなポジションだけではなくプロジェクトベースも含めてです。総合化学という、大小バラバラな事業の集合体という組織の中で協働しネットワークを作ることにより、顧客に対する新たな価値をグループとして生み出すことができるかもしれません。そういう組織を作るためのプラットフォームであり、個々の従業員のエンゲージメントがキャリアやつながりを通じて上がっていくことを目指しています。そういったことが人材戦略上非常に重要であることから投資を行うといった、定性的な目的も入れています。

また、これはどちらかというと副次的なものですが、エンゲージメント調査結果においてグループ会社ほど経営陣の声が届いていないという声が上がっていました。人事システムはすべての従業員がアクセスするタッチポイントであり閲覧履歴も残るので、そのパスを通して内部のコミュニケーションを充実させていくということも考えています。

また、これは小さいことかもしれませんが、組織改正やポジションマネジメント、グレーディングなどのすべてのビジネスプロセスを Workday のワークフローを通じて行うようにしています。これはガバナンス上非常に重要で、グループのポリシーについても、このプラットフォームを使うことによってより運用を充実させて活かすことができたと思っています。このように、人材

戦略上のアジェンダをすべて盛り込んでいるので、それをもって導入は必須である、ということを自信をもってグループ会社にも発信できているのです。

さらに言えば、これまではコングロマリットとしての大小の事業体を経営していく人材をどう作っていくかという一貫した問題意識をもって「キー・タレント・マネジメント」とサクセッションとしてやってきましたし、それは引き続きやっていくのですが、新規事業や新たな価値を今後どう作りだしていくかというのが、やはり大きな課題です。CVC（コーポレートベンチャーキャピタル）をつくってベンチャー企業に投資するといったことも始めていますが、従来型のリーダーだけの育成でいいのかという問題意識も持っています。

そのためには、包摂型の人材マネジメントコンセプトを導入し「個々人の人材に関わるデータを民主化していく」ということができればと考えています。つまり、各個人が自分の情報を開示していくことによって新たなつながりが生まれ、自身のキャリアだ

図表3.6-2　三井化学のグループ統合型人材プラットフォーム

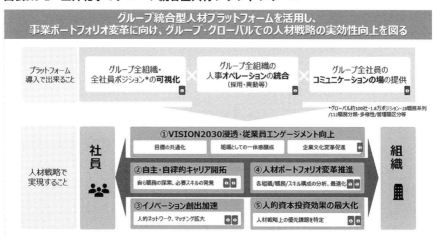

出所：三井化学株式会社提供資料

けでなくシナジーが生まれる状態を、このタレント・マネジメント・プラットフォームを通じていかに作っていくか、ということがこれから数年の大きなチャレンジだと思っています。

【インタビュー後記】

　ISO 30414を活用した人的資本経営や Workday の導入先進事例として取り上げられる三井化学様ですが、その底流には総合化学という業界の特性や長期経営計画から落とし込んだ人材戦略とそれを実現するためのプラットフォームの構想がしっかりと根付いていることを、改めて感じることができたインタビューでした。一方で、「伝統的企業」として、人事部門の現実のオペレーションも踏まえ、定着や活用のための「汗をかく」ことの重要性も意識され、トップダウンとボトムアップの両面からあるべき姿に向かって取り組みを進められていると感じました。人を通じて「新たな価値をどう生むか」というすべての企業に共通する課題への取り組みも含めて、引き続き注目していきたいと思います。

プロフィール

小野 真吾 氏

三井化学株式会社　グローバル人材部部長

三井化学㈱にて、ICT 関連事業の海外営業・マーケティングおよびプロダクトマネジャーを経験後、人事に異動。制度改定、採用責任者、M&A 人事責任者、HRBP を経験後、グローバル人材部部長として人的資本経営、タレントマネジメント、後継者計画、指名戦略、グローバル HRIS 統合、各種ポリシー策定、HR 組織変革等を牽引。

第 **4** 章

資本市場からみた
人的資本の捉え方

The 4th Chapter

第1節

無形資産、非財務情報としての人的資本

　本章では、人的資本を「無形資産」と捉える視点で、企業価値との関係を読み解きます。まず第1節では、「企業価値を高める人的資本」がどのように注目を集めることになってきたのか、歴史的経緯を含めて振り返ります。

1．無形資産としての人的資本

（1）無形資産の重要性の高まり

　無形資産とは、「貨幣資産や有形固定資産などといった物的な実態が存在する資産以外で、将来の経済的便益の源泉となりうる無形の要素」[*1]と定義されます。「①無形資産は同時・多重利用が可能、②無形資産が生み出す便益の高い不確実性、③無形資産の市場は存在しない」[*2]といった特性を持つため、無形資産の評価は困難になることが

＊1　伊藤邦雄『企業価値経営』日本経済新聞出版、2021年。
＊2　同上書。

多いと指摘されています。

　このような無形資産は、従前では有形資産の"添え物"という見方をされることもありましたが、ビジネス環境の変化によって、近年ではその捉え方が大きく変化してきています。1990年代以降に、企業価値の決定因子や競争力の源泉が、有形資産から無形資産へと変化してきたことが指摘されています[*3]。**図表4.1-1**をみると、米国市場では1985年から1995年の間に無形資産と有形資産の時価総額に占める比率が逆転し、2020年には無形資産が90%を占めるほどになっています。

　また、例えば国際的なブランド価値評価機関であるブランドファイナンス社の調査によれば、人的資本や文化を含む企業の無形資産は世界の企業価値の平均50%以上、広告産業やハイテク産業などの一部業種においては最大80%を占めると推定されています。このように無形資産は、企業の長期的価値創造にとって重要な要素と考えられています。

　一方で、前述の通り無形資産の特徴として、同時・多重利用が可能

図表4.1-1　時価総額に占める無形資産の割合

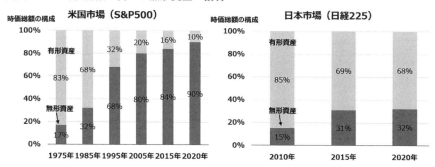

(注)　時価総額（market cap）から純有形資産（net tangible asset value）を引いたものを純無形資産（net intangible asset value）としている。その純無形資産を時価総額で割ることでそのインデックスに占める無形資産を割り出している。
(出所)　OCEAN TOMO「INTANGIBLE ASSET MARKET VALUE STUDY」（2020年）を基に作成。

出所：内閣官房 新しい資本主義実現会議 非財務情報可視化研究会「人的資本可視化指針」（https://www.cas.go.jp/jp/houdou/pdf/20220830shiryou1.pdf）、「付録」（https://www.cas.go.jp/jp/houdou/pdf/20220830shiryou2.pdf）（2022年8月30日）。

＊3　同上書。

であること、実際に生み出す便益が不確実であること、さらに公正な価値を算出する参考となる市場が存在しないこと、などがある点から、無形資産を財務的に価値換算することは現行の会計システムにおいては困難であるといえます。その結果、各企業がどの程度の無形資産を有しているかを測る方法がこれまでの会計システムには存在せず、投資家をはじめとするステークホルダーに、自社が有する無形資産の価値を含む企業価値を適切に伝えることができない状況が課題となっていました。無形資産の財務的な価値換算の難しさについて一つ例を挙げると、新興IT企業が所有する独占的なコンテンツや膨大なユーザーデータは、それ自体が価値を持つものですが、それらが将来どの程度収益を生むかについて予測することは困難です。これには、不確実性の高さや評価方法の難しさといった無形資産が持つ特徴を、どのように財務的に価値換算するかという問題に対し、既存の会計システムが考え方や方法を提示できてこなかったという背景があります。

（2）無形資産としての人的資本への注目の高まり

本書のテーマである人的資本は、無形資産を構成する要素の一つとして捉えられます。例えば、世界経済フォーラム（World Economic Forum）ではステークホルダー資本主義に関するレポートにおいて、企業の中長期的な価値を実現するための4つの柱の一つに「人（People）」を位置づけています（**図表4.1-2**）。また、EYも参加するCIC（Coalition for Inclusive Capitalism：包括的資本主義のための連合）が取りまとめたEPIC（Embankment Project for Inclusive Capitalism：統合的な目線による新たな資本主義社会の構築に向けた取り組み）」でも、「人」に関する項目として「人材（Talent）」が中核的な課題として最初に設定されています（**図表4.1-3**）。

図表4.1-2　世界経済フォーラムが提示するステークホルダー資本主義の4つの柱

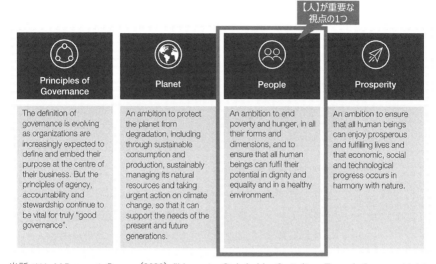

出所：World Economic Forum（2020）"Measuring Stakeholder Capitalism: Towards Common Metrics and Consistent Reporting of Sustainable Value Creation"（https://www3.weforum.org/docs/WEF_IBC_Measuring_Stakeholder_Capitalism_Report_2020.pdf）を基に EY 加工

図表4.1-3　EPIC が提示する「長期的な価値創造のための中核課題」

出所：EPIC（https://coalitionforinclusivecapitalism.com/epic/）を基に EY 加工

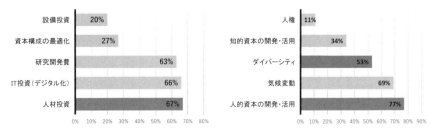

図表4.1-4　投資家・企業が着目する情報

（左のグラフ）
- 設備投資　20%
- 資本構成の最適化　27%
- 研究開発費　63%
- IT投資（デジタル化）　66%
- 人材投資　67%

0% 10% 20% 30% 40% 50% 60% 70% 80%

（右のグラフ）
- 人権　11%
- 知的資本の開発・活用　34%
- ダイバーシティ　53%
- 気候変動　69%
- 人的資本の開発・活用　77%

0% 10% 20% 30% 40% 50% 60% 70% 80% 90%

出所：内閣官房「『人的資本可視化指針』付録」をもとに EY Japan 作成

　無形資産の中でも人的資本については、現在、投資家からの注目も高まっています。**図表4.1-4**からわかるように、機関投資家に向けたアンケート結果によると、日本企業が中長期的な投資・財務戦略において重視すべきだと投資家が考えているものとして「人材投資」の割合が最も高く67%となっています。この結果から、有形資産も含む資産の中でも、特に「人」に対して注目が集まっていることが読み取れます。さらに将来に向けたサステナビリティ関連課題の中でも「人的資本の開発・活用」への関心が最も高いという結果となり、長期的な企業価値の視点からも人的資本に対する注目が高い様子がうかがえます。この点については第3節で詳述します。

2．非財務情報開示への動きと 人的資本の指標化

　無形資産が企業価値にもたらす影響への認識が高まると同時に、その無形資産に関する情報をどのように取りまとめて開示していくかについて、さまざまな取り組みがなされてきました。財務情報とは異なる「非財務」の情報として、**図表4.1-5**にあるように、主に欧州を中

図表4.1-5 代表的な開示基準等の設定主体と概要

	組織名称（略称）	概要（設立母体、目的、内容等）
任意	国際標準化機構（ISO）	・スイスのジュネーブに本部を置く国際的な標準化機関 ・労働力の持続可能性をサポートするため、組織に対する人的資本の貢献を考察し、透明性を高めることを目的として、人的資本に関する網羅的・体系的な情報開示のガイドラインとして、**ISO30414**を制定
	世界経済フォーラム（WEF）	・スイスのジュネーブに本部を置く国際的な経済フォーラム ・企業、投資家、全てのステークホルダーとの間で透明性と整合性を高めることを目的として、業界や国を超えて企業の年次報告書に反映でき、普遍的で一貫性があり、重要性のある一連のESG指標及び推奨される開示事項として、**ステークホルダー資本主義測定指標**を制定
	サステナビリティ会計基準審査会（SASB）	・米国のサンフランシスコに本部を置く非営利団体 ・企業の情報開示の質の向上に寄与し、中長期的視点の投資家やその他の資本提供者の意思決定に貢献することを目的として、企業が将来的な財務インパクトが高いと想定される重要なサステナビリティ情報を開示するための報告基準として、**SASBスタンダード**を制定
	グローバル・レポーティング・イニシアティブ（GRI）	・オランダのアムステルダムに本部を置く非営利団体 ・組織とステークホルダーが経済、環境及び社会に対するインパクトをコミュニケーションし、理解するための共通言語となる基準を制定することを目的として、組織が、経済、環境及び社会に与えるインパクトについて、公に報告を行うための基準として、**GRIスタンダード**を制定
制度	日本	・投資者が十分に投資判断を行うことができるような資料を提供することを目的として、金融商品取引法により、一定の有価証券の発行者に対して、**有価証券報告書（有報）等**の提出が義務付けられている ・東京証券取引所では、全上場会社において持続的な成長と中長期的な企業価値の向上のための自律的な対応を図ることを目的として、実効的なコーポレートガバナンスの実現に資する主要な原則を取りまとめた**コーポレートガバナンス・コード（CGコード）**を制定
	米国証券取引委員会（SEC）	・投資家に対し、投資判断に有益な情報を提供することを目的として、財務諸表以外の情報（非財務情報）に関する開示についての規制である**レギュレーション S-K**において、人的資本の開示を義務化する規定を2020年に追加
	欧州委員会（EC）	・サステナビリティ報告書の利用者が理解できるような開示要求を規定することを目的として、**企業サステナビリティ報告指令（CSRD）**を公表 ・2022年4月29日、欧州財務報告諮問グループ（EFRAG）は、CSRDの詳細な基準を定める**欧州サステナビリティ報告基準（ESRS）の草案**を公表

出所：非財務情報可視化研究会「人的資本可視化指針」を基に EY 作成

第4章 資本市場からみた人的資本の捉え方

心として非財務情報開示のフレームワークが提唱されています。米国でも2020年に、米国証券取引委員会（SEC）が非財務情報の開示についての規定の中で、新たに人的資本についての開示を義務化しています。非財務情報開示は、ESG投資や中長期的な企業の成長を支えるサステナビリティ視点での経営が行われているかを示す上で、重要性が高まっているといえます。

　ただし、非財務情報をどのような目的で活用し、どの方法で測定・集計するのが適切なのかについて、ユニバーサルな合意形成はいまだなされていません。例えば、ESG投資において、企業に対する評価基準や指標は評価機関によって異なることがあります。また、非財務情報をどのように計測するかについても、標準化された方法が存在していません。

　このため、投資家や企業が非財務情報を活用する際には、その信頼性や比較性について慎重に考慮する必要があります。信頼性を保つためには情報の定義や測定方法が明確か、さらに集計のプロセスに透明性が保たれているか、などの点に留意することが必要です[*4]。

　人的資本についても、具体的にどのような指標を用いて開示するのが妥当か、まさに議論が過熱しているところだといえます。例えばISO 30414（ヒューマンリソースマネジメント）では、「人」に関する11のカテゴリーで計49項目（項目によってはさらに詳細に分かれる）が列挙されており、しかもそれらは一義的に定義が定まるものではない（自社の取り組みに即して定義を設定する必要がある）ため、企業にとってはきわめて複雑かつ煩雑な情報開示と捉えられることも少なくありません。ステークホルダーが企業に対してどのような情報開示を求めているかについては、本章第3節で詳述します。

＊4　非財務情報は財務情報とは異なり法令で監査が定められているものではないが、非財務情報への注目が高まる中で、企業の開示した非財務情報が第三者の保証を得ているかどうかは当該情報の信頼性という観点から重要性が増していると考えられる。

3．日本における人的資本の可視化と 開示の動向

　日本における人的資本関連の動きについて概観してみましょう。

　世界的な非財務情報の開示の動きにキャッチアップするように、日本国内でも制度変更や改正の動きが近年活発になっています。特徴的な動きとして、2021年のコーポレートガバナンスコードの改定時に3つの原則（3-1、4-2、5-2）に人的資本に関する言及が含まれました。さらに情報開示の観点では2022年8月には内閣官房の新しい資本主義実現会議における非財務情報可視化研究会から「人的資本可視化指針」が発表されました。同指針の中では、気候関連財務情報開示のフレームワークであるTCFD（気候関連財務情報開示タスクフォース）にも採用された4つの柱に沿って、人的資本に関する情報を開示することが推奨されています。4つの柱は「ガバナンス」「戦略」「リスク管理」「指標と目標」となっています。

　さらに、2023年1月には金融庁が「企業内容等の開示に関する内閣府令」等の改正を行い、「令和5年3月31日以後に終了する事業年度に係る有価証券報告書等」から人的資本に関する記述が義務化されました。具体的には、人材の多様性の確保を含む人材の育成に関する方針、および社内環境整備に関する方針を「戦略」において記載すること、当該方針に関する指標の内容、ならびに当該指標を用いた目標、および実績を「指標及び目標」において記載することが求められます。さらにこのほかに「従業員の状況」として、「女性管理職比率」、「男性の育児休業取得率」および「男女間賃金格差」についての開示が一部義務化されました。

　こうした動きからも、日本企業もいよいよ人的資本に関する情報の開示に本格的に取り組む時期に差し掛かってきたといえるでしょう。しかしながら、ここで改めて強調したいのは、人的資本に関する情報が重要なのは、「法定開示項目」や「ESG情報の一つ」だからではな

く、そもそも企業価値を生み出す源泉になりうるからだという論点です。

　次節では、2010年代に公表された「価値協創ガイダンス」の紹介を通して、企業価値創造における人的資本の重要性や、人的資本への投資等の取り組みについてみていきます。

第2節

企業価値創造における
人的資本投資の重要性

1. 企業価値向上につなげるための
人的資本投資

（1）価値創造ストーリーの中の人的資本

　日本において、企業の価値創造における無形資産の重要性が大きく取り上げられたのは、経済産業省によって2014年に公表された「『持続的成長への競争力とインセンティブ〜企業と投資家の望ましい関係構築〜』プロジェクト最終報告書」（通称「伊藤レポート」）と、続く2017年にアップデート版として公表された「価値協創ガイダンス（正式名称：価値協創のための統合的開示・対話ガイダンス——ESG・非財務情報と無形資産投資)」（通称「伊藤レポート2.0」）といえるでしょう（**図表4.2-1**）。

　「価値協創ガイダンス」は情報開示のフレームワークではなく、企業が中長期的な価値創造を目指す上でどのような取り組みが重要であるかを体系的、統合的に示したものであり、企業と投資家をつなぐ共通言語としての役割を担う枠組みです。この中では、各企業がそれぞれのビジネスモデルやビジネス環境を踏まえた上で各項目の相互依存性を考慮しつつ、どのように価値創造をするのかという「価値創造ストーリー」を示すことが期待されています。この「価値創造ストー

図表4.2-1　価値協創ガイダンス2.0の全体図

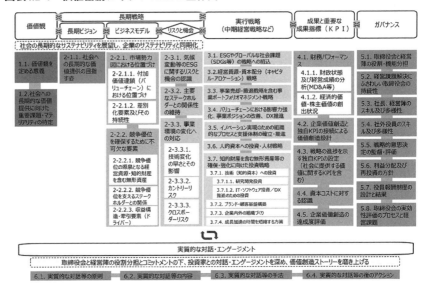

出所：企業と投資家の対話のための「価値協創ガイダンス2.0」（価値協創のための統合的
開示・対話ガイダンス2.0）（https://www.meti.go.jp/policy/economy/keiei_innovation/
kigyoukaikei/ESGguidance.html）。

リー」に基づいて投資家をはじめとするステークホルダーと対話を重
ねていくことで自社の経営における意思決定を重ねることが、長期的
な企業価値の向上につながっていきます。その中で、持続的なビジネ
スモデルを実現する方策として「経営資源・無形資産等の確保・強
化」の下での「人的資本への投資」の重要性が指摘されています。さ
らに2022年に公表された「価値協創ガイダンス2.0」では「人的資本
への投資・人材戦略」の項目で「人的資本は、企業の生み出す価値の
起点となる重要な無形資産である」とされ、「3つの視点と5つの共
通要素」を意識して人材戦略を策定・実行することが重要であると述
べられています。

（2）「人に対する投資」への転換

　価値協創ガイダンスにおいても「人的資本は、企業の生み出す価値の起点となる重要な無形資産」であると言及されており、人的資本を獲得し、さらに増大させること、つまり人的資本に「投資」することは、企業価値向上につながる重要な取り組みであるといえます。

　しかし、既存の財務会計の視点では人に投じる経営資源はいわゆる「コスト」として認識されてきました。この認識の下では「人」に投入する経営資源は「コスト」にほかならず利益を圧迫するものと捉えられてしまいます。コストカットによる利益の最大化という命題を課された経営者にとって、「人」に対する「コスト」の増大はむしろ回避されてきた側面もあるかもしれません。

　こうした認識を転換させたのが、2020年9月に経済産業省により公表された「持続的な企業価値の向上と人的資本に関する研究会報告書〜人材版伊藤レポート〜」[*1]です。このレポートの中では、人材マネジメントの目的において「コストとしての人的資源」から「投資対象としての人的資本」へと捉え方を変化させる必要性が指摘されています。2022年に改訂された「人材版伊藤レポート2.0」の冒頭では、伊藤邦雄氏は次のように述べています。「人材は『管理』の対象ではなく、その価値が伸び縮みする『資本』なのである。企業側が適切な機会や環境を提供すれば人材価値は上昇し、放置すれば価値が縮減してしまう。人材の潜在力を見出し、活かし、育成することが、今まさに求められている」[*2]。つまり、「人」はコストではなく企業価値を向上させるための重要な資本であり、積極的に投資すべきであるという認識への転換が求められているということです（**図表4.2-2**）。

＊1　「価値協創ガイダンス」で言及された人的資本に関する話題を発展させる形で取りまとめられた。

＊2　経済産業省「人的資本経営の実現に向けた検討会報告書〜人材版伊藤レポート2.0〜」（2022年5月）2ページ（https://www.meti.go.jp/policy/economy/jinteki_shihon/pdf/report2.0.pdf）。

図表4.2-2 「人材版伊藤レポート」が示す「変革の方向性」

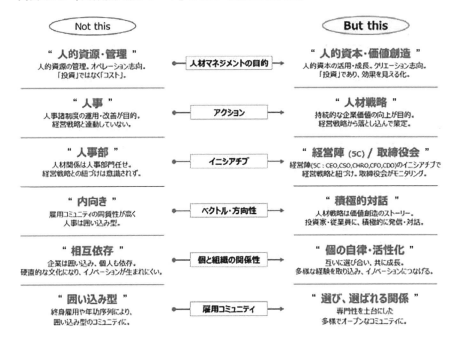

出所：経済産業省「人材版伊藤レポート」(https://www.meti.go.jp/shingikai/economy/kigyo_kachi_kojo/20200930_report.html)

2. 人的資本への投資は なぜわかりづらいか

　企業価値にとって人的資本が重要であり、その価値の向上のためには人的資本への投資が重要である、という主張については、総論としては一般にも理解されやすく賛同も得られやすいでしょう。では、「人への投資」とは何を指すのかをもう少し具体的に考えると、「人」の獲得、育成、維持といった分類で整理することができます。例えば、より高度なスキル習得のための研修機会の提供や従業員がやりがいをもって仕事に取り組めているかの意識調査等の取り組みは、人的資本への投資として捉えることができます。また、広い意味でそういった

投資活動を支える基盤としてのタレントマネジメントシステムや企業文化・風土醸成を目的とした取り組みも、人的資本投資に含まれると考えられます。

　前項でみたように従来の考え方では、こうした取り組みにかかる費用は「コスト」として認識されるものでしたが、「人的資本への投資」という考え方にシフトすることで、これらの取り組みは企業価値向上のために重要なものであると位置づけられることになりました。同時に、このシフトに伴って「投資」に対してどのようなリターン（効果）が得られたのか、という投資対効果を評価することの重要性が浮き上がってきます。この評価がなければ「人的資本への投資」に対してどのような効果が得られたかを検証することができず、投資対効果の改善を図ることもできません。さらに、投資家に対する説明責任の観点からも、自社の価値創造ストーリーに照らし、どのような効果を期待してどのような人的資本投資を行ったのか、また、その効果は何を測定することで検証できるのか、といった一連の説明が必要となります。この説明は各企業によって状況が違うことから自社の「ナラティブ」として言語化されることが期待されることになります。

　ただし、これまで紹介してきた通り、人的資本を含む無形資産はその特性としてどのような経済的リターンが生み出されるかについての不確実性が高く、投資効果を予測することが容易ではありません。さ

図表4.2-3　企業価値向上における人的資本投資の位置づけ（イメージ）

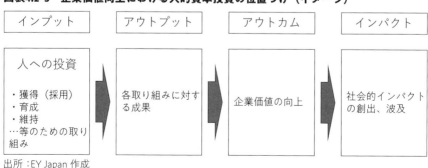

出所：EY Japan 作成

らに一定の期間を経てその投資による影響を、例えば変化量というような数値で測定することが困難な場合が多いことも知られています。金銭的価値への換算や、業界業種横断的に当てはめることのできる普遍的な評価指標の確立が難しいという背景から、人的資本に対する投資効果を測定する手法の開発が遅れていることも、客観的評価の困難さが依然として解消されていないことの証左といえます[*3]。

3. 人的資本投資を可視化するための ポイント

(1) 人的資本投資に関する項目の考え方

　ここまで企業価値と人的資本の関係、人的資本投資の重要性とその評価の困難さについてみてきました。ここでは、人的資本投資を進めている国内外の企業約30社が開示する具体的な情報を整理・分析した結果を基に、人的資本投資の具体的な取り組みの分類について、例を挙げながらどのような取り組みやKPIがありうるかを紹介します。

　ここに示すのはあくまで例であり、具体的な内容は各企業が独自に考えていく必要があることに留意してください。人的資本の情報を整理するときには、汎用的に用いることのできる分類例を参照した上で、自社の取り組みが人的資本投資の対象の中で偏っていないかを点検しながら計画することが重要です。

❶人的資本投資の分類
人的資本投資の取り組みについては「従業員が入社してから退社す

---

*3　Pasban, M., & Nojedeh, S. H. (2016). A Review of the Role of Human Capital in the Organization. Procedia-social and behavioral sciences, 230, pp.249-253.

るまで」の時間的なサイクルを想定した分類が、多くの企業で活用できるでしょう。①獲得・採用、②育成、③維持・活用というステージで分け、さらにその①〜③を支えるものとして④基盤という分類を用いて整理することができます。④の基盤には、例えばタレントマネジメントシステムの整備や組織文化・風土醸成のための取り組みといった①〜③全体に対して影響するものが、該当します。

❷人的資本投資におけるインプット、アウトプット、アウトカム

　前項で触れたように、人的資本投資についてはどのような取り組みに投資しているのかという情報に加えて、その投資の結果としてどのような効果がもたらされたのか、という観点での情報の整理も重要です。ここで取り組みをインプットとするならば、その取り組みから何が生み出されたのかというアウトプットの情報、さらにそのアウトプットが経営指標に直結するものにどう影響を与えているのかというアウトカムの観点で整理することができます。インプット、アウトプット、アウトカムという順を追った情報の整理をすることで、価値創造ストーリーと整合性を持った「どのような人的資本投資を行って、どのような変化がもたらされたのか」という全体像を可視化する助けにもなります。さらにアウトプットに定量的な指標（KPI）を用いることで、投資効果を評価する材料とすることができます。仮に変化が長期的にもたらされるために現状では効果測定が難しかったとしても、同様の方法で情報を分類することで、どういった仮説の下に人的資本投資を行っているのかを示すことができます。

　このように分類を用いて自社の取り組みを整理することで、取り組みやその効果に関する情報の抜け漏れや偏りがみえてきます。例えば、①獲得・採用の強化の重要性が自社の価値創造ストーリーから導き出された場合、仲介エージェントとの連携強化をインプットとして据え、その効果としてどの程度採用数や必要ポストの充足率が高まったのか

図表4.2-4　人的資本投資に係る項目の整理イメージ

	インプット（取り組み）	アウトプット	アウトカム
人材獲得	・特有の文化や背景を持った人を採用 ・地域社会からシニアマネジメント採用	・従業員採用数（地域・年齢別） ・採用した管理職率	<定量指標> ・営業利益／人数 ・売上高／人数 ・人的資本ROI
人材育成	・社内研修の実施 ・資格取得支援 ・外部講習受講支援	・資格取得率、取得人数 ・営業受注率	
人材保持・活用	・退職金制度（目標：全報酬の9％以上） ・年金制度 ・公正な報酬（目標：最低賃金の2、3倍） ・賃金の平等（人種、性別関係なく）	・従業員年収中央値 ・グローバルでの離職率	
人的資本基盤	・育児休業 ・従業員の健康促進 ・柔軟な働き方 ・健康安全管理システム	・全社員・管理職のジェンダー率、エスニシティの多様性率 ・育児休業利用者数 ・育児休業復帰率 ・育休取得完了1年後定着率	

出所：EY Japan 作成

といったアウトプットの情報を集計していなければ、インプットが適切であったかを評価できなくなります。逆に採用数に対する流入のチャネル等をアウトプットとして測定することで、初めて PDCA サイクルを回すことができるようになります。アウトカムの観点で言うと、採用数のみでは経営指標の変化についてすべてを説明することはできませんが、他のインプットやアウトプットで集められた情報を総合的にみれば、一つの要素とみなすことができ、それぞれの人的資本投資がどのようにインパクトにつながっているかを整理することができます。

（2）人的資本投資の取り組みの優先順位の決定

加えて、自社の価値創造ストーリーからどのカテゴリーの人的資本投資を優先すべきかの取捨選択を行っていくことも重要となります。

例えば価値創造ストーリーとして事業ポートフォリオの見直しから他分野への進出も見据えた多角化経営への移行を掲げる企業の場合、人材獲得の観点からこれまで参入してこなかった分野からの中途採用を推進すること、育成の観点から既存の人材へのリスキリングの機会

を提供すること、維持・活用の観点から急激な離職を防ぐために報酬を見直すこと、等の選択肢が考えられます。すべて同時にできるのであれば問題はないかもしれませんが、多くの企業ではリソースの制限などの理由から取捨選択を迫られます。つまり、この中で何がより重要な取り組みなのかを見極めなければなりません。優先順位をつける上で、経営戦略の実行に効果的かつ効率的に結び付く人的資本投資はどれか、という観点での意思決定が必要となります。さまざまな選択肢がある中で、その優先度を自社の価値創造ストーリーに基づき判断することが、まさしく人的資本経営の実践であるといえます。

　なお、既存の人材が現状でどのようなスキルを有しているかを可視化することも、きわめて重要になります。事業戦略を実現する上で、「人」の"質"や"量"が充足しているかを判断することは、人材戦略の要になると考えられます。スキルの可視化のために、外部からのシステム導入や自社でのデータベース構築に取り組む場合には、これらの活動と関係する支出も人的資本投資と捉え、効果を測っていくことが必要になると考えられます。

（3）人的資本投資のモニタリング

　人的資本投資が適切に行われているかは、インプットからアウトカムへのつながりの観点と、価値創造ストーリーから導き出される優先順位との整合性の観点の双方を意識して評価することが大切です。特に投資効果のモニタリングという点においては、インプットに対してどのようなアウトプットが出ているのかをモニタリングすることが必要不可欠となります。インプットを行うにあたっては優先順位の設定が適切に行われているということが前提になりますが、ではその優先度の高い課題に対してどのような取り組みを行い、意図した変化を実際に起こすことができているのか、という評価を行うためには、先に述べた通り KPI を設定することで、対外的な説明に欠かせない情報

を収集していくことが必要となります。

　ただし、KPI として何がよいのかという選択を迫られた場合、他社が導入している指標を安易に採用して、「自社も人的資本投資の取り組みが万全になった」などと早合点してはいけません。ここまでみてきた通り、何を KPI に認定するかの前に、どのような価値創造ストーリーの中でどのような取り組みを人的資本投資とし、その効果を測るためにどのような KPI を設定する必要があるのかを整理することが重要です。安易に他社の KPI を転用しても、自社にとって意味のある指標となる保証はありません。投資家は企業自身がどのような考えの下で人的資本投資を行っているのかを観察し、その点についての対話を求めています（投資家の視点については次節で詳しく解説します）。

▌4．企業の人的資本投資を
　　ステークホルダーにどう訴求するか

（1）人的資本への投資を進めるためのポイント

　このような状況を受けて実際に企業からはどのような声が挙がっているかを、紹介しましょう。EY が日本企業を対象に実施した人的資本投資に関する調査では、「人的資本への投資が重要である」という考え方に対して否定的な意見はほとんど寄せられず、むしろ人的資本は企業にとって重要な経営資源であると以前から認識してきたという反応が多くありました。ただし、何を人的資本投資として認識するか、さらに具体的にどう測定し、何を情報開示するかという点については、どの企業も試行錯誤している様子が聞き取られました。

　1 点目の「何を人的資本投資として認識するか」については、企業内での共通認識の形成から着手する必要性に言及した回答が多くみられました。前項で紹介した人的資本投資の区分整理を例にとると、

「育成」の項目には社外研修と社内研修があります。どちらも人的資本の増大を目指す取り組みですが「投資」とみなすのかどうかという点については部門間で認識の差が生まれる可能性があります。このように、どこまでが「投資」でどこからは「費用」と捉えるか、という点での議論が、全社的に整理されていないという声が寄せられました。

　２点目の「具体的にどう測定するか」については、１点目の問題に関して共通合意ができたとしても、では具体的にどのようにその人的資本およびそこへの投資の実態を測定するのか、という点で困難があることが報告されています。先ほど例に挙げた「育成」についても、社外研修でキャッシュアウトが起こるものについては測定が容易ですが、社内研修はそのような測定の対象となる指標が設定しにくく、把握が難しいという反応が寄せられました。

　企業内で何を人的資本および投資として認識し、どう測定するかに加えて、「何を情報開示するか」が３点目のポイントです。人的資本の情報を含む非財務情報の開示フレームワークが開発され、普及してきている状況については前述の通りです。この点に関しては、企業はそれぞれのフレームワークを参照しながら自社にとって妥当性が高い指標を抽出し、開示している様子がうかがえました。同じフレームワークでの情報開示となった場合、他社と横並びで比較されることが想定されますが、その認識や計測に企業間でばらつきがあるので意味のある比較ではないと思われるといったコメントも、寄せられました。認識の差や測定困難性の例に挙げた社内研修と社外研修を例に考えてみると、フレームワークの中で使われる「１人当たり人的資本投資の総額」という項目で比べたとき、Ａ社では社外研修の総額を算出しており、Ｂ社では社内研修もその時間数を基に費用換算し、社外研修の費用とあわせて算出している可能性があります。こうしたときにＡ社とＢ社のどちらが人的資本により多く投資しているのかという比較では、Ｂ社の方が総額が大きくなると思われます。ではＡ社は人的資本を軽視しているのか、といえば必ずしもそうではありません。しかし、

単にフレームワークに沿って開示するだけでは、このような意図しない「数字の一人歩き」を招いてしまう危険性があることを、企業は危惧しています。また、日本企業全般にいえることですが、OJTの扱いを適切に投資として反映できないと、海外企業と比べて人的資本投資が低くみえてしまい、その点に熱心でないという誤ったメッセージを発してしまうおそれがあります。特に海外の投資家からは、「日本企業は人的資本投資額が少ない」、「長期的な企業価値向上への意欲が見られない」といった解釈をされかねないのです。

（2）人的資本投資をステークホルダーに 訴求するためのポイント

　ここまで3つのポイントから企業の反応について紹介してきました。こうした状況で企業の取りうる対応として重要なことは、❶自社の価値創造ストーリーを軸足とした人材戦略を立てる、❷適切なKPI設定を行う、❸外部に適切に発信する、の3点です。

❶自社の価値創造ストーリーを軸足とした人材戦略を立てる

　人的資本の捉え方や投資の測定方法等について非財務情報開示フレームワークやISO 30414等をヒントとして参照することは、確かに有効です。ただし、そういったフレームワークは自社の価値創造ストーリーとは別の文脈のものであり、その中の推奨項目をなぞるだけでは自社の企業価値向上に向けた取り組みと整合性が取れなくなることがあります。そうした不整合を防ぐためには、まずは自社の価値創造ストーリーを明らかにし、それを軸足に人材戦略を検討することが重要です。

　さらに、その人材戦略に照らして、自社の人的資本はどういう状態であるかという現状把握と、今後どうあるべきかという目標設定を明らかにするべきです。それを通して、何の取り組みを優先するのかを

整理していくことが重要です。人材戦略に沿った取り組みができているかが、まさに企業の価値創造ストーリーに紐づけられた人的資本投資となっているかの分かれ目であり、各社各様に異なる部分です。

❷適切なKPI設定を行う

そうした自社のナラティブに照らして、目指す姿に向かう取り組みが適切に実行できているのか、そして成果を生み出しているのかを、定性的に説明するだけでなく、定量指標としてKPIを適切に設定することが重要です。こうした定量指標をあわせてモニタリングすることは、取り組みに関する客観性のある評価を後押しします。また、指標選択については単にフレームワークで推奨されている項目を盲目的に追従するだけでは不十分であり、価値創造ストーリーとの整合性が取れたモニタリング項目となっている必要があります。

❸外部に適切に発信する

ここまで挙げてきたポイントは、社内で十分に検討した上で、有価証券報告書の法定開示項目や統合報告書をはじめとする媒体でも効果的に発信していくことが重要です。その際には資本市場のみを読み手として限定せず、現在の従業員を含む労働市場、一般顧客や地域住民といったマルチステークホルダーも意識したコミュニケーションをとることが推奨されます。

また、KPIの現状値と目標値のような定量情報のみならず、なぜそのような取り組みを行っているのか、その取り組みの先にどのような効果を期待しているのかといった定性的な情報をあわせて発信することが推奨されます。目標値に達していない項目については、その背景や今後どういった取り組みで対応していくのかといった情報も付加していくことで、「数字の一人歩き」の防止や、読み手が納得する情報開示を図ることができると考えられます。

コラム

「知財・無形資産の投資・活用戦略の開示及び ガバナンスに関するガイドライン Ver2.0」の策定

　加速化するデジタル化の進展やサステナビリティ社会実現の要請を受けて、企業の競争力の源泉としての知財・無形資産の重要性が高まっています。一方で、日本企業の知財・無形資産の投資・活用については海外先進企業に後れをとり、PBR 1 倍割れや海外投資家等の日本株離れといった課題が顕在化しています。日本企業が国内外の資本市場において評価されるためには、知財・無形資産の投資・活用戦略やその開示を含む、企業価値向上に向けた取り組みが必要であると考えられています。

　こうした状況のもと、企業と投資家等が相互の対話・エンゲージメントなどを通じて、企業価値創造に資する知財・無形資産の投資・活用を実行する目的で、2022 年 1 月に「知財投資・活用戦略の有効な開示及びガバナンスに関する検討会」（座長：加賀谷哲之一橋大学商学部教授、事務局：内閣府知的財産戦略推進事務局・経済産業省経済産業政策局産業資金課）により、「知財・無形資産ガバナンスガイドライン Ver.1.0」が公開され、その後 2023 年 3 月に Ver2.0 が策定されました*。

　同ガイドラインでは、企業、投資家・金融機関に求められる「5 つのプリンシプル（原則）」、企業に求められる「7 つのアクション」、企業と投資家・金融機関との価値協創を加速するための共通枠組み「コミュニケーション・フレームワーク」が、提示されています。

　また、企業価値向上に資する知財・無形資産の投資・活用の最重要ポイントは、自社の目指すべき将来の姿（To Be）を描き、現状の姿（As Is）とのギャップを埋める活動を、知財・無形資産の投資・活用を通じて具現化していくこととされています。本書が論じる人的資本だけでなく、今後は知財・無形資産を含むより広い形のバックキャスト型の戦略が企業に求められることになると考えられます。

---

*　首相官邸「知財・無形資産の投資・活用戦略の開示及びガバナンスに関するガイドライン（略称：知財・無形資産ガバナンスガイドライン）Ver.2.0 の策定」2023 年 3 月 27 日（https://www.kantei.go.jp/jp/singi/titeki2/tyousakai/tousi_kentokai/governance_guideline_v2.html）2023 年 5 月 16 日アクセス。

第3節

投資家は
「人的資本」の何を
どうみているのか

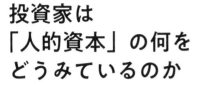

The 3rd section

　前節までは、無形資産としての人的資本の重要性、ならびにその可視化の難しさについて述べてきました。それらを踏まえ、本節では、人的資本に対して資本市場がどのように注目し評価しようとしているのかを、投資家の視点から整理していきます。

１．人的資本に対する
　　投資家の関心

（１）人的資本の重要性に関する３つの観点

　図表4.3-1は、「中長期的な投資・財務戦略において重視しているもの／重視すべきだと考えるもの」について、企業と機関投資家のそれぞれに質問した結果をグラフにしたものです[*1]。これを見ると、投資家の67％が回答として「人的投資」を挙げており、IT投資（デジタ

＊1　一般社団法人生命保険協会「生命保険会社の資産運用を通じた『株式市場の活性化』と『持続可能な社会の実現』に向けた取組について」（2021年）（https://www.seiho.or.jp/info/news/2021/pdf/20210416_4 -all.pdf）。回答数は企業499件、投資家101件。

図表4.3-1　企業と投資家が投資・財務戦略で重視する点

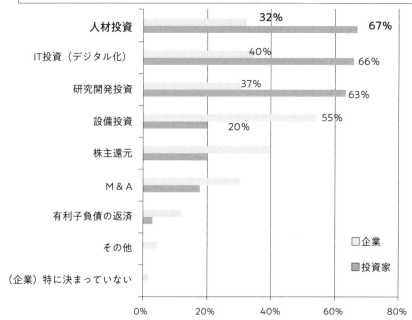

【企業／投資家向け】（3つまで）
中長期的な投資・財務戦略において重視しているもの／重視すべきだと考えるもの

- 人材投資　企業 32%　投資家 67%
- IT投資（デジタル化）　企業 40%　投資家 66%
- 研究開発投資　企業 37%　投資家 63%
- 設備投資　企業 20%　投資家 55%
- 株主還元
- M&A
- 有利子負債の返済
- その他
- （企業）特に決まっていない

□企業
■投資家

0%　20%　40%　60%　80%

出所：一般社団法人生命保険協会「生命保険会社の資産運用を通じた『株式市場の活性化』と『持続可能な社会の実現』に向けた取組について」2021年（https://www.seiho.or.jp/info/news/2021/pdf/20210416_4-all.pdf）

ル化）や設備投資を抑え、8項目の中で1位となっています。投資家はまさに、人への投資を「中長期的な投資・財務戦略」として捉えていることが、このデータからは明らかになります。

　その一方で、企業側で「人的投資」と回答したのは全体の32%で、8項目中5位であり、その重要性について投資家の認識とギャップが生じていることがわかります。

　投資家はなぜ、「中長期的な投資・財務戦略」として人的資本に注目するのでしょうか。その意義について、投資家フォーラムにおけるディスカッション記録等を基に論点を整理すると、主に3つの観点に

分けて考えることができます[*2]。

① 企業の変革・成長の実現可能性を図る要素として
② イノベーション実現の要素として
③ リスク回避の観点の一つとして

　まず1点目の「企業の変革・成長の実現可能性を図る要素」としての人的資本とは、どのようなことでしょうか。前節までで見てきたように、人的資本は企業の成長の糧となる無形資産の一つであり、その"質"と"量"自体が事業の成否を左右するものであるといえます。次の投資家の発言に、そうした見方が端的に表れています。

　「企業価値を上げるために経営戦略があり、人材戦略は経営戦略を補完し、さらにそれを推し進める。経営戦略によって企業価値が上がるか否かを左右する要因として、人材戦略はウエートが大きい。例えば海外に進出するといっても、その戦略を担う人材がいなければ立ち行かない」[*3]。

　「投資家が知りたいのは、経営のさまざまな問題局面において、当面する課題を解決する人材を、企業の人材政策が用意できるようになっているかだ。つまり必要な場面で必要な人材が現れる企業であるかだ。そのためには、例えば多様性や外部登用に開けた人材政策が有効かもしれない。このような意味での人的資本の蓄積は企業のカルチャーにもつながっている。投資家が投資先として安心を感じるのは、成功が単発に終わらずリピータブルになっている企業だ。こうした持続性を支えるのが人的資本やカルチャーなどの非財務的要素だ」[*4]。

　企業がどれほど完璧な事業戦略を策定しても、それを実行に移し成

＊2　投資家フォーラムは「機関投資家が投資先企業との『目的を持った対話』その他のスチュワードシップ責任を適切に果たす実力を備えることを支援し、もって機関投資家と投資先企業との建設的な対話を実現し、当該企業の持続的な成長に貢献することを目的」とする団体。
＊3　投資家フォーラム「第9回オープンセッションの概要（2021年10月1日開催）」（2022年2月18日）（https://investorforum.jp/wp-content/uploads/2022/02/dceeecb43d4ac5e4f10fad784fd0a2ac3.pdf）。
＊4　同上。

し遂げられる人材が揃っていなければ絵に描いた餅に終わってしまいます。現にそうした人材はいるのか、今後（育成ないし採用により）確保することができそうなのか、また、そうした人材が、それぞれ力を発揮して成果を継続的に生み出せる組織風土があるのか、さらに、そのために企業は投資を行っているのかを、投資家は気にしているのです。こうした観点を重視する投資家は、指標の数値を表面的になぞることはせず、各社の数字を読み解くためのストーリーから企業を判断・評価しているといえます。

　本来であれば、人的資本に関するスナップショット、すなわちある一時点における数値だけではなく、人的資本への投資の方針やあり方、さらには経年的な変化やそれらの成果を、投資家は見たいのだと考えられます。ただその定石がいまだ定まっていない現状では、企業各社、ならびに投資家の双方が、さまざまに工夫せざるをえない状況といえます（なお、投資対効果を可視化する手法等については、2020年代に入りまさに各国において研究や実践が進められているところです。詳細は次章で述べることとします）。

　次に2点目の「イノベーション実現の要素」としての人的資本は、1点目とも類似する観点ではありますが、組織の多様性と柔軟性により一層着目する見方です。すなわち、個々の人材の"質"に加えて、集団としてのダイバーシティ（多様性）や組織のあり方を重視する見方です。均質的で同質的な組織からはイノベーションは生まれにくいことから、組織におけるダイバーシティがきわめて重要な鍵を握っていることは多くの研究が明らかにしています[*5]。ここで重要なのは、「多様性が大切だからといって、単に多様性に関する指標を開示すればよい」というわけではないということです。多様性に関する指標として、ジェンダー（性別）やエスニシティ（人種・民族）といったい

---

*5　例えば、谷口真美『ダイバシティ・マネジメント——多様性をいかす組織』白桃書房、2005年。

わゆる社会的マイノリティの人口比率が用いられることがよくありますが、そうした指標の数値を単体で「良い／悪い」と判断するのは困難です。こうした数値は、企業のストーリーを読み解くための補足情報として活用されることが望ましいといえます。つまり、組織におけるダイバーシティについて、企業がどのような方針を掲げているか、どのような施策・取り組みを行い全体への浸透がなされているか、その結果として多様な個が活躍し成果を上げている組織かどうか、という観点で判断し、評価するための情報として活用する、ということです。

　3点目の「リスク回避の観点」については、企業経営を揺るがしうる兆候があるのかを捉えるための情報といえます。例えば、人権侵害や労働災害といった直接的なリスクになりうる項目に加え、当該業界の平均と比べて著しく高い離職率や、職階別にみた場合の著しく大きい男女間賃金格差といった項目は、優秀な人材のリテンションを阻むリスクと考えられます。ここでも、単純に数値の高低をみるのではなく、事業にとって何が決定的に作用しうる人的リスクかという観点が重視されることとなります。当該企業にとっての人的資本上の「リスク」として何が考えられるかを、外在する要因のみならず、企業に内在するさまざまな状況を踏まえて特定し、対策をとる必要があります。

（2）投資家のタイプによる注目する観点の違い

　先に見た図4.3-1のグラフは「中長期的な投資・財務戦略において重視しているもの／重視すべきだと考えるもの」（傍点引用者）であり、中長期的な企業価値向上を前提としたものでした。一般的に人的資本への投資は成果が出るまでに一定程度の時間を要することから、とりわけ機関投資家からの関心が高いテーマといわれています。

　それでは、投資家が皆同じ目線で同じものをみようとしているかというと、必ずしもそうではありません。前述の投資家フォーラムにおける議論では、次のような指摘があります。

「投資家は多様だ。投資家フォーラムの議論に積極的に参加する投資家はファンダメンタル分析に基づくアクティブ運用系の人や、個別企業の分析と対話に時間を掛けられる人が多い。したがって、形式的なボイラープレートの数字だけ欲しいという人は少ない。しかし、企業が普段 IR 活動などで接する投資家の中には、『横比較の可能な数字がほしい』という声があるだろう」[*6]（傍点引用者）。

どのような投資運用を行うかは投資家の立ち位置や動機によって異なるため、それに基づいて企業に求める開示データの違いなどを整理することができそうです。機関投資家のファンドマネジャーである木下靖朗氏は著書において、アクティブ投資家とパッシブ投資家を**図表**

図表4.3-2　アクティブ投資家とパッシブ投資家の比較

	アクティブ投資家	パッシブ投資家
投資対象	個別銘柄	市場全体に広範に分散
動機	独自性、優位性（他者との競争・差別化）	市場全体のリターン拡大への働きかけ（他者との強調）
エンゲージメントアジェンダ	自己の視点・分析に基づく、企業価値拡大につながる「秘策」	誰の目からも明らかな要改善点　他者の共感を得やすいアジェンダ
エンゲージメントにかけるリソース	多い	少ない
ESG 投資の動機	財務的観点	財務的観点　ユニバーサルオーナーシップの観点
ESG 要因の考え方	企業価値評価に不可欠な非財務情報	地球環境の改善・社会経済の持続性等の達成すべき目的
企業の情報開示に対する考え方	財務的マテリアリティを重視する立場であり、開示は概ね十分との立場。開示に疲弊する企業の現状を懸念	環境・社会マテリアリティの一層の充実を望んでおり、開示は不足しているとの立場

出所：木下靖朗「アクティブ投資家と ESG カオス」北川哲雄編著『ESG カオスを超えて──新たな資本市場構築への道標』中央経済グループパブリッシング、2022年、図表4-1、4-4、4-5より一部抜粋

---

* 6　投資家フォーラム運営委員会「投資家フォーラム第27回・28回報告書（2021年 4 月 5 日・4 月27日開催）」（2021年 8 月20日）（https://investorforum.jp/wp-content/uploads/2021/08/18eb9bbdb5e80093a8c514e93728daf8.pdf）。

4.3-2のように比較しています。

　投資家フォーラムの報告書には、まさに図表4.3-2のアクティブ投資家の立ち位置と軌を一にするかのようなコメントが、複数提示されています。

　「ESG関連全般にわたって言えるが、必ずこういう開示をして欲しいとか、横比較や定量化のニーズがあるのでこういう開示をしてほしい、と投資家が企業に求めることは生産的でないと思う。無理に出してもらった数字に本当に意味があるかは疑問だ」[*7]。

　「定量化しにくい非財務情報を何とか定量化したり、経営陣が重要と考えているKPIを分かり易く外部に伝える工夫をしたりする、といった企業側の努力を投資家として応援したいと考えている。しかし投資家からのメッセージが定量化への圧力として誤って伝わることを恐れてもいる。例えば経営上重視していてもKPIとして数字になりにくい事柄よりも、重視していないが数字にし易いという理由から定量情報を提供する、といったことが起きることを恐れている。（中略）定量化にこだわるあまり投資家にとって利用価値のないような情報が提供される事態は避けたいと考えている」[*8]。

　こうしたコメントからは、すべての「投資家」が必ずしも「より多くの情報について（闇雲に）開示を迫っているわけではない」ことが見て取れます。また、その際、データを他社と比較するために利用することが想定されるわけではないことも示唆されています。

　開示情報の比較可能性に関しては、金融庁のディスクロージャーワーキング・グループ（以下「DWG」）においても委員が指摘してい

＊7　投資家フォーラム運営委員会「投資家フォーラム第27・28回会合報告書（2021年4月5日・4月27日開催）」（2021年8月20日）（https://investorforum.jp/wp-content/uploads/2021/08/18eb9bbdb5e80093a8c514e93728daf8.pdf）。

＊8　投資家フォーラム「第9回オープンセッションの概要（2021年10月1日開催）」（2022年2月18日）（https://investorforum.jp/wp-content/uploads/2022/02/dceecb43d4ac5e4f10fad784fd0a2ac3.pdf）。

ます。

「独立した開示項目の利点ということで、比較可能性とか分かりやすさというふうにおっしゃっていた点について、（中略）投資家にとっての分かりやすさというのは本当にそうだろうか（中略）。企業がそれについて対処しているのか、してない（原文ママ）のかというのを判別するのであれば、対処していますというのはすぐに分かる。そして、例えば昨今流行っている ESG 評価機関のようなところがスコアリングするにはものすごく便利だと。ただ、（中略）比較可能なスコアリングで一見分かりやすそうであっても、投資家の投資判断にはあまり役に立たないなという感じがします」[*9]。

昨今の人的資本に関する「資本市場からの要請」は、企業からするとあれもこれも開示せよと迫られているかのように感じられるのかもしれません。しかしながら、企業の中長期的な成長の観点から投資判断を行う投資家に対して提示すべきものと、企業の横並び比較を前提とした開示要請を行う投資家等に対して提示すべきものは、区別して考えることが重要となります。

もちろん、企業はすべての投資家の個々のニーズに応えなくてはならないわけではありません。ただ、人的資本に関しては、「なぜそれが成長のドライバーになりうるのか」を説明づけなければ、せっかく指標を定義し開示しても、それだけでは意味をなさず徒労となってしまうかもしれないという懸念があります。

人的資本経営の観点から重要なのは、横並びで他社と比較できる指標を開示することの意味と、自社固有の成長戦略のストーリーを裏づけるためのデータとして指標を設定してそれを文脈に即して開示することの意味の違いを、企業が明確に意識して実施していくことといえます。

＊9　金融庁「ディスクロージャーワーキング・グループ（令和3年度）第3回議事録」（https://www.fsa.go.jp/singi/singi_kinyu/disclose_wg/gijiroku/20211029.html）。

本章では、企業価値の創出につながる人的資本に重きを置く立場から、前者の横並びの開示の意味はいったん脇に置き、以下では後者の「自社固有の成長戦略のストーリーを裏づけるためのデータとして指標を設定してそれを文脈に即して開示すること」の詳細について、もう少し踏み込んで検討していきます。

（3）投資家の期待と企業の実態のギャップ

　では、具体的に開示情報の内容や項目についてみていきます。
　投資家が人的資本として何をどのようにみているのかについてアンケート結果をまとめたものが、**図表4.3-3**です。
　「人的資本に関し、投資家が優先的な開示を期待する事項」として、ここでは４つの項目が挙げられており、アンケート調査で１位になったのが「経営層・中核人材の多様性の確保方針」、３位になったのが

図表4.3-3　人的資本の情報開示への投資家の期待と企業の開示状況

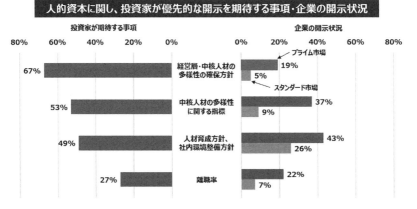

(注)　2021年7月9日から8月27日にかけて実施したアンケート調査（回答数：プライム市場選択企業982社、スタンダード市場選択企業601社、投資家45名）。
(出所)　伊藤邦雄ほか「新市場区分への移行を踏まえたCGコード対応の現状と展望―ガバナンスサーベイ2021の結果をもとに―」（旬刊商事法務No.2290）及び当該記事で引用されている三井住友信託銀行「ガバナンスサーベイ®2021」を基に作成。
出所：内閣官房 新しい資本主義実現会議 非財務情報可視化研究会「人的資本可視化指針付録」（2022 年 8 月 30 日）（https://www.cas.go.jp/jp/houdou/pdf/20220830shiryou2.pdf）。

「人材育成方針、社内環境整備方針」と、いわゆる定性的な情報が期待されていることがわかります。

それに対し、企業の「開示状況」は「経営層・中核人材の多様性の確保方針」はプライム市場選択企業982社のうち19％、スタンダード市場選択企業601社のうちわずか5％しか、開示していないという結果が出ています。

「自社の成長を牽引するドライバーとしての『人的資本』」を考えようとしても、実は、その定義や測定方法についてはいまだ広く合意がとれたものは存在しません。なぜなら、ビジネスモデルやKFS（Key Factor for Success：ビジネスを成功させるために必要な要因）は個々に異なるものであり、文脈依存性が高く一義的にデータの意味が決まるものではないからです。加えて、正解となる基準を一律に設定することも困難です。例えば、離職率が5％の企業の方が15％の企業より優れているとは一概にはいえません。なぜなら、15％の企業が人材流動性の高い業種であり、優秀な人材を継続的に確保できており、社員が

図表4.3-4　人的資本・多様性に関する有価証券報告書における記載

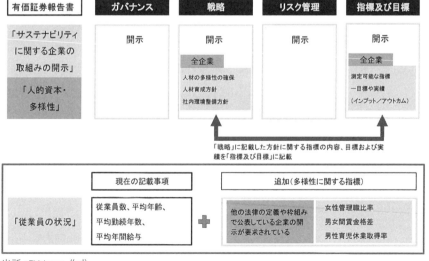

出所：EY Japan 作成

やりがいをもって働いていることがわかれば、それは「適正な数値」と判断できることになるからです。一方で離職率５％の企業が人材流動性のきわめて低い業種であり、それが優秀な人材の流出だった場合には、会社は危機的な状況とも考えられます。

　また、ビジネスモデルごとに人的資本のあり様が異なるとすると、複数の事業を抱える企業ではより一層、全社レベルでの人的資本の定義づけは複雑になってきます。極端に言えば、事業部ごとに設定すべき人的資本の指標が異なる、といったことも起こりえます。そうした「揺れ」が生じうることも、人的資本というテーマの特徴といえます。

　ところで、第１節でも触れましたが、金融庁の2023年１月の「企業内容等の開示に関する内閣府令」等の改正によって、上場企業は人材育成方針や環境整備方針、多様性の状況についての有価証券報告書での開示が義務化されました。

　これらはあくまで、開示すべき最低限の項目と考えられます。なぜなら、これらの指標だけでは、当該企業にとって人材がどのような観点から「資本」たりうるのか、その資本増大に向けて企業はどのような投資をしようとしているのか、といった企業価値との関係について理解し評価するには、材料が足りないからです。

　では、投資家が具体的に求める人的資本の情報とは何でしょうか。次項では、日本より早い段階から人的資本が投資家と企業とのエンゲージメントのアジェンダとなってきた国では、どのような観点が重視されているのかをみていきます。

2．投資家の視点
——英米の議論から

（1）英国 FRC

　英国財務報告評議会（FRC：Financial Reporting Council: 英国で企業開示について担当する機関）は、「人」に焦点を当てたレポートを2020年1月に発表しています[*10]。FRC は2018年に英国コーポレートガバナンス・コードを改訂しており、そこで従業員に関する記述が追加されました。

　このレポートでは、近年、企業や投資家の関心が高まっているにもかかわらず、一貫した形で人的資本（ここでは workforce matters）に関する開示は行われていないこと、指標はさまざまに提示されているものの人的資本に関する事項が企業の業績にどのようなインパクトを与えうるかを捉えるための方法論が定まっていないことが、問題提起されています。そこで制度改定を踏まえ、投資家として企業にどのような情報提供・開示を求めるか、また、企業と投資家との間でどのようなエンゲージメントが求められるかについて、豊富な事例とともに、論点が整理されています。

　まず、「投資家からの関心事項」として、下記の4点が挙げられています[*11]。

・取締役会が人的資本に関するトピックをどのように検討し、評価しているか。彼らがどのような情報に注目しているか、人的資本のあるべき姿をどのように捉えているか。

＊10　Financial Reporting Council（FRC），"Workforce-related corporate reporting - Where to next?"（January 2020），（Report/Summary）Workforce-related corporate reporting（office.com）（https://sway.office.com/FO4AHlH7noXMTr2P?ref=Link&loc=play）.
＊11　同上、p.3の筆者による訳。ここでは「workforce」を人的資本と訳した。ただし4点目のみ「従業員」と訳した。

	投資家が理解深化のために求めていること	企業に説明が推奨される事項
ガバナンスと経営	・取締役会が従業員関連事項について、どのように検討し、どのようにアセスしているか（どのような情報を注視しているかを含めて）	・取締役会による従業員関連事項の監督、および従業員への関与手法 ・従業員に関する課題の検討や管理における、経営者の役割 ・取締役会による従業員関連事項の検討が、戦略的意思決定に与える影響
ビジネスモデルと戦略	・どのような従業員が、どのように、ビジネスモデルの成功に貢献をしているか ・そうした従業員が戦略的資産として認識されているか、そしてどのような（人的）投資を受けているか ・そして、従業員の価値を最大化するために、戦略にどのような変化が必要か	・企業が考える従業員の範囲（全従業員数、従業員の構成（直接雇用、契約雇用、サプライチェーンにおける雇用を含む）） ・企業が戦略的資産として従業員に投資しているかどうか、そしてどのように投資しているか（whether and how） ・従業員がどのように組織に価値をもたらしているか、価値を高めるどのような機会があるか ・従業員のモデルがビジネスモデルや企業戦略をどのように支えているか ・従業員に関連するリスクと機会が、企業の経営、戦略、財務計画にどう影響するか
リスク管理	・従業員に起因するリスクと機会 ・企業がこれらにどのように向き合っているか	・従業員に関連するリスクと機会を特定、評価、管理するための組織のプロセス ・企業にとって最も関連性の高い、従業員に関連するリスクと機会 ・ビジネスのどこにリスクと機会が存在し、それらがどのように管理されているか
指標と目標	・より多くのデータや財務情報に影響を与える情報（financially-relevant information）を含め、従業員関連のどのような情報が計測され、モニターされ、管理されているか	・従業員の理解に最も関連する指標（どのように識別・定義されているか（identified）を含む） ・価値提供のために企業が従業員をどう動機付けしているか（挑戦やパフォーマンスのマネジメントのための目標を含む） ・望ましい企業文化の定着を経営トップがどのように推進しているか（従業員による積極的参加がどう達成されたかの情報を含む） ・従業員雇用人数、定着率／離職率（自発的離職・非自発的離職を含む）、労働環境に適用される価値、従業員文化のモニター指標 ・報酬やその他福利厚生の説明、研修・能力開発、昇進に関する統計

出所：Financial Reporting Council（FRC）, "Workforce-related corporate reporting - Where to next?" (2020), (Report/Summary) Workforce-related corporate reporting (office. com) (https://sway.office.com/FO4AHlH7noXMTr2P?ref=Link&loc=play). 日本語訳は内閣官房「人的資本可視化指針」を参照した

第4章　資本市場からみた人的資本の捉え方

- 人的資本とは何か、それがビジネスモデルの成功にどのように寄与するか。それは戦略的資産とみなされるのか、そしてどのように投資されるのか。人的資本に関連する機会を最大化するためにどのような戦略の変更が必要となるのか。
- 人的資本関連のリスクと機会、これらに対し企業がどう対応しているか。それらにどう優先順位をつけているのか。
- 会社は「従業員」の貢献をどのように測定し、「従業員」の意見をどのように考慮しているか。投資家は、財務関連の情報や信頼性、透明性の高い指標など、より多くのデータを求めている。

　レポートでは、これらの観点を「ガバナンスと経営」「ビジネスモデルと戦略」「リスク管理」「指標と目標」の4つのカテゴリーとして整理し、それぞれについて投資家が求める観点や情報と、企業に求められる説明事項を列挙しています（詳細は**図表4.3-5**を参照）。ここで注目したいのは、このレポートでも、人的資本に関するさまざまな情報

図表4.3-6　FRCレポートが示す「投資家が企業を理解するための情報開示」についてのインフォグラフィック

Business model
Explains how the company generates and preserves value over the longer-term

Strategy and objectives
Provides insight into the company's future development, performance, position and future prospects

Business environment
Provides information about the main trends and factors, including both financial and wider matters

The disclosure of a company's purpose, strategy, objectives and business model should together explain what the company does and how and why it does it.

A description of a company's values, desired behaviours and culture will help to explain and put its purpose in context.

Purpose
Explains how the company generate benefits for its members through economic success whilst contributing to inclusive and sustainable growth

Principal risks and viability
Explains those material to the company, or where the impact of its activity poses a significant risk

Performance metrics
Are used in assessing progress against objectives or strategy, monitoring principal risks, or generally the development, performance or position of the company

レポートでは、「ビジネスモデル、パーパス、戦略・目標などそれぞれの領域の中に、従業員に関する要素を組み込」むことで、「『人』に対する考え方を一貫性をもって示す」ことが重要と示唆

出所：FRC（2020）"Workforce-related corporate reporting - Where to next?"（https://www.frc.org.uk/getattachment/59871f9b-df44-4af4-ba1c-260e45b2aa3b/LAB-Workforce-v8.pdf）を基にEY加工

を「企業情報につなげて説明する」ことの重要性が強調されていることです*12。

　図表4.3-6は、同レポートに掲載された、投資家が企業を理解するための開示に関するインフォグラフィックですが、このように「ビジネスモデル」「戦略と目的」「パーパス」「ビジネス環境」といった企業の主要な要素の中に人的資本に関連する項目を組み込むことで、投資家の理解促進を図るべきだと述べられています。これは、従業員に関する事項を単純に一問一答で開示したとしても、それだけでは投資家の理解が得られにくいことを示唆しており、前項でみた日本の投資家のコメントと同一の問題意識が現れていると考えられます。

（2）米国 HCMC

　米国の投資家団体であるHCMC（Human Capital Management Coalition：人的資本マネジメント連合）は2021年に人的資本に関するレポートを発表しました。HCMCは2013年から活動を行う、アセットオーナーによって組成された団体で、このレポートでは人的資本マネジメントが株主価値を中長期的に高めるものであることを、投資家や企業等に向けて解説しています。

　まず用語の定義として、人的資本（Human Capital）には、企業のすべての労働者（entire labor force）の知識、動機（モチベーション）、スキル、経験が含まれることが提示されています。その上で、人的資本マネジメント（Human Capital Management）に関連する項目の例示として9つの項目が挙げられています（図表4.3-7）*13。

　このレポートで特徴的なのは、人的資本の報告について原則主義で

---

*12　同上、p.20.
*13　Human Capital Management Coalition（HCMC）, "Foundational Human Capital Reporting: Taking a Balanced Approach"（2021）（https://www.hcmcoalition.org/foundational-reporting）, p.7.

図表4.3-7　HCMC が例示する人的資本マネジメントに関連する項目

採用とリテンション
従業員エンゲージメント
教育訓練、報酬
公正な労働慣行
健康と安全
責任ある契約
倫理
目指す企業文化
多様性

は不十分であり、４つの基礎指標を必須化した上でその他の指標と組み合わせた「バランスアプローチ」をとるように提唱していることです[14]。必須の基礎指標とは、「従業員数（フルタイム以外も含む)」「総人件費」「離職率」「ダイバーシティ＆インクルージョン」の４項目で、これらは定量的で比較可能であるがゆえにベンチマークができる項目として挙げられています。これらの指標がなぜ重要なのか、どのように分析に用いればよいのかも、それぞれ解説されています[15]。

　それに対し原理主義に基づく指標とは、業界や企業ごとに異なるような、より定性的でナラティブな情報を扱うものとされ、例えば健康と安全に関するデータ、教育訓練や人材開発のプログラム、従業員エンゲージメント、人権や労働者の権利、報酬や福利厚生が挙げられています。この双方の指標を組み合わせて示すことによって、投資家が企業の全体像を把握し、機会とリスクを特定することが可能になると述べています。

　さらに、SEC が2020年に改訂した新たなレギュレーション S-K に関しては、この規定に則して単発的なデータを開示するだけでは、企業のビジネス戦略に対して人的資本が果たす役割を判断するに足る情

---

[14]　同上、p.18.
[15]　例えば、業界他社と比較して離職率が高い場合は経営上の何らかの危険信号の場合がある、など。

図表4.3-8　HCMC が例示する離職率の情報開示の望ましいあり方

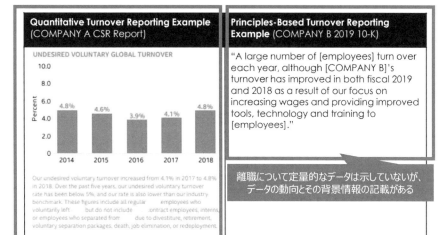

出所：HCMC（2021）"The Investor-First Approach to Human Capital Reporting　-Balancing Fundamental Metrics and Tailored Principles for Optimal Analysis and Decision-Making"（https://www.hcmcoalition.org/_files/ugd/ee804c_5898f8a9285047b2af29c3b9a0348822.pdf）を基に EY 加工

報が得られないと、指摘しています。例えば離職率については、単に比率データを提示するだけでは不十分であり、年次推移とともにその背景情報を記述したり、あるいはデータとともに過年度からの変化についても定性的に触れたりすることが求められると、述べられています（**図表4.3-8**）[16]。

　企業の競争力や成長力を測る上で必要最小限のデータは比較可能な形で把握する必要があるものの、それはあくまで背景にある企業のビジネスモデルや戦略を説明しうるものであり、データを開示しさえすればよいわけではないという点は、前項までと同様の主張といえます。

＊16　HCMC, "Foundational Human Capital Reporting: Taking a Balanced Approach"（2021）, pp.19-21.

コラム

日本における取り組み事例
——経済産業省「なでしこ銘柄」の方向転換

　ここで一つ、日本の事例を紹介しましょう。経済産業省が2012年から東京証券取引所と実施している「なでしこ銘柄」は、日本の上場企業を対象に「女性活躍に優れた企業を選定」する制度ですが、11年目となった2022年度に大きな方向転換を遂げています[*17]。従来は、数十にわたる女性活躍に関する取り組みの実施状況や開示有無についての設問に対する回答の結果をスコアリングすることで業種ごとに上位企業が選定される仕組みでした。

　2010年代初頭まで、「女性の就業継続」は労働政策の文脈で語られることが多く、女性が活躍することが企業経営にとって「メリット」であることを企業自身や社会に対して訴求するには、非常に有効な取り組みだったと考えられます。一方で、徐々にダイバーシティや女性の活躍が企業の成長力強化や企業価値の創出に欠かせない要素であるという認識が広まるにつれ、例えば育児休業制度の「法定以上の取り組み」があることそのものを高評価するのではなく、そうした制度に支えられて女性従業員がどのように企業において活躍しうるのか、といった「取り組みの成果」こそが重要ではないか、といった議論がなされるようになりました[*18]。

　EY新日本有限責任監査法人は、2019年から「なでしこ銘柄」事業の事務局として制度設計やデータ分析業務に携わってきまし

＊17　経済産業省「女性活躍に優れた上場企業を選定『なでしこ銘柄』」(2023年4月5日)(https://www.meti.go.jp/policy/economy/jinzai/diversity/nadeshiko.html)。

＊18　金融審議会「ディスクロージャーワーキング・グループ」における議論でも、このことは指摘されている。「女性活躍や多様性に関する開示について、ただ単に女性管理職比率を開示しているだけでは、我々投資家は評価しにくいです。例えばそういった比率を開示する場合に、改善に向けて取り組む方向性、方針、なぜそれを取り組むのか、そして、目標設定等があれば、なぜその目標設定なのかというようなことの説明を加えながら開示することが重要であって、そういう取組みになっていれば評価の仕方があると思います」(金融庁「ディスクロージャーワーキング・グループ(第3回)議事録(2021年10月29日)」https://www.fsa.go.jp/singi/singi_kinyu/disclose_wg/gijiroku/20211029.html)。

図表4.3-9 「令和4年度なでしこ銘柄」のリニューアル

（1） 令和4年度「なでしこ銘柄」の実施について

予測困難な時代において、ダイバーシティを取り込んだ経営が企業成長の鍵になります。

経済産業省では、平成29年3月（平成30年6月改訂）に「ダイバーシティ2.0行動ガイドライン」を公表しました。女性をはじめとする多様な属性の違いを活かし、個々の人材の能力を最大限引き出すことにより、付加価値を生み出し続ける企業を目指して、全社的かつ継続的に進めていく経営上の取組みを"ダイバーシティ2.0"と定義し、その実践のための具体的なアクションをとりまとめたものです。「なでしこ銘柄」事業もこのアクションの考えを元に調査を実施してまいりました。

他方、近年、人材を「資本」として捉え、その価値を最大限に引き出すことで、中長期的な企業価値向上につなげる「人的資本経営」への注目が高まっています。また、企業による人的資本を含む非財務情報の開示のあり方についても国内外での議論が進んでおり、経営戦略と連動した人材戦略を立案し、情報開示していくことが一層求められています。

このような動きを踏まえ、令和4年度「なでしこ銘柄」は、経営戦略と連動した女性活躍推進を行う企業を選定するとともに、女性活躍推進に関する情報開示を促進することを目指して、リニューアルをして実施しました。

新たな「なでしこ銘柄」では、各社が、女性活躍を経営戦略の中にどのように位置づけ、戦略的に取組みを行い、企業価値向上の成果に結びつけているかを重要視しています。今回の応募が、自社における取組みを振り返り、今後加速していくための機会となることを願っています。また、今回応募されなかった企業におかれましても、選定企業の戦略・取組みを参考に自社の女性活躍推進に繋げていただけますと幸いです。

実際、「なでしこ銘柄」に選定された企業群とTOPIX平均の比較を行ったところ、選定企業の方がパフォーマンスがよく、新型コロナウイルスの影響を受けたあとも回復が早い傾向がうかがえました。女性活躍の取組み加速は企業の成長戦略としても必要不可欠です。今回の「なでしこ銘柄」リニューアルを契機に、日本における女性活躍がより一層進むことを期待いたします。

経済産業省 令和4年度「なでしこ銘柄」事務局　4

（2） 令和4年度「なでしこ銘柄」のリニューアル

- ■ 「なでしこ銘柄」は、「女性活躍推進」に優れた上場企業を「中長期の企業価値向上」を重視する投資家にとって魅力ある銘柄として紹介することを通じて、企業への投資を促進し、女性活躍を加速化していくことを狙いとして、経済産業省と東京証券取引所が共同で平成24年度より実施しています。
- ■ 11年目となる令和4年度の「なでしこ銘柄」は下記の点をリニューアルし、実施しました。

□ 経営戦略と連動した女性活躍推進を行う企業を選定しました
- ◆ 従来のように女性活躍推進に関する取組みを形式的に確認させていただく方法ではなく、自社の経営戦略の中で、女性活躍推進をどう位置付け、その取組みの成果をどのように企業価値向上につなげているか、企業独自のストーリーに着目付して「なでしこ銘柄」を選定しました。各社から提出いただいた定量的なデータと定性的な情報の双方を基に評価を行いました。

□ 女性活躍推進に関する情報開示を促進します
- ◆ 資本市場、労働市場等へ向けて、女性活躍推進に取り組む企業の情報を効果的に発信することを目的に、「なでしこ銘柄」にご応募いただいた各社のデータを積極的に公表していきます。
- ◆ 具体的には、各社から提出いただいた定量調査票（Excel）のデータを、銘柄選定の有無にかかわらず集約し、「女性活躍推進に積極的な企業」として一覧化して公表します（公表同意企業に限ります。また、一部項目を除きます）。加えて、「なでしこ銘柄」に選定された企業の定性情報（回答いただいた定性調査票（Word））については、審査委員の評価も合わせて事例集としてそのまま公表します。

出所：経済産業省「令和4年度『なでしこ銘柄』レポート」（2023年3月）（EY新日本有限責任監査法人受託）(https://www.meti.go.jp/policy/economy/jinzai/diversity/R4nadeshikoreport.pdf)

た。その中で、多くの企業や投資家とのディスカッションを通じて、次のような観点の必要性について、特に投資家サイドからの指摘を耳にしてきました。

・「なぜ我が社にとって女性の活躍が重要なのか」を経営の観点から言語化すること
・そのために、取り組み（インプット）だけではなく、そこから生まれた成果（アウトプット）やそれが経営にどう波及したか（アウトカム）までを、企業自身が検討した上で言語化すること

　そうした議論を経て、2022年度の新たな「なでしこ銘柄」事業では、厳選した定量データのスコアリングに加え、新たに定性データを評価の対象とすることになりました（図表4.3-9参照）。人的資本の中でも「女性」という属性に限定してその重要性や現状を記述することは、業種によっては容易ではない場合もあると想定されますが、実際に選定された企業は、それぞれに工夫を凝らして自社のビジネスの文脈に「女性の活躍」を位置づけています。

　「ダイバーシティ」や「女性活躍」に関する情報として、「○○の女性比率」といった指標だけを単純に開示する企業も現状では少なくありません。もちろん、その経年変化をみて、「女性管理職や役員が増えてきた」ことがわかれば、「男女間格差が縮小した」と評価することは可能です。ただし、なぜその企業が女性を増やそうとしているのか、公正性の観点か、優秀な人材獲得の観点か、イノベーション創発の起爆剤としたいのか、といったことまで踏み込んで読み取ることができれば、企業を評価する際の解像度がより鮮明になると考えられます。

3. 投資家と企業の双方にとって 利のある対話に向けて

（1）企業の成長を促す対話のあり方

　前項まで、投資家が人的資本をなぜ重視するのか、それについてどのような情報を期待しているのかを、みてきました。それらを踏まえて、本項では投資家と企業との対話、エンゲージメントについて述べていきます。

　先述の通り、投資家から求められる情報については、必ずしもすべてIR資料等に組み込まなければならないというわけではありません。データの測定や開示が企業にとって過重な負荷となってしまっては本末転倒です。

　前述の投資家フォーラムの報告書では、次のようなコメントが紹介されています。

　「叙述的でもいいから、こういう形で人材投資や人的資本に関する各種施策が企業価値につながると考え、その成果をこのような形で経営としてモニターしている、というような説明がほしい」[19]。

　「イノベーションを生み出す文化というものはあると思う。企業文化や企業風土は開示だけからは読み取れないと思う。開示はきっかけ作りだと思う。開示の内容を読んだ投資家が関心を抱けば、実際にその企業と対話をもってもっと理解しようとする。そうした形で独特の企業文化や、それを醸成する仕組みについて対話が行われ投資家の理解が深まる」[20]。

　こうした投資家の声からわかるように、企業が今後の成長を支える「資本」として人材を捉えているのか、それをどのように測り変化さ

第4章　資本市場からみた人的資本の捉え方

---

[19]　投資家フォーラム運営委員会「投資家フォーラム第27回・28回報告書（2021年4月5日・4月27日開催）」（2021年8月20日）。

[20]　投資家フォーラム「第9回オープンセッションの概要（2021年10月1日開催）」（2022年2月18日）。

せようとしているのか、といった観点を対話の中で確認することで、企業と投資家の双方の認識がすり合わされ、企業のさらなる成長が促されることが期待されます。

（2）労働慣行の彼我の差をどう捉えるか

　本章の最後に、日本固有の労働慣行を人的資本データにどう反映させることができるかについて補足します。

　「新卒一括採用・年功序列・終身雇用」といったいわゆる日本型雇用慣行の強固さは、以前に比べれば薄まってきているものの、「定年退職」や「総合職／一般職」の区分といった我が国固有の制度は依然として存在しています。投資家が日本の労働慣行や法制度に明るければ特に説明は不要かもしれませんが、グローバルに共通の指標として人的資本に関するデータが開示されるようになると、そうした数字が一人歩きして海外の投資家からは誤解を招くことも考えられます。

　そうした状況が予測される中で、企業には、データの持つ意味合いまで含めて説明することと同時に、細かな数字に拘泥せずに、大局的な観点から投資家に対して自社の人的資本を経営の文脈で説明していくことが、求められます。

　前項で見たように、英国や米国においても、人的資本を投資家がどう評価するかについて統一的な基準が整理されているわけではありません。そうした中で、日本固有の労働慣行や労働市場に即した人的資本の捉え方や開示のあり方は、これからつくり上げていくべきものといえます。単にグローバルの基準に無理やりに合わせるのではなく、日本企業の強みを特徴的に表現できるような指標について検討していくことも有効と考えられます。法定開示により日本企業各社が初めの一歩を踏み出す2023年以降、国内外の投資家の反応や対話の様子をみながら、投資家と企業の双方にとってより利のある人的資本の開示につなげていくための工夫が、一層求められます。

第 5 章

無形資産の可視化と
企業価値の算出

The 5th Chapter

第1節

企業価値（株価）と ESG 戦略

The 1st section

1．ESG への投資と 企業価値の考え方の変化

　ここ数年、環境、社会、ガバナンス（ESG）への投資に対する考え方が変化し始めています。以前は企業の社会的責任の一環として捉えられていたものが、最近は長期的な価値創造の源泉として捉え直されるようになりました。投資家側も、MSCI、FTSE、DJSI 等のインデックスに基づき企業の ESG を評価するだけでなく、統合報告書に示される企業の価値創造モデルを理解し、財務諸表に現れない無形資産の一つとして、ESG を評価し始めました。

　同時に、企業価値の考え方についても多様化し始めました。一般的には企業価値とは、企業全体の経済的な価値を意味し、将来に見込まれるキャッシュフローを現在価値に割り戻した額とされます。それに対し、近年はパーパス経営の観点から、企業が事業活動を通じて生み出す社会的価値が意識されるようになりました。2011年に『ハーバード・ビジネス・レビュー』誌でマイケル・ポーターが提唱した共通価値の創造（CSV）の再来といえます。背景には、米国の経済団体であるビジネス・ラウンドテーブルや世界経済フォーラム（WEF）が提唱したステークホルダー資本主義があると考えられます。このステークホルダー資本主義は、行き過ぎた株主価値偏重の姿勢を見直し、企

業にはすべてのステークホルダーへの価値をもたらす責任があるという考え方をうたったものです。こうしたことから、一部の企業では、事業を通じて生み出す経済的価値と社会的価値の総和を企業価値と考え、この総和を大きくしていくことが、株主価値の向上にもつながるといった考え方を取り入れるようになりました。

　このように、ESG投資と企業価値の関係には、大きく分けて2つの捉え方があります。一つは、企業が生み出す長期的価値の先行指標としてのESGです。これは、未財務という言い方もされますが、会計上は費用として計上される、もしくはオフバランスとして扱われるものの、将来の収益の源泉になる経営資源の価値としてESG投資を計測、可視化する考え方です。例えば、人件費や研究開発費などは、現在の会計制度においては費用として計上されます。株主利益を最大化する観点からは、費用を削減することが望ましいとされますが、人的資本や研究開発への投資の安易な削減は、長期的な収益の阻害要因となりかねません。

　もう一つは、社会的価値としてのESGです。前者のESGが長期的には経済的価値に変換されることが見込まれるのに対し、後者の社会的価値は、必ずしも将来キャッシュフローにつながるものばかりではありません。言い方を変えれば、前者は最終的に株主が得る価値ですが、後者は、社会が受け取る便益あるいは外部不経済と考えられます。

　こうした考えは、企業の情報開示にも表れ始めました。未財務としてのESGの代表例は、PBR（株価純資産倍率）モデルです。このPBRモデルの原点は、ドイツの大手ソフトウェア企業が開示したESG指標と収益との相関分析にあります。同社は、過去のESGデータから、収益にインパクトのあるESGドライバーを特定し、その指標と収益の相関関係を開示しました。その後、日本においても製薬会社などが、ESG指標とPBRの相関関係を示し、将来の企業価値の予見性を説明し始めました。ここでは、PBR1倍を超える部分は非財務資本によるものとし、非財務資本から財務資本に転換されるまでの時間を遅延浸

透効果として、ESGへの投資と長期的な企業価値の関係を説明しています。こうした試みを行う企業は徐々に増加しており、今後はさらにデータが蓄積され、同種のモデルに関する研究も進化するものと期待されています。

　他方、社会的価値としてのESGについても、さまざまな研究が始まっています。その代表例が、「インパクト加重会計」といわれるものです。「インパクト」とは、もともとは事業が対象社会にもたらした変化を意味します。ESGの世界で用いられるインパクトは、事業活動の結果として生じた社会的あるいは環境的な変化や効果として解釈されます。インパクトには、ポジティブなものもあれば、ネガティブなものもあります。また、短期的に確認できる効果や、長期的な変化もあります。このインパクトを計測し、貨幣価値に換算して表す手法がインパクト加重会計です。企業が創造する社会的価値を可視化する方法として、近年用いられ始めています。

2．企業価値向上に向けた ESG戦略

　自社が定義する企業価値を最大化するには、その価値創造活動のメカニズムを明らかにし、可視化して管理および説明可能な状態にすることが重要です。企業価値の考え方が多様化する中、価値創造活動のメカニズムも企業によって異なります。これまでの比較可能な基準やESG評価機関の求めるESG指標とは異なり、こうした観点から出てくる数字は、経営戦略の裏づけがなければ十分な意味を持ちません。

　企業価値の向上を目的とする場合は、経営戦略を策定する際に、どのESG戦略が自社の企業価値の向上に寄与するのかを特定し、かつ優先順位をつけ、経営戦略の中でのESG戦略の位置づけを固めていくことが求められます。ESG戦略と企業価値の相関に関しては、多

数の論文が発表されており、実証研究も公表されていますが、明確な結論は出てはいないのが現状です。しかし、経営視点に立てば、短期的に企業価値（株価）にプラスの影響を及ぼすか否かにかかわらず、長期的な価値創造において ESG 戦略の取り組みは避けて通れません。今後しばらくは、こうした取り組みを多くの企業や機関投資家が実践し開示することでデータが蓄積され、大学をはじめとする研究機関などが実証していくことで、新たな理論が確立されていくものと考えています。現在は、こうした方法を模索し続けている段階といえます。

3．ESG 戦略と資本配分

　ESG 戦略をとる企業は、なんらかの形で社会に貢献しています。しかし、ステークホルダー資本主義のあるべき姿は、社会や環境を犠牲に株主価値を最大化するトレードオフの経営から、多様なステークホルダーの利害を調整し、すべてに価値を提供するトレードオンの経営なのです。したがって、ESG へのどういった投資が企業の収益や株主価値にも還元できるのかを知ることができれば、ESG 経営を行うことの大きなインセンティブになります。こうした観点から、ESG 経営が企業価値（株価）に与える影響を理解することは、それなりに意義があると考えられます。

　ここでは最初に、ESG 経営が企業価値（株価）に与える影響について、ファイナンス理論の立場から、PBR モデルに基づいて解説します。

（1）企業価値（株価）を算出するアプローチ

　企業価値（株価）を評価するアプローチは、理論的アプローチと統計的アプローチに区分することができます。

理論的アプローチとは、企業価値を定義した上で、企業価値を構成要素に分解し、各構成要素の価値を積み上げることで、企業価値を算出する手法です。一方、統計的アプローチは、株価収益率に焦点を当てたアプローチになることが多いといえます。この場合、株価収益率を的確に予想することができれば、企業価値を把握することができます。

　理論的アプローチの中で最も有名なアプローチは、配当割引モデルです。これは株価を、企業が倒産しない限り永久に発生すると考えられる配当の現在価値であるとする考え方です。未来の配当を予測することが可能であるとすれば、株価を正確に予測することも可能になるという考え方です。また、配当は企業が生み出す利益の一部（社外流出）であると考え、将来の利益から株価を予測するアプローチも存在します。将来の利益から株価を説明するモデルとして最も有名なアプローチが、残余利益モデルです。残余利益モデルでは、将来の利益をどのように予測すべきかが最も大きな論点となり、利益予想については、時系列モデル等の統計的アプローチから、アナリストの経験に基づく予想まで、多くの手法が用いられています。

　多くの機関投資家が日常的に用いている株価予想の方法は、統計的アプローチです。統計的アプローチでは、株価収益率に影響を与えるきわめて多数の要素を統計的手法で抽象化することでモデルを構築します。自社の株価収益率に影響を与える要素は、過去および現下の株価や株価インデックス等のマーケット情報、自社の財務情報を含む定性・定量情報等、利用可能でかつ説明力がある情報のすべてを含みます。また、モデリングの方法も、伝統的な回帰分析から人工知能まであらゆる統計技術が用いられ、実務でも利用されています。

（2）企業価値算出の理論的モデルとESG

　近年、企業価値とESGの関係について、理論的モデルの観点から、

定式化を試みるアプローチが提案されています。その中でもエーザイが開発した柳モデルが有名です。エーザイでは、PBR を ROE（自己資本利益率）と非財務に関わる経営管理指標で説明する重回帰モデルの構築結果を開示しています。なお、PBR は、株価 1 株当たり純資産額を示しているため、次の式は株価を説明する式と等価です。

√　PBR ＝関数（ROE）＋関数（非財務の経営管理指標）＋誤差

　エーザイのモデル式は、先に紹介した残余利益モデルを発展させたものです。残余利益モデルでは、利益の予想を慎重に行いますが、エーザイのモデル式では、将来の利益については、過去の ROE の定数倍になると仮定し、利益の予想については統計的な処理にゆだねています。一方、過去の利益水準で説明できない要素については、ESGに関連する指標を含む非財務の経営管理指標で説明するロジックを選択しています。エーザイは自社のヒストリカルデータを用いて、モデリングを行っていますが、モデル式は統計的な有意性を確保しており、非財務の経営管理指標が PBR の上昇に寄与していることを明らかにしています。

　モデリングを行っているデータは、基本的には年次のデータであり、統計的な有意性を確認できた場合でも、オーバーフィッティングとなる可能性は排除できないこと、データ期間の選定やモデリングの方法について完全には恣意性を排除できないこと、などの課題があります。また、配当割引モデルやその派生モデルについては、景気が緩やかに上昇する局面で、高い説明力を示しますが、景気が乱高下している局面では、説明力が大幅に低下していることが知られています。加えて、株価が下落している企業については、うまく当てはまらないことが多いことが知られています。

　一方、機関投資家を含め、社外の関係者にはアクセスが難しい長期間のデータを用いて、非財務にかかる経営管理指標の効果を確認し、

投資家に開示した点については、新しい試みとして評価できる成果であると考えられます。

（3）株価予想の統計的モデルと ESG

　機関投資家はリスクを回避しリターンを得るために、株価に影響を与えるリスクファクターを日常的に分析しています。そうしたリスクファクターの特定は、学術的研究においても有力なテーマであり、毎年数多くの論文が公表されています。また、株価に影響を与える要素として、ESG に関する経営管理指標の有効性を検証する論文も、海外を中心に多数発表されていますが、「プラスの効果」があるとするものもあれば、「効果なし」とするものもあって、明確な結論は出ていません。

　株価は、さまざまなリスクファクターによって変動することがわかっています。個々の企業の株価を決定している「ESG への取り組み」以外の要因を排除し、「ESG への取り組み」のみの影響を定量化することは、きわめて困難です。また、データ分析の立場からは、異常値を示すデータは、結果を大きく変動させるかく乱要因となるため、一部のデータのばらつきが、株価に対する「ESG への取り組み」の影響をたまたま強めたり弱めたりしている可能性も高いといえます。

　「ESG への取り組み」が株価に与える影響は、緩やかであり、長期間での影響が想定されるため、その影響を明確化し、確定的な結論を出すことは容易ではありません。「ESG への取り組み」等の非財務情報のデータの粒度は年次が多いので、分析で利用可能なデータの期間も10年に満たないものとなり、統計的に安定的な結果は得られません。

　機関投資家の中には、ESG 投資について分析や研究を継続することで、ESG 投資をポートフォリオに組み込む事例も増えています。経営者の立場からの研究では、株価にプラスの影響を及ぼすか否かにかかわらず「ESG への取り組み」は避けて通れないこともわかっています。

（4）銀行による投融資先の評価

　銀行は規制業種であり、積極的に ESG や SDGs 対応を行う業態です。銀行は、巨大な機関投資家として株や社債を購入するとともに、大企業のみならず、中小企業や零細企業、また、個人に対しても融資を行っており、社会への影響力も甚大です。

　銀行が行っている融資ビジネスは、将来における企業価値の中でも信用リスクに焦点を当てた業務ですが、近年 ESG や SDGs への注目が高まっている点を踏まえ、新しい取り組みが始まろうとしています。以下、銀行における ESG や SDGs に対する特徴的な取り組み事例を紹介します。

❶ SDGs や ESG にかかる先進企業への投融資実績を KPI（主要業績指標）に組み込むことを検討

・（グリーンボンドへの投資実績等）SDGs や ESG への取り組みを定量化し、投融資割合等融資戦略策定における KPI への組み込みを検討している。

・バーゼル規制の枠組みでも、自己資本比率規制等の中で、SDGs や ESG への取り組みを評価し、資本賦課する枠組みが検討されている。仮に、自己資本比率のリスクアセット計算に、SDGs や ESG への取り組みを評価する枠組みが導入された場合、RORA（リスクアセット対比収益率）等、銀行の KRI（重要リスク指標）の運用が大きく変わると考えられる。

❷ 気候変動のリスクにさらされている企業や業種をリスト化し、長期的な信用力の変動を予想。2050年までに想定される信用コスト（引当金への影響）を計算し、開示

・移行リスクの定量化：2050年までの融資先の信用力の推移を予測

・物理的リスクの定量化：融資先の担保価値の変動（台風や洪水の影響をモデル化）を予測

❸**投融資先のCO₂排出量を測定し（TCFDのSCOPE 3）、データを開示した上で、排出量のコントロール方法を検討**
・投融資先の企業について、ディスクローズ情報を基に、CO₂排出量を把握。あるいは売上・業種情報から、CO₂排出量を予測。銀行として、CO₂排出量をどのようにコントロールすべきかについて、検討を開始。

　銀行のESGやSDGs対応は、近年、急速にレベルアップしています。技術的な制約はありますが、銀行の融資行動はESGやSDGsへの対応を踏まえ、今後も段階的に高度化される可能性が高いです。

第2節

インパクト加重会計

企業の非財務価値の可視化に関する議論は近年活発になっています。人的資本をめぐる議論では、人件費や研修費用などの人材への投資が、現在の会計システムでは全額費用化されてしまい、財務価値としてみなされず人的資本への投資が進まないといった問題点がたびたび指摘されています。

本節で取り上げるインパクト加重会計では、現在の会計システムでは捉えきれなかった人件費などを一定の条件のもとに修正し、インパクトと捉え、財務会計に取り込むことで企業価値に反映させる試み（雇用インパクト会計）などを行っており、非財務価値を可視化するアプローチの一つとして注目を浴びています。

以下では、インパクトの概念、インパクト加重会計が求められるようになった背景とその概要、さらには算定方法・事例について紹介したいと思います。

第5章　無形資産の可視化と企業価値の算出

▌ 1. インパクトとは どういう概念なのか

そもそもインパクトとはどういった概念でしょうか。インパクト投資を推進するグローバルなネットワーク組織である GSG（The Global Steering Group for Impact Investment）の国内諮問委員会によれば、イ

ンパクトとは「短期・長期を問わず、事業や活動の結果として生じた、社会的・環境的な変化や効果である」と定義されています。すべての企業は、その事業活動を遂行する上で従業員や顧客、社会、環境などさまざまなステークホルダーに対して何かしらのインパクトを与えているとされています。インパクトには、ポジティブなインパクトもあれば、ネガティブなインパクトもあります。例えば、企業が従業員の心身の健康を気遣って福利厚生サービスを手厚くした場合、財務会計上は、単なる福利厚生費の増加（利益にマイナス）として片づけられてしまいますが、従業員へのインパクトという点では、従業員の健康状態の改善や生活の質の向上などが期待でき、従業員にとってポジティブなインパクトを生み出していると考えることができます。

　このような企業が生み出すインパクトの評価や測定を求める声は、持続可能性が共通言語として認識されるにつれて大きくなってきています。環境破壊や経済格差などさまざまな社会問題が無視できないほど大きくなった現在、私たちはもはや今までと同じような生活を続けていくことができないことを認識しています。企業も同様に、これまでのように会計上の損益や財務資本、製造資本などのみに注目した事業経営ではなく、人的資本や自然資本などに与えるインパクトも考慮した事業経営が必要だと認識し始めています。「測定できないものは管理できない」はマネジメントの父とも称されるピーター・ドラッカーの有名な言葉ですが、これからの意思決定のためには、インパクトを可視化する必要があります。

2. インパクト加重会計
の概要と具体例

（1）インパクト加重会計とは何か

　前節のようなニーズに応えるべく、企業が生み出すインパクトを評価・測定する手法の開発が進んでいます。その数ある手法の中で特に注目されているのが、ハーバード・ビジネススクールのジョージ・セラフィム教授が率いるインパクト加重会計イニシアティブ（IWAI）が2019年に発表したインパクト加重会計です。ハーバード・ビジネス・スクール発行の「Impact Weighted Financial Accounts: The Missing Piece for an Impact Economy（インパクト加重会計——インパクト・エコノミーのために必要なもの）」によればインパクト加重会計とは、損益計算書や貸借対照表などの財務諸表に、従業員や顧客（製品）、環境、社会全体に企業が及ぼすプラスとマイナスの影響（インパクト）を反映し、財務の健全性やパフォーマンスを補足するために追加されるものを指します。

　インパクト加重会計は、経営者や投資家が慣れ親しんでいる財務会計に企業が生み出すインパクトを組み込み、インパクトを内包した貸借対照表や損益計算書等の開示をすることを目指して開発されました。

図表5.2-1　インパクト加重会計のイメージ

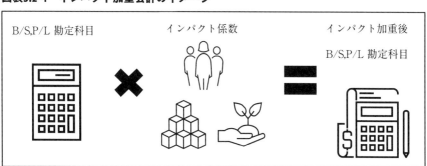

図表5.2-2　インパクト測定の3つの分野

環境	製品（顧客）	雇用（従業員等）
企業が製品を製造する時やサービスを提供する時に生じる環境への負荷（例：温室効果ガス排出量、水消費量、廃棄物排出量、等）を基に環境インパクトを算定する。	企業が顧客へ製品やサービスを提供した後に生じるインパクトについて、顧客数や利用期間などの影響範囲を考慮した上で、利用時の便益や製品廃棄時の負荷をインパクトとして計測する。	企業が雇用する従業員の評価に加え、広範な労働者コミュニティへの影響をインパクトとして捉える。賃金の質や健康・ウェルビーイングなどの観点から、正負のインパクトを考慮することが提案されている。

出所：ハーバード・ビジネス・スクール「インパクト加重会計の取組みと事例紹介」
（https://www.hbs.edu/ris/Publication%20Files/Impact-Weighted-Accounts-Report-2019_b609b7a8-3556-466f-96a9-da58e47034af.pdf）
Serafeim, George, T. Robert Zochowski, and Jennifer Downing. "Impact-Weighted Financial Accounts: The Missing Piece for an Impact Economy." White Paper, Harvard Business School, Boston, MA, September 2019.

なお、インパクト加重の「加重」というのは、損益計算書の「人件費」といった勘定科目などにインパクト係数を乗じて、インパクトの重みをつけることを意味しています。

　日本ではインパクト加重会計による開示例は少ないですが、エーザイは、IWAIの雇用インパクト加重会計をアレンジした従業員インパクト会計の試算の結果を「価値創造レポート2021」の中で開示しています。

　インパクト加重会計は開発されて間もないこともあり、まだ実証研究段階といえます。今後研究がさらに進み、企業間の比較可能性が担保されるようなインパクト加重会計基準が開発されれば、この手法による開示はさらに広がっていくと予想されます。

　インパクト投資の父とも称され、ベンチャーキャピタリストとしても著名なロナルド・コーエン卿も、その著書『インパクト投資——社会を良くする資本主義を目指して』（日経BP日本経済新聞出版本部、2021年）の中で、「企業会計原則（GAAP）」ならぬ「企業会計インパクト原則（GAIP）」が公表される日が来るだろうと述べています。

　では次に、インパクト加重会計のうちの雇用インパクト会計について、具体的な算定方法や事例などを紹介します。

（2）報告および測定にあたって参照すべきガイドライン

　ここでは、インパクト加重会計の報告および測定の方法について解説します。インパクト加重会計は、環境、製品、雇用の３つのカテゴリーを対象としていますが、このうち人的資本に関係するカテゴリーは雇用になります。

　インパクト加重会計の測定は、Impact Economy Foundation が発行したガイドラインである "Impact-Weighted Accounts Framework"（IWAF）に基づくことが原則とされています。ただし、このガイドラインは抽象的な部分も多く、雇用インパクト会計の具体的な適用方法は、先行研究であるハーバード大学による "Accounting for Organizational Impact" および "Measuring Employment Impact: Applications and Cases" を参考にします。

（3）インパクト加重会計の開示の概要

　IWAF は、インパクトを統合損益計算書（Integrated Profit & Loss Statement）と統合貸借対照表（Integrated Balance Sheet）において開示することを想定しています。

　既存の財務報告である貸借対照表の純資産や損益計算書の利益といった、従来の投資評価において重要視されていた経済的インパクトに対して、インパクト加重会計は、付加的に計算される社会インパクトを貨幣価値に換算して加算することによって、企業活動のインパクト全体を開示するという方法をとります。これにより、これまで測定されてこなかった非財務資本による社会へのインパクトを測定することができます。経済的インパクトと社会的インパクトの合計値を測定することにより、社会的インパクトと経済的リターンが両立することを可視化することができます（**図表5.2-3**）。

　実務上、既存の財務報告資料にすべての社会的インパクトを反映す

図5.2-3　インパクトと既存の財務諸表の利益の関係

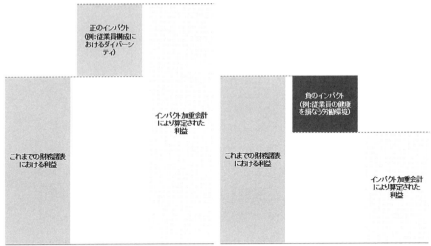

出所：EY Japan 作成

ることは現実的ではありません。そこで、インパクト加重会計の「初期設計原則」では、重要テーマ等から始め、段階的に開示の範囲を拡大していく「小から始め、大を目指す（Start Low; Aim High)」を推奨しています[*1]。

（4）インパクト加重会計の測定の方法

　インパクトは、測定したいインパクトの項目に係数をかけて算出します。測定すべきインパクトは，各社にとっての重要性を顧みて検討する必要があります。雇用のインパクトについては、セラフェイムらによるいくつかの先行研究において、測定・開示が望ましい項目がす

[*1]　「実施を検証するため、シンプルで重要で議論の余地のない指標の小さなセットから始め、時間をかけて範囲を拡大し、包括的なものにする」ことを推奨している（https://www.hbs.edu/impact-weighted-accounts/design-methodology/Pages/default.aspx)。

図表5.2-4　雇用インパクトの測定概要

ステークホルダー	インパクトの要素	測定方法（例）
従業員	賃金の質	企業が支払う総賃金を生活賃金、限界効用、公平性などにより調整
	キャリアアップ	社内異動ベンチマーク、社内異動率、充足ポジション数、昇進による平均昇給額などにより測定
	機会	企業内の職種やポジションにおけるマイノリティグループ従業員の占める割合などにより測定
	健康とウェルビーイング	企業が従業員の健康と福利に与えるインパクト（傷害や事故、職場文化、職場の福利厚生プログラム、ヘルスケアへのアクセス、有給休暇、家族にやさしい職場の福利厚生など）。従業員の主観的なウェルビーイングの分析も並行して行うことを推奨
労働コミュニティ	ダイバーシティ	地域住民と従業員における人口構成を比較し、多様性が不足している場合にはペナルティ係数をかけ合わせるなどにより測定
	ロケーション	地域の失業率や失業手当と比較した収入増などにより企業が地域社会の雇用市場にもたらす効果を測定

出所：David Freiberg, Katie Panella, George Serafeim, and T. Robert Zochowski. Accounting for Organizational Employment Impact（2020）（https://www.hbs.edu/impact-weighted-accounts/Documents/Accounting%20for%20Organizational%20Employment%20Impact_HBS%20Working%20Paper.pdf）に基づき EY Japan が作成

でに検討されています（**図表5.2-4**）。

　フリーバーグ（Freiberg）らによる先行研究では、インテル、アップル、コストコなどのグローバル企業について、各社の公開情報に基づく雇用インパクトを測定しています。

　図表5.2-5はインテル社の雇用インパクトを測定したケーススタディです。これによると、インテル社は賃金や雇用創出により、社会的にプラスのインパクトをもたらしていることがわかりますが、機会やダイバーシティではマイナスのインパクトが測定されているため、トータルの雇用インパクトは44億米ドルとなっています。このようにインパクト会計の手法を採り入れることにより、自社の人的資本に対

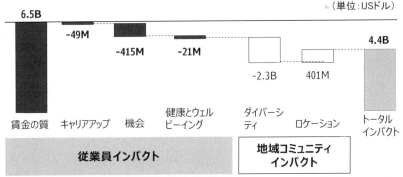

図表5.2-5　インテル社の雇用インパクト算定モデルのイメージ

（単位：USドル）

- 6.5B
- -49M
- -415M
- -21M
- -2.3B
- 401M
- 4.4B

賃金の質　キャリアアップ　機会　健康とウェルビーイング　ダイバーシティ　ロケーション　トータルインパクト

従業員インパクト　　地域コミュニティインパクト

出所：David Freiberg, Katie Panella, George Serafeim, and T. Robert Zochowski. Accounting for Organizational Employment Impact（2020）(https://www.hbs.edu/ impact-weighted-accounts/Documents/Accounting%20for%20Organizational%20Employment%20Impact_HBS%20Working%20Paper.pdf) をもとに EY Japan が作成

する取り組みの効果を定量的に測定し、今後の取り組みの向上に活用することが期待できます。

（5）インパクト加重会計の人的資本経営への
インプリケーション

　ここまで、インパクト加重会計の背景や手法について述べてきました。これまでの財務諸表では表されてこなかった、企業が社会や環境に与える正負のインパクトを会計上の利益に統合することによって、ステークホルダーとのコミュニケーションをはじめ、経営管理上さまざまなメリットがあるのが、インパクト加重会計だといえます。一方で、インパクト加重会計の手法を導入してインパクトを可視化する取り組みにおいては、継続的な検討が必要な課題もあります。

　すでに説明した通り、インパクト加重会計は一部に先行研究や先進事例がありますが、まだ比較的新しい手法です。2022年6月に岸田内閣は「新しい資本主義」と題する骨太の方針を閣議決定しました。その中では、「従来の『リスク』、『リターン』に加えて『インパクト』

を測定し、課題解決を資本主義におけるもう一つの評価尺度としていく必要がある」と述べられていますが、ほぼ同じタイミングで経団連もインパクト指標に関する提言を取りまとめ、発表しました。企業のインパクト開示をめぐる議論が深まり、メソドロジーの標準化や開示事例の積み上げが進展していくことが期待されます。しかし、現時点ではデータ収集のプロセスや算定方法等において、各企業ができる範囲で開示に取り組んでいるというのが実情です。そのため、従来の財務諸表と比較して、インパクト加重会計を使用した財務諸表の会社間での比較可能性には、大きな課題があります。

　さらに、企業が開示する情報に偏りが生じる可能性についても、考慮が必要です。インパクト加重会計における雇用インパクトでは、賃金、異動による収入増、福利厚生などを定量的な指標として測定します。その際、企業がデータを選択的に収集・算定することがあるため、結果に偏りが生じることがあります。例えば、給与や福利厚生などのインパクトに関して、本来従業員が享受している便益に見合わない過大な報告をすることで、インパクト統合後の利益を大きくみせようとする経営者のインセンティブを生む可能性についても、指摘しておかなければなりません。こうした誤ったメッセージの発信を避け、情報開示の公正性を保つためにも、情報の偏りの可能性や、算定根拠についての丁寧な説明を心がける必要があります。

　また、定量評価は難しいですが、情報開示や経営管理において重要な項目に対しては、特別な考慮が必要となる可能性があります。例えば、インパクト加重会計の雇用インパクトには、従業員のウェルビーイングという項目はありますが、意欲やモチベーションといった定量的な算定が難しい項目は含まれていません。しかし、従業員の意欲やモチベーションが生産性や品質の向上などにおいてきわめて重要なことはいうまでもありません。一方で、可視化することにより、意欲やモチベーションに対して、ある種の数値的な制限を設けてしまうことになるかもしれません。さらには、納得のいかない手法によってイン

パクトが可視化されることで、かえって従業員の意欲やモチベーションが下がってしまうリスクについても、考慮する必要があるでしょう。

　以上を鑑みると、インパクト加重会計は、伝統的な会計手法よりも複雑であることがわかります。この手法を理解し、データを収集・算定し、情報開示や経営管理において活用するためには、多くの時間と労力を費やすことになるでしょう。また、初期の段階においては専門家による知識面でのサポートが必要となり、コスト増となる可能性もあります。しかし、これらの課題を考慮してもなおインパクト加重会計は、企業の情報開示や経営管理上、有効な手法です。環境負荷や人的投資をインパクトとして可視化して、統合された形式で財務諸表に掲載することにより、外部のステークホルダーはもとより経営者自身も、企業の財務面だけでなく、社会や環境面におけるリスクや機会を把握することができるようになります。その結果、より包括的な意思決定と経営管理を行うことが可能となります。

第 6 章

開示のための
内部統制構築と
第三者保証

The 6th Chapter

第 1 節

人的資本 KPI の
開示フロー概要と
必要な内部統制

　人的資本開示の義務化や開示内容の高度化により、各企業が開示する人的資本関連の基礎データや KGI、KPI 等の指標の範囲は、ステークホルダーの関心の動向によって今後も広がり、内容も変化していくでしょう。

　人的資本関連の開示内容は、企業間の比較可能性の観点から開示が期待される項目に加え、企業固有の経営戦略を理解するためという独自性の観点から開示が期待される指標等の数値やナラティブからも、構成されます。

　これらは、投資判断や従業員等のステークホルダーの意思決定に重要な影響を及ぼすため、正確であり信頼されるものでなければなりません。

　人的資本を含むサステナビリティ情報の信頼性を確保するためには、財務情報と同様に非財務情報についても、正確なデータの収集、その集計や処理、合理的な基準による算定、内部への報告、そして外部への最終的な開示に至るまで、信頼性のある業務プロセスや開示プロセスを整備し、それぞれに対する内部統制体制を構築する必要があります。

　この章では、人的資本関連情報の開示に関する一般的なプロセスを解説するとともに、その構築についての今後の課題や、正確で信頼できる開示を確保するための内部統制の構築のポイント、第三者保証の必要性等について説明します。

1. サステナビリティ情報開示をめぐる 今後の方向性と信頼性確保のための課題

（1）サステナビリティ情報開示の質的特性

　IFRS財団が公表しているISSB IFRS S1号「サステナビリティ関連財務情報の開示に関する全般的要求事項」の「適正な表示」によれば、サステナビリティ開示の情報を適正に表示するには、この基準で定められた原則に従って、サステナビリティ関連のリスクおよび機会を忠実に表現すること、およびその情報の質的特性が確保されていることが求められるとされています。質的特性については、SI基準の付録Cに「有用なサステナビリティ関連財務情報の質的特性」として記述されています。サステナビリティ関連財務情報は一般目的財務情報の一部であり、「財務報告に関する概念フレームワーク」（以下「概念フレームワーク」）が適用されます。

　それによれば、サステナビリティ関連財務情報が有用であるための質的特性は以下のように説明されています。「関連性があり、かつ、それが表現しようとするものを忠実に表現する場合は有用である。これらは基本的な質的特性である。その情報に比較可能性があり、検証可能性があり、適時性があり、かつ理解可能性があれば、有用性は補強される」。

　関連性のある情報とは、主要な利用者が行う意思決定に相違を生じさせることができるものであり、目的適合性ともいわれます。予想価値と確認価値を有している情報は関連性があるといえます。主要な利用者が将来の結果を予測するために利用できる場合は予測価値を有し、過去の評価に関するフィードバックを提供する場合は確認価値を有するといえます。予測価値と確認価値は、独立したものではなく両者は相互に関連するものであり、両者の価値を兼ね備えたサステナビリティ関連情報は少なくありません。

　また、「忠実に表現する」とは、関連性のある事象について、完全

性と中立性と無謬性を有する描写であるということであり、これらの要件を最大化することが求められています。完全性のある描写とは、主要な利用者がリスクや機会を理解するために必要なすべての重要な情報が含まれているということです。中立性のある描写とは、情報の選択や開示に隔たりがないということであり、歪曲、重視、強調をしないこと、またはその他の操作が行われていないことを意味します。また無謬性とは、情報が精密で正確性を有することです。すべての点で完全に精密でなくても、情報の性質、例えば事実に基づく情報か、それとも見積もり、概算、予測の情報であるかなどを考慮することにより、必要で実現可能な精密の程度や、情報が正確なものとする判断ができるように描写されているということです。

「関連性があり……忠実に表現する」とは、開示される人的資本関連情報が基本的な要素を兼ね備えた質的特性を有しているということです。

サステナビリティ情報の開示の信頼性を確保するためには、その情報について基礎的な質的特性である関連性および忠実な表現を兼ね備えていなくてはなりません。さらに、比較可能性、検証可能性、適時性および理解可能性という質的特性によって、情報の有用性が補強さ

図表6.1-1　サステナビリティ情報の質的特性

	質的特性	説　明
基礎的な質的特性	関連性	主要な利用者が行う意思決定に相違を生じさせることができること
	重要性	企業固有の関連性の一側面であり、誤謬や隠蔽等があった場合に、主要な利用者の意思決定に影響を与えることが合理的に予想されること
	忠実な表現	忠実な表現であるためには、描写に完全性があり、中立性があり、かつ無謬性を有すること
有用性を補強する質的特性	比較可能性	利用者が項目間の類似点および相違点を識別し理解することを可能にする特性であること
	検証可能性	情報自体またはそれを導き出すために使用したインプットのいずれかを裏づけることが可能であること
	適時性	意思決定者の決定に影響を与えることができるように遅滞なく、情報を利用可能とすること
	理解可能性	明瞭かつ簡潔であること

れます（**図表6.1-1**）。

　そのような質的特性が具備されたサステナビリティ情報が生成され、開示されるためには、その情報の生成プロセスにおいて、データの収集や集計、処理や見積もり判断等、開示に至るまでの一連のプロセスにおいて、信頼性のある業務プロセスや内部統制が構築されていることが重要だといえます。

（2）サステナビリティ情報開示の拡充と
　　信頼性の確保に向けて

　欧米が中心ではあるものの、日本においてもサステナビリティ関連の開示の制度化の流れは始まっています。開示基準の開発が急ピッチで進み、それに伴い開示内容は量的にも質的にも拡充していくこととなるでしょう。

　我が国においては、サステナビリティ関連情報に関することは、従来は統合報告書やサステナビリティ報告書等において任意で開示してきました。法定書類としての有価証券報告書にも記述されることとなった場合、これらの書類と共通の形で、あるいは相互参照する形で、開示基準の要求を満たした情報を記述していくこととなります。

　このような状況に対応するためには、量・質ともに拡充された有用なサステナビリティ関連情報を、有価証券報告書等の財務報告の公表と同時に開示できるように、必要な情報を企業グループベースで効率的に集約・集計して開示する体制を構築していく必要があります。

　もちろん、信頼が確保できる情報であるためには、第三者によるサステナビリティの保証への対応を見据える必要がありますが、その前提として企業がサステナビリティ情報に関する社内体制を整備する必要があります。具体的には、開示に必要な基礎データを効率的に集計できるシステム構築や信頼性を確保するための内部統制の構築、さらにそれらに対応できる人材の育成や配置が求められます。

（3）サステナビリティ情報の開示体制構築の課題

　サステナビリティ情報開示の制度対応は、特に多国籍企業においては、日本国内だけでなく、進出先の国が定める基準に対応することが求められます。例えば、欧州域内に一定規模の拠点を有する場合は、日本基準のほかにCSRDに基づくサステナビリティ情報開示への対応が必要になります。

　親会社単体だけでなく、子会社も含むグループ全体の情報を収集する必要があるため、これまで単体中心あるいは日本国内を開示対象としてきた企業は、その情報収集の範囲が拡大することとなります。

　サステナビリティ情報を財務情報と同時に開示することとなった場合、情報収集から開示に至るまでの時間的なスピードが求められるため、信頼性のある情報を効率的に収集・集計するためのシステム構築やツールの活用を検討することになるでしょう（**図表6.1-2**）。

　サステナビリティ情報開示のための体制構築を検討するにあたっては、まず現状の体制の課題を洗い出すことが重要となります。現在のサステナビリティ情報の開示プロセス体制や業務プロセス体制について、組織として情報を収集するという目的が共通認識として浸透しているか、連結グループでの情報収集においてその範囲や収集すべきデータの定義が適切に共有されているか、属人的な対応による非効率なプロセスとなっていないか、またそれにより生成される情報が精度

図表6.1-2　サステナビリティ情報開示の拡充への対応

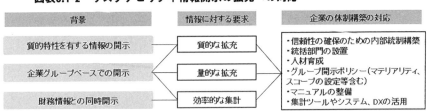

出所：経済産業省「信頼性のあるサステナビリティ情報の効率的な収集・集計・開示の在り方について」事務局資料をもとにEY Japanが作成

図表6.1-3　サステナビリティ情報開示のプロセス構築に向けた課題

項目	課題内容
広範な集計範囲	収集すべき多岐のデータが、異なるITツールや多様なフォーマットで集計され、異なる事業や拠点で散在して管理、保管されているために、ガバナンスや説明責任が欠如している。
手作業への依存が高い	データの収集や、そのデータの加工局面において、手作業や人為的な判断を伴い、非効率なプロセスとなっている。また、スプレッドシートの数式誤りや、判断誤り、収集や加工の過程でのデータの抜け落ちにより、精度の低い開示情報が生成されてしまう。
データの定義の解釈の多様性	海外との異なる法的枠組み等により、収集したい項目のデータの定義や解釈が異なるため、異なる属性のデータをそのまま集計してしまう。
開示方針や目的が不明確	データを収集する目的が不明確であるため、社内から、または子会社からの協力が適時に得られにくい。 明確な開示方針やガイダンスが欠如しているため、子会社担当者が十分に理解しないまま誤った情報を報告されてしまう。また報告される側もその情報を鵜呑みにして利用してしまう。
内部統制の未整備	データの信頼性を確保するための内部統制の構築が未整備であるため、情報の信頼性が確保できない。
担当部署や担当人材の不足	データの集計を担当する人材が不足している。または、専門の担当部署がないため、本来の業務と掛け持ちで属人的に対応するため、ノウハウの蓄積や必要な人材が育成されない。

の低いものとなっていないか、収集したデータや開示する情報については信頼性が確保できているか、十分な担当者が確保できているか、などの観点から、優先順位や時間軸を見据えて、一つ一つ課題を解決していかなくてはなりません（**図表6.1-3**）。

　これらの解決策としては、マテリアリティ分析等により特定された重要課題に関連するデータや指標、情報の集計範囲を明確にしながら、グループ共通の業務マニュアルや開示ポリシーを作成すること、ITシステムを活用して自動集計による効率的な集計を可能にするとともに、取り扱うデータの要件定義を明確にすること、必要な内部統制を構築し、特に属人的な手作業や人の判断、スプレッドシートを介在させたプロセスに対して誤りのリスクを低減させる統制を強化すること、などが考えられます。

2．人的資本関連情報の収集・集計・開示のための内部統制の整備

（1）人事データの収集および集計プロセス

　適切な人材戦略や人事に関わる意思決定、信頼性ある正確な人的資本関連情報の開示を行うには、基礎となる人事データが網羅的に正確に記録され、処理され、維持管理されていることが大前提となります。

　どの企業においても人を雇用している限り、労働基準法等の法令に基づき、いわゆる「法定三帳簿」である労働者名簿、賃金台帳、および出勤簿を作成していなければなりません。当然ですが、これらは網羅的に正確に記録される必要があります。

　労働者名簿には、労働者氏名、生年月日、履歴（異動や昇進等）、性別、住所、従事する業務の種類、雇入年月日、退職や死亡年月日、その理由や原因を、記録することが必須とされています。これらの情報は人事マスターとして人事情報システムや就業関連システム等で管理されています。

　賃金台帳には、労働者氏名、性別、賃金の計算期間、労働日数、労働時間数、時間外労働時間数、深夜労働時間数、休日労働時間数、基本給や手当等の種類と額、控除項目と額について、記録することが必須とされていますが、事業内容や就業形態等の企業のニーズに応じて、記録する項目は追加されます。賃金台帳に関するデータには、通常は給与計算システムが用いられ、給与や社会保険料等の控除項目の計算処理や記録が行われます。システムによっては給与明細の出力、賞与計算、年末調整等の機能が含まれるものもあります。

　出勤簿は、労働時間算定の基礎となる出勤データを記録した資料ですが、勤怠管理システムによって記録することができます。このシステムには、出勤簿やタイムレコーダ等の記録、使用者が自ら始業・就業を記録した書類、残業命令書およびその報告書、労働者が記録した

労働時間報告書等の作成機能があります。実際に利用されている勤怠管理システムにはさまざまな形態があり、年次有給休暇や時間外労働等の管理機能が含まれているものもあります。

　人事情報システム、給与計算システム、勤怠管理システムを相互に連携させ、クラウド型の基幹システムを導入して一元的に効率的な管理を進めている企業も増えてきています。

　以上の労務管理系のシステムとあわせて、人的資本関連施策を円滑に実行するために、タレントマネジメントシステムを導入する企業も増えてきています。タレントマネジメントシステムは、個々の従業員のスキルや経験、将来への希望、人事評価、自己申告や満足度等のような、いわゆる人材データを適時に可視化し、将来のキャリア形成、人材獲得、配置計画や育成計画の立案等に役に立てていくことを目的としたものです。

　企業によって採用するシステムの特色は異なりますが、従来は紙媒体、独立したパッケージソフト、エクセル等によってバラバラに記録・管理されていたこれらの情報を、一元的かつ効率的に管理することによって、人材戦略に関するスピーディな意思決定を可能にするなどのメリットが期待できます。

　さらに、さまざまな人材データを先述の労務管理系システムに蓄積されている人事情報データを掛け合わせて分析することにより、企業として重視すべき KPI を導き出すことが可能になり、人的資本に関する意思決定や課題への対応、人材ポートフォリオの検討等のために活用することも可能になります。

　なお、労務管理系のシステムと人材マネジメント系のシステムの間には明確な境界があるわけではなく、HR テクノロジーが高度に進んだ企業においては、両者の領域を一元的に管理できるシステムを導入しているケースも見受けられます（**図表6.1-4**）。

図表6.1-4　人的資本関連開示に必要な基礎データの蓄積イメージ

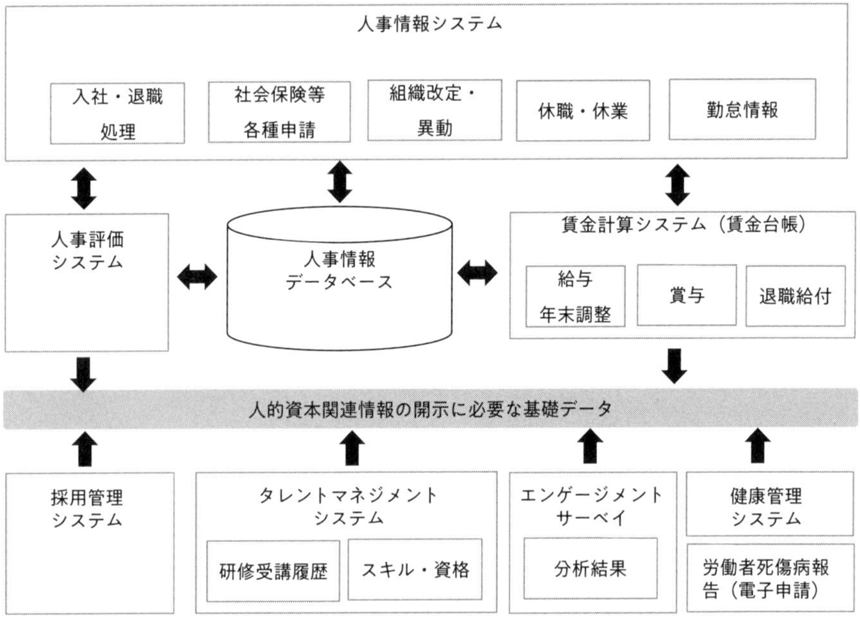

（2）人的資本関連情報の開示プロセス

　グループ連結ではなく、まずは個別の企業単位において人的資本関連情報を開示するまでのプロセスを解説します。人事・人材情報データから必要なデータを特定して集計することから始まり、外部への開示に至るまで、上流から下流に向かって、およそ次のような過程を経て開示したいデータが加工され、生成されることになります（**図表6.1-5**）。

　①　人事・人材データの集計
　②　KPI・KGI 等の管理すべき指標の算定
　③　実績データ、または指標の実績値に対する分析と将来予測
　④　開示のための数値の集約

すべての開示データが、4つのステップを経た数値や指標というわ

図表6.1-5　開示情報が生成されるまでのフロー

けではなく、従業員数や休暇日数のように人事情報データを加工・集計したものが開示項目になることもあります。また、女性管理職比率や休暇取得率のように、加工・集約されたデータから一定の算定手法によって導き出した比率の指標が、開示対象になることもあります。

　これらの実績ベースの数値を基に目標値と差異分析して、新たな将来予測や目標設定を開示項目とすることも考えられますが、多くの場合はこの局面では、人による判断や調整が介入することになります。

　開示の段階では、これらのデータや指標、将来予測等の数値について、読み手に伝わりやすいように、一定の単位に集約して開示基準の要求事項を満たした記載がされることになります。

　信頼性のある正確な人的資本関連の数値情報が開示されるためには、最も基本的な前提として、人事データが網羅的で正確でなくてはなりません。さらに、その後のデータの加工や集計プロセスにおいては、サステナビリティ開示基準に準拠した社内ルールにより網羅的に集計、算定、測定、評価され、適切な判断や方針により集計され開示される必要があります。

　次に、企業グループ単位でデータや情報を収集する場合を考えます。会社によって、多様な情報の集計・集約方法が考えられますが、企業

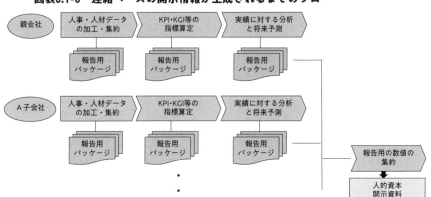

図表6.1-6　連結ベースの開示情報が生成されるまでのフロー

グループの連結財務諸表を作成する目的で利用される連結パッケージのように、各子会社から開示に必要な情報を、グループ間で統一された一定のフォーマットに則った報告パッケージを使って集計・集約する方法が、一般的で運用しやすいものと考えられます。

　各社から提出される報告パッケージが正確なものであるためには、先述の個別の企業単位における場合と同様に、元となる人事・人材データの網羅性や正確性が確保されるとともに、必要な情報が生成されるプロセスにおいて、サステナビリティ開示基準に準拠した企業グループの方針に従って網羅的に集計、算定、測定、評価され、報告パッケージにおいて適切に集計され報告される必要があります。

　このようなプロセス構築は、短期間に完成するものではなく、今後の開示基準の導入や改定、マテリアリティの見直し等を見据えて、現場レベルでPCDAサイクルを繰り返しながら改善を進めるプロジェクトになります。

（3）サステナビリティ情報開示に係る内部統制制度の動向

　COSO（米国トレッドウェイ委員会支援組織委員会）は2013年に、企

業の内部統制システムを評価するための枠組みである「内部統制の統合的フレームワーク」を改訂しました。改訂前のフレームワークが財務報告を対象としていたのに対し、改訂後のフレームワークは非財務情報の報告も対象とすることとなりました。日本でも、金融庁の企業会計審議会第24回内部統制部会議事録（2022年12月8日）で次のような発言がありました。「内供統制の基本的枠組みについて、サステナビリティ等の非財務情報に係る開示の進展、または、COSO報告書の改訂を踏まえて、内部統制の目的の一つであります財務報告の信頼性、これを報告の信頼性としております。報告の信頼性（……）は組織内及び組織の外部への非財務情報を含む報告の信頼性を確保することを言うと定義しております」（傍点引用者）。

　有価証券報告書において、財務情報とあわせてサステナビリティ情報開示基準を開示することとなった場合、サステナビリティ等の非財務情報を内部統制報告制度においてどう取り扱うかについては、金融庁「財務報告に係る内部統制の評価及び監査の基準並びに財務報告に係る内部統制の評価及び監査に関する実施基準の改訂について」（2023年4月7日）において言及されていますが、それによると、当該情報の開示等に関わる国内外における議論を踏まえて検討すべき、とされています。

　このような流れを踏まえると、形式的な対応ではなく、企業価値の向上に資する適切な意思決定の支援と、投資家を中心とした外部のステークホルダーとの有効な対話の促進という観点から、サステナビリティ情報の信頼性を確保するための内部統制構築の取り組みは、今後非常に重要になってくると、認識する必要があります。

（4）企業レベルの内部統制と統制環境の構築

　人的資本開示を含む非財務報告に関する内部統制を構築するポイントとして、まず、情報を収集するための仕組み（ITシステムや業務プ

ロセス）が存在し、その収集した情報が正確で信頼できる品質であることをチェックできるということが挙げられます。次に、それらがステークホルダーに適切に理解されるように、正確な報告ができるプロセス（報告プロセス）が存在するのかをチェックできることが挙げられます。そのために内部統制をデザインし、それを整備・運用できるような統制環境や、内部統制の有効性をモニタリングするための内部監査等を整備することも、必要になります。

　サステナビリティ情報を含む非財務報告の信頼性を確保するための内部統制には、大きく分けて企業レベルの内部統制と、報告レベルの内部統制、業務レベルの内部統制があります。

　企業レベルの内部統制は、組織全体に及び、一般には高レベルで運用され、「社風の形成」につながることが多いと考えられます。企業レベルの内部統制では、業務プロセスや報告プロセスを通じて特定の

図表6.1-7　企業レベルの内部統制の観点から構築すべき統制環境

項目	観察される特性の例
企業の主要エグゼクティブの誠実性、倫理観および行動	経営管理者が誠実で倫理的な企業風土をどのように作り、維持しているかについて、 ・企業には、伝達およびモニタリングされる行動規範または同等のポリシーが存在する。 ・企業には、内部告発方針および関連する内部告発または倫理ホットラインが存在し、組織全体で適切に伝達される。また、苦情を処理し、疑わしいサステナビリティ報告事項に関する懸念事項の機密情報の申し出を受け入れる手続が存在する。
経営管理者の内部統制に対する意識および経営方針	・経営管理者の内部統制への意識、識別された内部統制の不備を適時に改善する意欲。 ・経営管理者は、サステナビリティ報告に関する原則の選択およびサステナビリティ報告における見積もりの決定に関して保守的な傾向にある。
能力に対する経営管理者のコミットメント	・サステナビリティ報告、財務、内部監査、ITに関する担当者は、事業の性質と複雑さに対処するために必要な能力とトレーニング経験を有しており、経営管理者およびガバナンス担当者は、その役割と責任に対して十分な訓練を受けている。 ・企業には、組織構造やビジネスの成長に合わせた人事、システム、統制の手順とポリシーが存在する。
持続可能な発展、および財務目標の達成と企業によるESGへの広範な影響の間で適切なバランスを維持することに対する経営管理者のコミットメントと属人的な集計プロセス	・経営管理者の特定のメンバーは、企業のサステナビリティ実績に責任を有しており、定期的に最上位の経営管理者やガバナンス責任者によりレビューされる。 ・経営管理者は、財務および非財務の両方の業績目標を策定し、意思決定を行う際にはサステナビリティに関する事項を明確に検討している。
サステナビリティに関するガバナンス構造	・ガバナンス責任者、外部保証提供者および内部監査人の間にはオープンなコミュニケーションラインがあり、企業の規模と複雑さに応じた、適切な性質と頻度のコミュニケーションがある。 ・企業の規模と複雑さに応じ、ガバナンス責任者が経営管理から適切に独立している。
サステナビリティに関する組織構造ならびに権限および責任の付与	・組織構造は、企業の性質、規模、複雑性を考慮し、適切である。 ・経営管理者は、担当者が事業体の目的、それらの目的に関連する役割、およびサステナビリティ関連の目標を含むこれらの目的の達成に対して責任を負う方法を理解できるように、コミュニケーションを行っている。
サステナビリティ実績に関連する人的資源のポリシーおよび実務	・企業は、人材（特にサステナビリティ報告、財務、情報システム）の採用、トレーニング、動機付け、評価、昇進、報酬、人事異動のための十分な基準と手続を有する。 ・業務実績は、各従業員に対して定期的に評価およびレビューされる。

主要業績指標（KPI）または開示に対応する統制を運用するための統制環境の土台が確立されている必要があります。具体的には**図表6.1-7**に挙げられた項目が考えられます。

（5）人的資本関連情報の開示プロセスにおける内部統制

　人的資本関係の開示情報における内部統制は、開示に必要な基礎データを収集するまでの業務プロセスと、報告に必要な数値を集約し開示資料を作成する報告プロセスによって構成されます（**図表6.1-8**）。

❶業務プロセスの内部統制
　人的資本関連に必要な基礎データを生成するプロセスにおいては、人事情報データベースが、人事マスターや勤怠記録等のインプット情報を基に、勤怠管理システムを通じて労働時間や有給休暇取得日数等を集計し、給与計算プロセス等を通じて人件費に関わるデータが集計

図表6.1-8　開示情報が生成されるまでのプロセスにおける内部統制

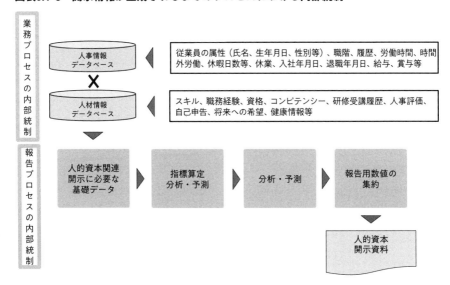

され、蓄積されます。主として定量的なデータが集計され蓄積される
ため、IT ツールやシステムによる処理が適しています。

　このプロセスにおいては、財務報告における人件費計算プロセスと
統制すべきポイントが共通することが多いと思われますが、ERP（基
幹システム）導入やシステム間が高度に連携されている場合は、IT 統
制が有効です。そのようにして収集・集計された人事情報データは、
高い信頼性を有するものと評価されます。

　一方で、これらのシステムが連携されておらず、手作業やエクセル
等が介在する場合は、集計漏れやエクセルの計算式の誤りなどにより、
誤ったデータが収集・集計されるリスクが高いため、そのようなリス
クを低減させるための内部統制を強化する必要があります。システム
間の連携が部分的でしかない場合も同様です。

　また、ERP 導入済みで、システム間が高度に連携している場合で
あっても、システムに入力するデータを手作業やエクセルで対応して
いる企業も少なくありません。例えば、勤怠管理システムに手書きの
タイムカードや残業申請書等を別途整理、集計して入力する場合など
があります。この場合は、入力時における時間入力やマスター入力の
データの正確性や網羅性を確保できる内部統制を確保する必要があり
ます（図表6.1-9）。

　手作業やシステム外での集計作業が多いほど、効率が悪くチェック

図表6.1-9　人事関連システムの連携・非連携

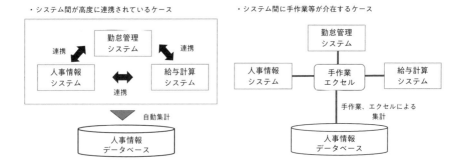

作業の負担も重くなるため、定量的なデータの集計においては、コストとの兼ね合いを勘案しながらシステム間の高度な連携や集計の自動化を推し進めることが推奨されます。

❷報告プロセスの内部統制

このプロセスは、基礎データである人事情報データと人材情報データを用いて、外部への人的資本情報の開示、社内の人的資本関連施策に関するモニタリング、意思決定に必要な指標の算定、分析や予測、報告用数値の集計を行います。最終的に開示資料に記載するまでのプロセスがここに含まれます。

このプロセスの特徴は、手作業やエクセルを用いた集計、見積もりなど人による判断が介在する局面が多い点です。例えば、システムのデータと独立したデータとを用いた指標の計算プロセスや、開示書類に定性的なナラティブを記述するための分析等のタスクといったものです。また、将来の予測値を算定する場合は、その見積もりの仮定において、恣意性が介入する余地があります。開示されるデータの信頼性を確保するための内部統制を構築するためには、基礎データから報告データに至るまでの情報の転換点において、どのような虚偽表示をもたらすリスクが考えられるのかを整理する必要があります。

なお、高度なHRテクノロジーを導入している企業においては、カスタマイズされたシステムにより、上記のプロセスを自動化している事例も想定されますが、分析や開示のための情報の集計段階においては、人の判断や手作業等を伴うため、そのような情報の転換点においては虚偽表示のリスクを統制する体制の構築を検討する必要があります。

特に、この報告プロセスに関する内部統制上の重要なアサーションについては、**図表6.1-10**のように整理されます。

また、人的資本関連情報として開示が想定される指標について、虚偽表示につながりうるエラーという観点から、内部統制を構築するにあたって検討すべきポイントを、**図表6.1-11〜14**に整理しました。

図表6.1-10　開示における内部統制上の主なアサーション

アサーション	説　明
発生／実在性	記録されている取引および事象が報告期間中に発生し（カットオフが正確であることを含む）、企業に関連している。
網羅性	記録されるべきすべての取引、事象および情報が記録されている。
測定／評価	指標が適切な値で算出され、記録されている。取引または事象が、適切な金額および適切な勘定科目で記録されている。
表示および開示	指標が適切に表示され、分類され、記述されている。取引および事象が適切な指標または開示に記録されている。

図表6.1-11　多様性に関する指標についての内部統制上のポイント

項目	アサーション	主な情報源	起こりうるエラー
女性管理職比率	・女性管理職者の発生／実在性 ・比率の測定	人事情報データ （女性の管理職数、全社の管理職数）	下記のエラーにより女性管理職比率を過大に算出する。 ・女性管理職の範囲、定義の解釈を誤る。 ・女性管理職の人員数の集計を誤る。 ・算定式の適用を誤る。
男性育児休暇取得率	・育児休暇を取得した男性従業員の実在性 ・対象となる男性従業員の網羅性 ・取得率の測定	人事情報データ （育児休暇取得者数、育児休暇取得対象となる男性の従業員数）	下記のエラーにより男性育児休暇取得率を過大に算出する。 ・対象となる男性の従業員数を誤る。 ・男性の育児休暇取得者数を過大に集計する。 ・算定式の適用を誤る。
男女間賃金格差	・女性従業員数の網羅性 ・女性の賃金額の網羅性 ・人員数の算出の測定	人事情報データ、賃金台帳（男女別賃金、男女別従業員数）	下記のエラーにより、男女間の賃金格差（男性の平均年間賃金に対する女性の平均年間賃金の比率）を過大に算出する。 ・時短就業等により賃金額の低い女性従業員を算定から除外する。 ・女性の年間平均の従業員数や賃金額について男性と異なる算出法を採用する。 ・算定式の適用を誤る。

表6.1-12　人材獲得とリテンションに関する指標についての内部統制上のポイント

項目	アサーション	主な情報源	起こりうるエラー
1人当たりの採用コスト	・採用活動の発生／実在性 ・採用コストの網羅性	総勘定元帳（採用に関するコスト）、採用管理システム、採用活動記録や外部業者に対する支払証憑	下記のエラーにより採用コストの集計を誤る。 ・報告すべき採用コストの範囲を誤る。 ・報告期間に帰属する採用活動のコストの集計を誤る。
博士人材の採用数	・博士人材の採用の実在性 ・博士人材への分類（表示および開示）	人事情報データ（採用者名）、人材情報データ（専門スキル）	下記のエラーにより、博士人材の採用数を過大に集計する。 ・必要とする博士人材の範囲を誤る。 ・博士人材として他の一般の人材を誤って集計する。
新卒採用n年後在籍率	・退職者の発生／実在性 ・退職者数の網羅性 ・勤続年数の測定	人事情報データ（退職者数、入社年月日、退職年月日、勤続年数）	下記のエラーにより新卒採用n年後の退職者比率を過小に算出する。 ・勤続年数の測定を誤ることにより、集計対象となる退職者数の集計を誤る。 ・退職年月日を誤ることにより、集計期間に帰属する退職者数の集計を誤る。 ・算定式の適用を誤る。
自発的離職率	・離職者数の網羅性 ・自発的離職者への分類（表示および開示）	人事情報データ（退職者名、退職理由）、離職票（離職証明書）	下記のエラーにより、離職率を過小に算定する。 ・自発的離職者数の集計を誤る（例えば継続雇用制度の下での60歳定年の取り扱いについての集計ルールがあいまい等）。 ・自発的離職者と非自発的離職者の区分を誤る。

図表6.1-13　人材育成に関する指標についての内部統制上のポイント

項目	アサーション	主な情報源	起こりうるエラー
従業員一人当たりの研修受講時間	・研修実施の発生／実在性 ・研修時間の測定 ・研修の受講者数の網羅性	研修管理システム（研修テーマ別の研修時間、受講対象者氏名）	下記のエラーにより従業員1人当たりの研修時間の算定を誤る。 ・集計対象となる育成のための研修時間の集計を誤る（コンプライアンス研修等を含めるかどうかの定義があいまいなど）。 ・受講した研修者数の集計を誤る。
資格取得合格率	・資格試験の合格者の発生／実在性 ・資格試験受験者数の網羅性	人材情報データ（資格受験記録、資格取得年月日）	下記のエラーにより、資格取得合格率を誤る。 ・資格試験の合格者氏名、合格者数を誤る。 ・資格試験の受験者数の集計を誤る。
DX人材認定者数	・DX人材認定者の発生／実在性 ・DX人材の分類（表示および開示）	研修管理システム（DX人材認定プログラムの修了者氏名）、DX人材認定プログラムのシラバス	下記のエラーにより、DX人材認定者数を過大に集計する。 ・DX人材認定プログラムの未了者を認定者数にカウントしてしまう。 ・DX人材として認定する研修、実務の定義や範囲があいまいであるため、精度の低い人数を集計する（その他、期末で退職した者を含めてしまうことによるエラー等が考えられる）。

図表6.1-14 職場環境、健康等に関する指標についての内部統制上のポイント

項目	アサーション	主な情報源	起こりうるエラー
死傷病者数（休業4日以上）	・死傷病者数の網羅性 ・休業4日以上の死傷病者の分類（表示および開示）	人事情報データ（休業日・日数、休業理由データ）、労働者死傷病報告書（電子申請データ含む）	下記のエラーにより死傷病者数を過小に報告する。 ・災害現場からの報告漏れや、業務災害発生後の退職者を除外することにより、死傷病者数の報告を誤る。 ・業務災害を私傷病と誤って扱うことにより死傷病者数を誤って集計する（労災隠しと判断されるリスクに注意）。 ・休業の起算日を誤ることにより、集計を誤る。
エンゲージメント指数	・従業員エンゲージメントのサーベイ実施の発生／実在性 ・サーベイ結果の忠実な報告（表示および開示）	サーベイ実施業者からの報告レポート、分析レポート	下記のエラー等により、エンゲージメント指数を過大に報告する。 ・記名式で実施することにより、回答者に不安やプレッシャーがかかり、正確な指数が算定されない。 ・報告レポートにおいて、指数が低いサーベイ項目を除外して報告する。 ・パルスサーベイを行っている場合、指数が高いデータのみを報告する。 ・年代別や職種別等の区分のデータを誤って集計して開示する。
健康増進プログラム参加率	・健康増進プログラムの発生／実在性 ・プログラム参加者の発生／実在性 ・プログラム参加対象者の網羅性 ・参加率の測定／評価	健康管理システム（対象となる健康増進プログラム実施履歴）、健康保険組合等からの健康増進イベント等の案内等	下記のエラーにより、健康増進プログラム参加率を過大に集計する。 ・健康増進プログラムの非参加者を参加人数にカウントしてしまう。 ・本人からの虚偽申告等により、参加人数を誤る（例えば、禁煙プログラム等）。 ・プログラムの参加対象者の人数を誤る。

第2節

第三者保証の内容と
国際的な動向

1. 第三者保証とその必要性
およびESGスコアとの関連性

(1) グリーン・ウォッシングと第三者保証

　企業はその活動そのものが環境や社会に多大な影響を及ぼす可能性
があるため、環境に対する取り組みや環境負荷に関する情報、あるい
はダイバーシティへの取り組みやサプライチェーンにおける労働環境
への取り組みなどを適切に開示することが、消費者、投資家、政府、
地域住民などさまざまなステークホルダーから求められています。そ
のような要求に対して各企業は、統合報告書やサステナビリティレ
ポートを発行し詳細な情報開示を行うことで、対応しています。

　しかし、統合報告書やサステナビリティレポートによる環境情報や
社会情報などのESG情報の開示においては、企業による環境への影
響や企業の方針に関する虚偽の情報や、誤解を招く開示が行われる可
能性があります。これは、いわゆる「グリーン・ウォッシング」(ESG
に配慮しているかのように偽装すること)の問題として知られています。
統合報告書やサステナビリティレポートにおいて作成・開示される情
報は、企業の自主性に任されているため、企業が自社にとって都合の

いい情報をピックアップして開示し、都合が悪い情報を隠すといったことが可能です。つまり、企業によって自主的に公表される統合報告書やサステナビリティレポートにおいては、企業の裁量で情報が操作され、実際にはそうでないにもかかわらず、あたかも ESG に関して先進的な企業であるかのように見せかけることが可能だということです。

　これは企業による ESG 情報の開示が始まったときから生じている問題ですが、企業のサステナビリティレポートが信頼できないものであれば、それに従って投資を行うことは将来において不利益をこうむるおそれがあり、サステナビリティを重視した経済社会の発展を阻害するものとなってしまいます。この虚偽の報告の可能性は、単に外部ステークホルダーに対する企業の情報提供という問題にとどまらず、企業が現状分析を行った上で将来のサステナビリティ目標をどのように設定し、それらを達成するためにどのような努力を行えばよいのかという戦略設計、さらには、目標設定に対する現時点の達成状況について分析する上で、企業の内部におけるサステナビリティ戦略にも重大な影響を与えうるといえます。このようにサステナビリティ情報に関する適切な開示は、外部のステークホルダーのみならず企業そのものにとっても非常に重要なのです。

図表6.2-1　サステナビリティ情報の信頼性確保のための 4 要素

出所：JICPA「企業情報開示に関する有用性と信頼性の向上に向けた論点の検討」（2021年 5 月）を参考に EY Japan が作成

このことから、企業の開示するサステナビリティ情報の適切性を担保するための仕組みが必要とされています。サステナビリティ情報の信頼性を確保するためには一般的に4つの要素が考えられます（**図表6.2-1**）。

Aは GHG（温室効果ガス）排出量や女性管理職比率といった、個々のサステナビリティ情報を算定するための基準を意味します。GHG排出量は、日本であれば地球温暖化対策計画（温対法）、海外であればGHG プロトコル、女性管理職比率は女性活躍推進法において定められている算式などが該当します。これらの基準は企業独特のものであれば企業が独自に定めた基準をその算定方法とともに開示すればいいかもしれませんが、比較可能性という観点からは法令等で定められたもの、あるいは広く一般に認められたものを用いる必要があるでしょう。

Bは統合報告書やサステナビリティ報告書を作成するための指針となる基準を意味します。これまでは、SASB、IIRC、CDP（Carbon Disclosure Project）などの任意団体により作成されたものを、企業が選定して作成するという方法が主流でした。このため国際的な標準規格に基づく企業間の比較可能性は必ずしも担保されておらず、国際的な統一規格の策定が強く望まれていました。これを受け、IFRS財団によるISSB設立や欧州におけるCSRDなど、標準化に向けた動きが加速しています。

Cはサステナビリティ情報の集計開示に関連する企業内部における内部統制の構築を意味します。本章第1節でみた通り、適切なサステナビリティ情報を企業が集計、開示していくためには、適切な内部統制の構築が不可欠であるといえます。

最後のDがサステナビリティ情報に対する第三者保証です。企業は外部の独立した第三者によって自社のサステナビリティ情報の開示が適切になされているか否かについて保証を受け、その証明として保証報告書を受領します。第三者保証の実効性を確保するためには、誰

が保証を行うのかについての資格要件や専門性の確保、また、一定水準以上の保証業務が行われるようにするための保証基準の整備も必要になると考えられます。

　サステナビリティ情報の信頼性の確保は、これらの要素が複合的に機能することにより達成されると考えられますが、その一つの手段として近年注目されているのが、サステナビリティ情報に対する第三者保証なのです。

（2）第三者保証のニーズ

❶外部からの保証ニーズ

　ESG 先進企業は、さまざまなサステナビリティ課題に正面から取り組み、その取り組みや達成した成果を企業内外に知らしめることで企業価値を高めていきたい、あるいは、サステナビリティ情報に対するステークホルダーの信頼を高めたいと望んでいます。そうした意識から、第三者保証へのニーズは動機づけられるかもしれません。企業による第三者保証のニーズは次の要素から生まれてきます。

　A．株主からの圧力
　B．投資家の意思決定の動向
　C．ブランド力の向上
　D．社会からの認証

　まず A については、サステナビリティに対する取り組みはこれまでになく広く、社会全体に広がってきています。特に株主、投資家からは企業の経営者に対して、サステナビリティに関する取り組みを加速させてほしいという意思表示がなされるケースが増えてきているといえます。企業側もこれに応ずる形で、サステナビリティに対する熱意やコミットメントを示し、また、サステナビリティに関する情報開示を強化していくことで、株主や投資家の関心に対応しようとしています。

次にＢですが、投資家、特に機関投資家はその意思決定において、企業のサステナビリティに対する取り組みを重視する傾向にあります。特にポートフォリオにおいてサステナビリティを重視する投資家の場合は、サステナビリティに関する取り組みが弱い企業については、初期のスクリーニングの段階で除外される可能性が高いといえます。

　Ｃに関しては、企業は意識の高い消費者に対して市場性を高めるサステナビリティデータを開示することで、評判とブランド力を向上させることができます。サステナビリティ報告書だけでなく、ステークホルダーの関心の高いチャネルに合わせた開示を進めていくことで、戦略的にブランド価値の向上を図ることができます。これは、ひいては企業価値の形成に貢献することになる点を考慮する必要があるでしょう。

　最後にＤですが、企業が主に活動する地域コミュニティや顧客は、企業と直接の資本関係を持たないものの、企業活動に伴うサステナビリティに関する影響を受けるため、サステナビリティに対する企業の貢献と透明性の向上を求めます。これは、従来企業が株主価値のみを重視してきた時代から社会が大きく変革を遂げたことを示しています。

　これら外部環境からの影響により、自社のサステナビリティ開示に対して第三者保証を取得しようという動機が生まれてきます。

❷規制上のニーズ

　前述したように、これまでは統合報告書やサステナビリティレポートは、企業により自主的に公表されるものであり、この情報の信頼性を高めるために行われる第三者保証についても企業が任意で取得するものでした。しかし、例えば企業が特定の法令の要件を満たす必要がある場合には、地域、業種、またはグローバルにおける規制要件によって第三者保証を取得する必要が生じることがあります。

　2023年7月現在では第三者保証が必須となるケースは少ないですが、後述する通り、最近ではEUおよび米国でサステナビリティ情報を制

度開示へ組み込んでいくという流れが生じています。それに加え、企業の側で自主的にサステナビリティ情報の信頼性を向上させるために第三者保証を付すという動きが急速に進んでおり、今後日本もその影響を受ける可能性が高いといえます。

　したがって各企業は自社にとって必須のサステナビリティレポートの有無や、自社が活動する法域における規制や基準の動向について、広く情報収集を行い、対応していく必要があるといえます。

（3）財務諸表監査とサステナビリティ情報に対する第三者保証の関係性

　現在主流となっているサステナビリティ情報に対する第三者保証は、企業が任意で開示している統合報告書やサステナビリティレポートにおける一部のサステナビリティ情報に対して、任意で保証報告書を発行するというものです。

　一方、有価証券報告書等の制度開示書類におけるサステナビリティ情報に関する開示は、日本国内では「企業内容等の開示に関する内閣府令」等の改正を受け、有価証券報告書等に「サステナビリティに関する考え方及び取組」の記載欄が新設され、2023年3月31日から適用開始となっています。先進企業においては以前から有価証券報告書の「企業の状況等」にサステナビリティ情報を記載しているケースがみられましたが、これらの場合の財務諸表監査との位置づけの違いについて、整理してみましょう。

　財務諸表監査では、基本的に有価証券報告書等の制度開示書類における「経理の状況」を対象として監査報告書を発行します。しかし、有価証券報告書の「企業の状況等」も有価証券報告書の一部を構成しており、当該記載部分は「その他の記載内容」と呼ばれます。監査基準においては、当該「その他の記載内容」と財務諸表、または監査人が監査の過程で得た知識との間に重要な相違があるかどうかを検討す

ることが要求されています。

　すでに述べたように、サステナビリティ情報などの非財務情報に対する保証は、財務諸表監査が対象とするような制度開示書類ではなく、任意開示書類を対象としています。ここでは、非財務情報そのものの信頼性を確保することを目的としており、当該情報を保証の対象とするべく主題および主題情報を明確にした上で保証対象範囲を設定し、保証業務を実施することになります。つまり、非財務保証ではサステナビリティ情報の一部について保証を付す一方で、財務諸表監査では、「その他の記載内容」について、財務情報との整合性の確認を行うのですが、当該記載に対して保証を付すわけではありません。財務諸表監査とサステナビリティ情報の第三者保証にはこのような違いがありますが、有価証券報告書等の制度開示書類におけるサステナビリティ情報の開示が義務化されたことや、諸外国の動向なども鑑み、制度開示書類におけるサステナビリティ情報に対する保証をどのように付すのかという点に関しても、今後議論が進むものと思われます。

（4）第三者保証における保証水準（限定的保証と合理的保証）

　第三者保証と一口に言ってもその保証のレベルはさまざまです。保証業務基準であり国際的によく用いられるISAE 3000「過去財務情報の監査またはレビュー以外の保証業務（International Standard on Assurance Engagements（ISAE）3000（Revised），Assurance Engagements Other than Audits or Reviews of Historical Financial Information）」には、限定的保証と合理的保証という2つの保証水準が記載されています。なお、今後開発が予定されている「国際サステナビリティ保証基準5000（サステナビリティ保証業務の一般的要求事項——ISSA 5000）」においても、同様の概念が用いられる予定です。

第6章　開示のための内部統制構築と第三者保証

❶限定的保証

　現在の第三者保証の実務において最も広く採用されている保証水準が、限定的保証です。限定的保証とは保証対象項目に対して消極的な結論を表明するものであり、実施される内容は質問や分析的手続きを中心としたもので、証拠書類の入手は必ずしも要求されません。限定的保証において収集される証拠レベルは、サスナビリティ情報に重要な誤りや漏れがないという消極的な結論をサポートするための基礎となる、有意な水準の保証を得るのに十分といえるレベルに限定されます。

❷合理的保証

　それに対し合理的保証業務では、保証対象項目に対して積極的な意見を表明します。監査人が保証意見の基礎として、サステナビリティ情報に不正又は誤謬のいずれかによる重要な虚偽表示がないことについて合理的な保証を得ます。保証意見の表明には、重要な虚偽表示があるにもかかわらず、それがないという意見を表明してしまうリスクの程度を合理的に低い水準に抑えるための十分かつ適切な証拠を得る必要があります。保証水準は合理的保証の方が限定的保証よりも高いものとなり、財務諸表監査のレベルに近いものですが、現時点では実務として行われているケースは少ないです。

　なお、合理的な保証は高いレベルの保証であるものの、保証契約には固有の限界があるため、絶対的な保証レベルではないといわれています。固有の限界は次のような要因から生じます。

　内部統制固有の限界——例えば、経営者によって内部統制が無視され無効化されてしまう、あるいは従業員同士の共謀の可能性があることによって、内部統制が有効に機能しない場合があります。

　試査（サンプリング）の利用——合理的保証においても、すべての証拠書類を入手して確認するのではなく、重要なものや異常なものを抽出してサンプルベースで手続きが行われることが普通です。した

がってサンプル抽出したもの以外の部分にサステナビリティ情報の虚偽表示が潜んでいる可能性があります。

　入手可能な証拠の大半が、決定的というより心証的なものとなるという事実——保証業務は、合理的な範囲で証拠書類を入手して重要な虚偽表示がないことについて合理的な保証を得ることを、目的としています。したがって、重要な虚偽表示がない点について完全な保証、つまり重要な虚偽表示がまったくないという保証を与えることができないという特徴があります。

（5）ESG スコアとの関係

　CDP、FTSE、DJSI 等の ESG 評価機関による評価スコアにおいては、第三者保証を受けていることが高い評価につながるケースがあり、一部の評価機関においては第三者保証を受けていないと高評価が得られないという現実があります。

　図表6.2-2は第三者保証の有無が評価の設問に含まれている評価機関ごとの、第三者保証を受けることによる評価結果への影響をまとめたものです。このように企業は第三者保証を受けることにより ESG 評価機関の高評価を獲得し、機関投資家を中心とするさまざまなステークホルダーへのアピールポイントとすることができます。

図表6.2-2　第三者保証と評価機関のスコアの関係

評価機関	第三者保証の影響
GPIF の採用指数	
FTSE	・第三者保証の配点対象：エネルギー消費量、GHG 排出量、水使用量、汚染と資源、健康と安全に関するデータ ※汚染と資源に関するデータの例：廃棄物、NOx、SOx、VOC、排水関連、使用原材料 　健康と安全に関するデータの例：過去 3 年間の正規職員および契約社員の労働災害（死亡災害）件数等
その他の外部評価機関	
CDP	・第三者保証の配点対象：スコープ 1、2、3 排出量 ・各レベルで一定水準以上の得点を獲得しなければ、より上位のレベルの評価対象にはならない。4 段階のレベル（情報開示、認識、マネジメント、リーダーシップ）のうち、第三者保証を受けていない場合 A⁻以上の評価（リーダーシップレベル）獲得が難しくなる ※外部専門家の保証報告書の有無、保証報告書における独立性の表明、ISAE 3000等の国際的に認められた基準に基づいた保証報告であること、検証／保証のレベル（「限定的保証」「中位の保証」「合理的保証」「高位の保証」等）の回答、検証書類の添付が求められている
DJSI	・第三者保証が配点に影響する設問：環境報告、社会報告、事業における環境効率、労働安全衛生 ・保証項目の例：GHG 排出量、エネルギー消費量、水使用量、廃棄物発生量、傷病度数率、病休度数率 ※外部専門家の保証報告書の有無、保証報告書における独立性の表明、ISAE 3000等の国際的に認められた基準に基づいた保証報告であること、保証の範囲の明示、「合理的保証」または「限定的保証」のどちらかの結論を含む保証報告書であることが問われている
GRESB	・第三者保証の配点対象：エネルギー、GHG、水、廃棄物 ・第三者機関のレビューの手法として「確認」・「検証」・「保証」があり、手法により配点が異なる ※監査法人による ISAE 3000等の審査は、一般的に「保証」に該当する

出所：各評価機関の評価基準をもとに EY Japan が作成

（6）第三者保証の広がり

　第三者保証の世界的な広がりについては、国際会計士連盟（IFAC）の調査（The State of Play in Sustainability Assurance, 2023年 2 月15日）によると、環境・社会・ガバナンス（ESG）やサステナビリティ情報

により、企業報告を強化する流れは継続しており、大企業の95％が
ESG についての報告を行い、そのうちの64％の企業が2021年に提供
した情報の一部について第三者保証を取得していることがわかってい
ます。2年前の2019年にはそれぞれ91％と51％だったことからも、こ
の流れが着々と広まっていること、特に第三者保証の取得が大きく伸
びていることが、わかります。

　なお、企業のうちの86％がサステナビリティ情報を作成および開示
するために引き続き統一的でない複数の任意の基準やフレームワーク
を採用していることがわかっていますが、このような慣行は、一貫性
があり、比較可能で、信頼できる情報開示をサポートするとはいえま
せん。ステークホルダーの意思決定に役立つ情報を報告するために、
統一的なグローバルベースの基準の必要性が明確になっているのであ
り、それがこれまでに述べた ISSB や EU における CSRD の動きにつ
ながっています。

　また、同調査によると、企業の97％が過去の温室効果ガス排出量を
報告しているものの、気候に関する将来の見通しに関する情報として
排出削減目標とその達成計画について開示している企業は、全体の3
分の2程度にとどまるなど、企業のサステナビリティ戦略に関する情
報開示についてはまだまだ十分ではないことがわかります。

　また、現在のところサステナビリティレポートは、財務情報から独
立した形で、アニュアルレポートおよび統合報告書でサステナビリ
ティ情報が報告される形をとっています。この場合でも ESG 情報と
財務情報の間の結合性の向上を目指し、企業内の統合された意思決定
をサポートするように設計されています。2019年以降は TCFD フレー
ムワークと SASB 基準の使用または参照が、劇的に増加している傾
向もみられます。

　第三者保証の取得率は2019年から2021年にかけて大幅に増加してい
るものの、ほとんどのケースが温室効果ガスの指標に焦点を絞ってお
り、さまざまな ESG 開示を網羅しているケースは53％程度にとど

まっています。保証業務における基準としては、前述の ISAE 3000が最も広く使用されています。

第三者保証は、ESG 情報、およびデータの収集と報告に使用されるシステムと内部統制に対する信頼を高めるものでもあります。法域によっては、公認会計士以外のサービスプロバイダーが、温室効果ガスやその他の環境指標といった狭い領域に焦点を当てた第三者保証を実行していますが、厳格でレベルの高い専門性を有し、高い品質管理基準と倫理基準に基づいて業務を実施する公認会計士は、サステナビリティ情報に対する保証と財務諸表監査を結び付ける取り組みを実施する上で最適の立場にあると考えられています。

▌ 2．国際的な第三者保証の動向

（1）CSRD の動向

EU では従来からサステナビリティ報告に対する保証の議論はかなり進んでおり、近年の動きはさらに加速しているといえます。

CSRD には、年次報告書に含まれるマネジメントレポートにおけるサステナビリティ報告の開示に加え、法定監査人または監査人による保証の義務化の方向性に関する提案も含まれています。これは早ければ2024年１月以降に開始する会計年度から適用される予定となっています（**図表6.2-3**）。

図表6.2-3　CSRD の適用対象企業等と第三者保証の関係

年	CSRD の適用対象企業等	第三者保証
2022	11月、欧州議会および欧州理事会による CSRD の承認	
2023	第4四半期、加盟国による指令の国内法化	
2024	NFRD 対象企業へ適用（2024年データを2025年に報告）	限定的保証の開始
2025	NFRD 対象外の大企業へ適用（2025年データを2026年に報告）	
2026	上場中小企業（SMEs）、小規模・非複雑企業、キャプティブ保険会社へ適用（2026年データを2027年に報告）	
2028	第三国企業へ適用（2028年データを2029年に報告）	EC は、2028年10月1日までに監査人および企業にとって実現可能かどうかを評価した上で、合理的保証に関する保証基準を採用するものとする

出所：企業サステナビリティ報告に関する規則（EU）No 537/2014、指令2004/109/EC、指令2006/43/EC、および、指令2013/34/EU を改正する欧州議会および欧州理事会指令（EU）2022/2464（2022年12月14日）をもとに EY Japan 作成

　2023年7月現在本書執筆時点における CSRD による決定事項の概要としては、要求される保証水準の程度は、限定的保証業務に基づくものであることが望ましいとされていますが、EC（欧州委員会）は、2028年10月1日までに監査人および企業にとって実現可能かどうかを評価した上で、合理的保証に関する保証基準を採用するものとしています。

　サステナビリティ報告の保証サービス提供者については、主に「財務情報とサステナビリティ情報の結合性および一貫性の確保を支援する」ため、法定監査人がサステナビリティ報告について意見を表明することを要求しています。

　また、従来財務諸表監査を実施してきた法定監査人はサステナビリティに関する知見が要求されるため、一定の教育適性に加え、以下の特定の要件を満たす必要があるとされています。

①　サステナビリティ報告に関する法的要件および報告基準

② サステナビリティ分析

③ サステナビリティ・デューディリジェンス・プロセス

④ サステナビリティ報告に関する法的要件および保証基準

　法定監査人は、年次および連結のサステナビリティ報告の保証、またはその他のサステナビリティ関連サービスについて、少なくとも8カ月の実務研修を修了しなければならないとされています。

（2）SEC の動向

　米国でも SEC は、サステナビリティレポートに対する保証を求める方向性として、大規模早期提出企業と早期提出企業に対するスコープ1およびスコープ2排出量への保証を要求しています。

　保証要件には、大規模早期提出企業によるスコープ1およびスコープ2排出量の開示が含まれ、早期提出企業（小規模な報告企業を除く）は、最初は限定的保証の対象となり、後に合理的保証の対象となる予定です。SEC は、必須の保証基準を指定していませんが、許容可能な保証基準を提示しています。

　最終規則は提案とは異なる可能性もありますが、現時点の第三者保証に関する SEC 規則は**図表6.2-4**のようになっています。

図表6.2-4　SEC 気候変動開示案の適用時期と第三者保証

登録企業のタイプ	スコープ3を除くすべての開示	温室効果ガスのスコープ3の開示	温室効果ガスのスコープ1、2に対する保証
大規模早期提出企業	2023年（2024年に提出）	2024年（2025年に提出）	限定的保証—2024年合理的保証—2026年
早期提出企業	2024年（2025年に提出）	2025年（2026年に提出）	限定的保証—2025年合理的保証—2027年
早期提出企業以外	2024年（2025年に提出）	2025年（2026年に提出）	免除
小規模企業	2025年（2026年に提出）	免除	免除

出所：SEC 気候変動開示案（2022年3月）をもとに EY Japan が作成

3. 今後の日本の
   動向

（1） 現時点の状況

　我が国の現在の実務では、制度開示書類における財務諸表に対して財務諸表監査業務が提供されています。しかし、非財務情報に対する保証業務は、自主的に開示される統合報告書等の中で開示される一部の非財務情報に対してのみ提供される形で実施されています。

　現状では、非財務情報に対する保証業務が提供される場合であっても、財務諸表に対する監査とは異なる年次報告書やサステナビリティレポートが対象です。制度開示書類である有価証券報告書等に対するサステナビリティ情報の開示はまだ始まったばかりで、それに対する保証はまだ制度化されていません。

　しかし前述したように、非財務情報に対する信頼性向上への要請が高まる中、誰が保証を行うべきか、その中で外部監査人がどのような役割を果たすべきかが、日本でも課題となりつつあります。

（2） 第三者保証の担い手に関する議論

　金融庁のディスクロージャーワーキング・グループでは第三者保証の担い手に関する議論が始まっています。2022年12月の金融審議会ディスクロージャーワーキング・グループ報告ではサステナビリティ開示について日本が国際的に劣後しないよう、全体としてサステナビリティ開示を着実に進めていくことが重要であり、この観点から、国内の開示基準の検討や有価証券報告書への取り込みとあわせて、保証のあり方の議論が必要となる点が示されています。特に、有価証券報告書にサステナビリティ情報が記載される場合には、高い信頼性確保に対する投資家からのニーズがあることや、国際的に保証を求める流

れがあることを踏まえ、将来的に当該情報に対して保証を求めていく必要があると指摘されています。また、保証の担い手については、ISSB が開発しているサステナビリティ開示基準において、サステナビリティ情報の開示にあたり財務情報との結合性（コネクティビティ）を前提としていることから、財務諸表監査を行っている公認会計士・監査法人によって担われることが考えられると、言及されています。

▌4．非財務保証に対する 公認会計士の役割

　先に述べたように非財務情報の信頼性確保には4つの要素があり、その一つが独立した第三者による監査・保証です。会計士・監査法人は、独立した第三者による監査・保証について、高品質の業務提供をすることで寄与するという社会的な責任を負うようになるといえます。

　非財務保証業務は広く誰でもできるようにすべきという主張もあるかもしれませんが、この業務においては会計士が非常に重要な役割を占めると考えられています。これには会計士が高品質の業務を提供できるという理由がありますが、さらにその背景には、会計士が高度な職業倫理と独立性を維持しているということが挙げられます。

　財務諸表監査における虚偽表示と同様に、サステナビリティ情報やESG 指標での虚偽の報告や不正確な報告に対して、外部の第三者として確固とした独立性や職業倫理を有しているということは、正確な報告に対して非常に重要な役割を果たすといえます。また、公認会計士は、常に公共の利益のために行動するという職業倫理を核として持っています。従来から行ってきた財務諸表監査による正確な財務情報への貢献と同様に、正確なサステナビリティ情報やESG 指標への貢献が、公認会計士を特徴づける新たな役割になっていくでしょう。

　また、公認会計士は企業の内部統制の構築においても重要なサポー

ト機能を果たします。特にグローバルに展開する企業においては、海外拠点も含めてグローバルかつタイムリーにサステナビリティ情報を集約し、効率的・効果的に開示書類に反映するための体制・プロセスを整備する必要性が高まっています。そうした体制・プロセスを評価し、また、その整備をサポートすること、さらに、非財務保証業務の提供により数字が正確であることを保証するといった役割が、公認会計士に求められています。

　サステナビリティ情報は、これまでの財務インパクトのみでなく、社会や環境との双方向のインパクトを考えるものであり、非常に守備範囲が広いものといえます。そのため、公認会計士にも、これまで以上に企業の経営環境、ビジネスモデル、戦略およびリスクを理解・評価することが、社会的に要請されます。

　企業情報の開示にあたっては、ネガティブ・ポジティブ情報のバランスや恣意性の介入に対してどのように対処するかという課題もあります。企業側だけでなく、監査人も非財務情報に対する意識を高め、理解を深める必要性が高まっているといえます。そのため、公認会計士は、会計分野だけでなく、経営戦略、リスクマネジメント、コーポレートガバナンス等の主題についても専門的知見を保持することが求められます。会計士はこのような総合力を今後は一層高めていく必要があるといえます。

参考文献

- 一般社団法人生命保険協会「生命保険会社の資産運用を通じた『株式市場の活性化』と『持続可能な社会の実現』に向けた取組について」(2021年)
- 伊藤邦雄『企業価値経営』、日本経済新聞出版（2021）
- エーザイ株式会社「価値創造レポート2021」(2022)
- 小澤ひろこ、加藤茂博「人的資本の報告に対する関心の高まりと課題」加藤晃、野村資本市場研究所サステナブルファイナンス3.0研究会編著『新キャピタリズム時代の企業と金融資本市場『変革』：「サステナビリティ」と「インパクト」への途』、きんざい（2022）
- 木下靖朗「アクティブ投資家と ESG カオス」北川哲雄編著『ESG カオスを超えて：新たな資本市場構築への道標 』、中央経済グループパブリッシング（2022）
- 金融庁「ディスクロージャーワーキング・グループ（令和3年度）第3回議事録」
- 金融庁「ディスクロージャーワーキング・グループ（令和3年度）第7回議事録」
- 金融庁「ディスクロージャーワーキング・グループ（令和3年度）第9回議事録」
- 経済産業省（2014）「『持続的成長への競争力とインセンティブ ～企業と投資家の望ましい関係構築～』プロジェクト最終報告書」
- 経済産業省「価値協創ガイダンス」(2017)、「価値協創ガイダンス2.0」(2022)
- 経済産業省「持続的な企業価値の向上と人的資本に関する研究会報告書～人材版伊藤レポート～ 」(2020)」
- 経済産業省「人的資本経営の実現に向けた検討会 報告書 ～ 人材版伊藤レポート2.0～」(2022)
- 島永和幸（2021）『人的資本の会計 －認識・測定・開示－』、同文舘出版
- 谷口真美（2005）『ダイバシティ・マネジメント －多様性をいかす組織』、白桃書房
- 投資家フォーラム「投資家フォーラム第27回 28回報告書（2021年4月5日 27日開催）」
- 投資家フォーラム「投資家フォーラム 第9回オープンセッション概要（2021年10月1日開催）」
- 内閣官房 新しい資本主義実現会議 非財務情報可視化研究会「人的資本可視化指針」「付録」(2022年)
- ロナルド・コーエン、斎藤聖美訳『インパクト投資 社会をよくする資本主義を目指して』日本経済新聞出版（2021年）

- David Freiberg, Katie Panella, George Serafeim and T. Robert Zochowski, "Accounting for Organizational Employment Impact" (2020, 2021)
- David Freiberg, Katie Panella, George Serafeim and T. Robert Zochowski, "Accounting for Organizational Employment Impact Executive Summary" (2021) 五十嵐剛志訳「ハーバードビジネススクール インパクト加重会計イニシアチブ 雇用インパクト会計（エグゼクティブサマリー）仮訳」一般財団法人社会的インパクト・マネジメント・イニチアチブ（SIMI）グローバルリソースセンター
- Financial Reporting Council, "Workforce-related corporate reporting - Where to next?" (2020)
- George Serafeim, T. Robert Zochowski and Jen Downing, "Impact Weighted Financial Accounts: The Missing Piece for an Impact Economy" (2019)
- Human Capital Management Coalition, "The Investor-First Approach to Human Capital Reporting - Balancing Fundamental Metrics and Tailored Principles for Optimal Analysis and Decision-Making" (2021)
- Katie Panella and George Serafeim, "Measuring Employment Impact: Applications and Cases" (2021)
- World Economic Forum, "Measuring Stakeholder Capitalism: Towards Common Metrics and Consistent Reporting of Sustainable Value Creation" (2020)
- World Economic Forum, "Human Capital as an Asset - An Accounting Framework to Reset the Value of Talent in the New World of Work" (2020)

おわりに

　本書は、経営リーダーをはじめ、日本企業を支える皆様が「人的資本経営」というテーマに対峙し、求められる法定開示という課題を超えて、長期的価値を向上させる取り組みとしてこれを推進させる上でのヒントを提供できればという思いで、EY Japan の各サービス部門の専門家が集結し、執筆したものです。

　我々が所属する EY は、世界150カ国以上の国・地域に拠点があり、約36万5,000人のメンバーを擁し、プロフェッショナルファームとして初めてパーパス（存在意義）を明確に示したとされる組織です。我々は、「Building a better working world（より良い社会の構築を目指して）」をパーパスとして掲げ、世界で最も信頼される傑出したプロフェッショナル集団を目指し、我々の定義する4つの価値、すなわち顧客価値、人的価値、社会的価値、財務価値を長期的に高めるために具体的な目標を設定し、年次の進捗結果を統合報告書において開示しています。このうち、人的価値については、「従業員体験」「雇用者に対する信頼」「DE&I」「ウェルビーイングの向上」をKPIとして、EY グローバルで統一化された人事・キャリア構築支援制度を導入・運営し、組織パフォーマンスの改革・改善に取り組んでいます。

　本書は、第1章を EY 新日本有限責任監査法人のサステナビリティ開示推進室が担当し、なぜ今人的資本経営なのかをテーマに、国内外における人的資本開示の動向も含め、企業が人的資本経営に取り組むべき背景と世界の潮流について解説しました。

　続く第2章と第3章は、人事コンサルティング部門であるピープル・アドバイザリー・サービスが担当しました。第2章では、これからの人的資本経営の中心課題の一つである人事戦略と経営戦略との連動をいかに実現するかを、プロジェクト事例も踏まえながら紹介しました。第3章では、人的資本経営の先進企業6社の組織・人事部門の

リーダーの皆様にご協力いただき、より幅広い視点で各企業の人的資本経営の具体的施策を紹介しました。取り組みの歴史や、今後の課題等への取り組みを含め、他社にとっても今後の参考になる豊富な事例となったと思います。

　第4章と第5章は、サステナビリティ対応コンサルティング部門である気候変動・サステナビリティ・サービス（CCaSS）が担当しました。第4章では、人的資本の取り組みや開示をいかに市場価値評価につなげていくかという観点で、企業の長期的価値につながる、財務諸表には表せない無形価値と、その中での人的資本の位置づけを、投資家の企業評価の観点から論じました。また、第5章では、人的資本を含む無形資産をどのように可視化し企業価値として算出するのかという問題をめぐる取り組みの最近の動向を紹介しました。

　最後の第6章は、人的資本情報の利用者にとって信頼性のある情報が開示されているかという、情報開示の基礎を支える情報収集・内部統制プロセスの構築とその保証について、サステナビリティ開示推進室が解説しました。

　本書の趣旨に賛同したEY各部門の専門家が意欲をもって集まり、短期間での出版を可能にするという、EYの持つ風通しのよい企業文化を改めて実感することができたのが、私にとっての大きな喜びでした。本書が読者の皆様のより良い人的資本経営や開示推進の参考となれば、大変嬉しく思います。

　本書の執筆にあたり企画趣旨に賛同して快く取材に協力してくださった、オムロン株式会社の冨田雅彦氏、株式会社サイバーエージェントの曽山哲人氏、シスメックス株式会社の前田真吾氏、中外製薬株式会社の矢野嘉行氏、東京海上ホールディングス株式会社の鍋嶋美佳氏、豊田通商株式会社の成田賢治氏、株式会社日立製作所の中畑英信氏、三井化学株式会社の小野真吾氏（企業名50音順）に対し、心より御礼を申し上げます。またEY Japanにおいて、本執筆企画を支えて

くれたサステナビリティ開示推進室のメンバーである齋藤愛子さん、ピープル・アドバイザリー・サービス所属の高橋達磨さん、小沼和弘さん、岸本綾乃さん、インテリジェンスユニットの吉田瑞咲さん、マネジメントサポートチームの河合理恵さん、CCaSS 事業部の増田博哉さん、山口美幸さん、河野惇史さん、仁科真乃介さん、古林良規さん、金融事業部の神﨑有吾さんにも、ここであわせて感謝を申し上げます。

　なお、本書の印税は、本書の目的に照らして執筆者全員の合意により、EY プロフェッショナルが推進するより良い社会の構築に貢献する EY Ripples プログラムを通じ、NPO 団体、Learning for All に全額寄付することにしました。同 NPO は「子どもの貧困に、本質的解決を。」をミッションに、子どものサポートや教育格差の解消を目指し日々精力的な活動を展開しています。

令和 5 年 7 月

EY 新日本有限責任監査法人
サステナビリティ開示推進室 室長　パートナー
馬野　隆一郎

執筆者略歴

馬野　隆一郎（うまの・りゅういちろう）

EY 新日本有限責任監査法人
サステナビリティ開示推進室長　パートナー

　EY 新日本有限責任監査法人のサステナビリティ開示推進室長として、企業のサステナビリティ情報開示・第三者保証取得の支援とともに、財務諸表監査の価値を高めるサステナビリティ知見の向上に関わる法人諸施策の推進をリードする。また、公認会計士協会において、企業情報開示委員会および監査・保証基準委員会委員として、国内外のサステナビリティ開示・保証制度の策定に関わる議論に関与する。公認会計士。サステナビリティ情報審査人。

大石　晃一郎（おおいし・こういちろう）

EY 新日本有限責任監査法人　パートナー

　グローバル展開する国内上場企業の統括主査を務めたほか、建設、不動産はもとより、自動車部品、製造、運輸、卸売、製薬など幅広い業種の監査経験を有する。2021年からサステナビリティレポートや統合報告書等の非財務情報開示保証をサポートするサステナビリティ開示推進室を兼務。サステナビリティ開示推進室では、法人構成員向けのサステナビリティ研修開発、人的資本・多様性に関する Youtube 等の外部情報発信を担当。公認会計士。サステナビリティ情報審査人。

桐原　尚志（きりはら・ひさし）

EY 新日本有限責任監査法人　シニアマネージャー

　上場企業を中心に金融商品取引法および会社法の監査業務に従事し、電機、製薬、建設、自動車部品製造業、小売業および各種サービス業等の広範囲の業種の業務の統括経験を有する。

　その他、大手企業への IFRS 導入支援、内部統制構築支援、医療機関に対する経理業務支援を提供。現在、EY 新日本有限責任監査法人におけるサステナビリティ開示推進室において人的資本を中心とした開示支援業務をリード。公認会計士。社会保険労務士試験合格者。

鵜澤　慎一郎（うざわ・しんいちろう）

EY ストラテジー・アンド・コンサルティング株式会社
ピープル・アドバイザリー・サービスリーダー　パートナー

EY Japan で国内310名超（2023年4月時点）の人事組織コンサルティング事業責任者および総合コンサルティング部門におけるリーダーシップチームの一員。

専門は人事戦略策定、グローバル HR 変革、HR テクノロジー等。エレクトロニクス、半導体、自動車、製薬、消費財、金融など多様な業界における日本を代表するグローバル企業での、大規模・複雑・グローバルな人事改革を経験。

2020年9月にビジネス・ブレークスルー大学大学院経営学研究科（MBA）の客員教授に就任。2022年9月より青山学院大学大学院国際マネジメント研究科（MBA）非常勤講師、2023年4月より京都大学経営管理大学院（MBA）特命教授に就任。主な著書に『HRDX の教科書』（共著）、『ワークスタイル変革』（共著）、『Deep Purpose――傑出する企業、その心と魂』（ハーバードビジネススクール教授の翻訳本で解説章を担当）

野村　有司（のむら・ゆうじ）

EY ストラテジー・アンド・コンサルティング株式会社　パートナー

18年にわたる組織・人事に関するコンサルティングの経験を持ち、EY Japan のピープル・アドバイザリー・サービスにおけるリワード & HR トランザクション分野を率いる。経営者報酬、組織再編における組織・人事課題、M&A などにおける HR トランザクション支援の経験が豊富。直近では人的資本価値に関連して、事業戦略に連動した人事戦略の設計、人的資本の可視化と戦略的活用等に注力している。そのほか人事制度設計、働き方改革におけるアナリティクスの活用、事業再構築局面における雇用調整支援など、幅広い問題解決を提供している。

主な著書に『HRDX の教科書』（共著）

若狭　泰広（わかさ・やすひろ）

EY ストラテジー・アンド・コンサルティング株式会社　アソシエートパートナー

15年以上にわたる人事領域コンサルティングの経験を持ち、EY Japan のピープル・アドバイザリー・サービスにおける人的資本価値関連サービスの確立・強化を主導している。これまで、グローバル人事システム導入やデータ分析基盤構築など、テクノロジーを活用した変革を専門としてきたが、直近では、人材ポートフォリオマネジメントなど、事業戦略に連動した人事戦略・制度の設計に注力し、ISO 30414等の可視化フレームワークを活用した人事アセスメントと改善支援を行っている。そのほか統合報告書の訴求力向上や ISO 30414取得に向けた Human Capital レポートの策定なども支援している。

主な著書に『HRDX の教科書』（共著）

髙浪　司（たかなみ・つかさ）

EY ストラテジー・アンド・コンサルティング株式会社　ディレクター

　組織・人材のパフォーマンスの最大化を通じて事業に貢献する人事部門の変革を目的に、HR トランスフォーメーションサービスを推進している。製薬企業や広告・メディア企業を中心に大規模な業務改革、システム導入の構想策定、組織再編・事業統合に伴う事業モデルの設計やプロジェクト全体の実行支援に強みを持つ。直近では、人的資本価値向上のための事業戦略に連動した人事戦略策定、統合報告書のストーリー策定、HR データダッシュボード構想策定・開発支援等、人的資本情報開示に則した問題解決を提供している
　主な著書に『HRDX の教科書』（共著）

牛島　慶一（うしじま・けいいち）

EY 新日本有限責任監査法人
EY Japan 気候変動・サステナビリティ・サービス（CCaSS）リーダー　プリンシパル

　EY Japan における Climate Change and Sustainability Services（CCaSS）のリーダーとして、ESG 投資やサステナビリティ分野の啓発、企業の持続可能な経営を支援している。また、EY グローバルにおいて EY が推進する LTV（Long-Term Value）のコアメンバーとして、企業の無形資産から生み出される長期的な価値創造のメカニズムや計測方法の開発に注力。現在、東京財団 CSR 研究会ワーキンググループメンバー、企業活力研究会 CSR 研究会委員、社団法人 ESG 情報開示研究会理事、企業と社会フォーラム理事を務めている。

中務　貴之（なかつかさ・たかゆき）

EY 新日本有限責任監査法人　プリンシパル

　EY Japan CCaSS における Public クラスターリーダーとして、持続可能な社会や経営を実現するための知の循環を促す仕組みづくりに注力。特に、科学技術・イノベーション政策、人材関連政策に軸足を置き、経済産業省、文部科学省、内閣官房等を顧客として、多数の調査・政策提言等に関与するとともに、企業の人的資本経営に向けた支援・提言にも従事。大阪公立大学法人高度人材育成推進センターアドバイザリー委員を務めている。

池田　宇太子（いけだ・うたこ）

EY 新日本有限責任監査法人　シニアマネージャー

　EY Japan CCaSS における Public クラスターにおいて、企業の人的資本経営・ダイバーシティ経営を切り口に、持続可能な社会や経営の実現に向けたコンサルティングを実施。経済産業省や内閣官房等の中央官庁に向けた人材政策、地方創生政策等に関する調査分析や政策提言、事業支援といった豊富な実績を有するほか、民間企業向けにダイバーシティとイノベーションをテーマとしたコンサルティングやセミナー等も多数実施している。

EY | Building a better working world

EY新日本有限責任監査法人について
EY新日本有限責任監査法人は、EYの日本におけるメンバーファームであり、監査および保証業務を中心に、アドバイザリーサービスなどを提供しています。詳しくは ey.com/ja_jp/people/ey-shinnihon-llc をご覧ください。

EYのコンサルティングサービスについて
EYのコンサルティングサービスは、人、テクノロジー、イノベーションの力でビジネスを変革し、より良い社会を構築していきます。私たちは、変革、すなわちトランスフォーメーションの領域で世界トップクラスのコンサルタントになることを目指しています。7万人を超えるEYのコンサルタントは、その多様性とスキルを生かして、人を中心に据え（humans@center）、迅速にテクノロジーを実用化し（technology@speed）、大規模にイノベーションを推進し（innovation@scale）、クライアントのトランスフォーメーションを支援します。これらの変革を推進することにより、人、クライアント、社会にとっての長期的価値を創造していきます。詳しくは ey.com/ja_jp/consulting をご覧ください。

EYは、「Building a better working world ～より良い社会の構築を目指して」をパーパス（存在意義）としています。クライアント、人々、そして社会のために長期的価値を創出し、資本市場における信頼の構築に貢献します。

150カ国以上に展開するEYのチームは、データとテクノロジーの実現により信頼を提供し、クライアントの成長、変革および事業を支援します。

アシュアランス、コンサルティング、法務、ストラテジー、税務およびトランザクションの全サービスを通して、世界が直面する複雑な問題に対し優れた課題提起（better question）をすることで、新たな解決策を導きます。

EYとは、アーンスト・アンド・ヤング・グローバル・リミテッドのグローバルネットワークであり、単体、もしくは複数のメンバーファームを指し、各メンバーファームは法的に独立した組織です。アーンスト・アンド・ヤング・グローバル・リミテッドは、英国の保証有限責任会社であり、顧客サービスは提供していません。EYによる個人情報の取得・利用の方法や、データ保護に関する法令により個人情報の主体が有する権利については、ey.com/privacy をご確認ください。EYのメンバーファームは、現地の法令により禁止されている場合、法務サービスを提供することはありません。EYについて詳しくは、ey.com をご覧ください。

人的資本経営と情報開示 先進事例と実践

2023年8月4日　発行
2024年9月13日　第3刷発行

編　者　　EY新日本有限責任監査法人
　　　　　EYストラテジー・アンド・コンサルティング株式会社

発行者　　小泉　定裕

発行所　　株式会社 清文社
　　　　　東京都文京区小石川1丁目3-25（小石川大国ビル）
　　　　　〒112-0002　電話03（4332）1375　FAX 03（4332）1376
　　　　　大阪市北区天神橋2丁目北2-6（大和南森町ビル）
　　　　　〒530-0041　電話06（6135）4050　FAX 06（6135）4059
　　　　　URL https://www.skattsei.co.jp/

印刷：亜細亜印刷㈱

ISBN978-4-433-76793-8